◇现代经济与管理类系列教材

项目管理

（第3版）

主 编 丁 宁

副主编 任彦华

清华大学出版社
北京交通大学出版社
·北京·

内 容 简 介

本书对项目管理的基本理论作了系统的阐述，具体介绍了项目管理的基本知识、项目管理过程和项目管理的技术与方法。本书的最大特点不仅体现在清晰的脉络上，即项目管理的概念及其演进→项目管理过程→项目管理技术与方法；更重要的是，本书通过大量资料收集与整理而形成的大小案例始终贯穿于本书，使本书通俗易懂，且颇具启发性。

本书可以用作管理类院、校、系的专科生、本科生及其他相关各层次学生的教材，也可以作为项目管理课程的参考书，还可以供广大企业管理人员、科研人员及其他对项目管理知识感兴趣的人员学习和参考。

本书封面贴有清华大学出版社防伪标签，无标签者不得销售。
版权所有，侵权必究。侵权举报电话：010-62782989　13501256678　13801310933

图书在版编目（CIP）数据

项目管理 / 丁宁主编. —3 版. —北京：北京交通大学出版社：清华大学出版社，2017.12（2023.8重印）
ISBN 978-7-5121-2348-9

Ⅰ. ①项… Ⅱ. ①丁… Ⅲ. ①项目管理-高等学校-教材 Ⅳ. ①F224.5

中国版本图书馆 CIP 数据核字（2017）第 238051 号

项目管理
XIANGMU GUANLI

策划编辑：吴嫦娥　　责任编辑：郭东青　　助理编辑：崔　明	
出版发行：清 华 大 学 出 版 社　邮编：100084　电话：010-62776969　http://www.tup.com.cn	
北京交通大学出版社　　邮编：100044　电话：010-51686414　http://www.bjtup.com.cn	
印 刷 者：北京虎彩文化传播有限公司	
经　　销：全国新华书店	
开　　本：185 mm×260 mm　　印张：15.5　　字数：387 千字	
版 印 次：2017 年 12 月第 3 版　2023 年 8 月第 3 次印刷	
书　　号：ISBN 978-7-5121-2348-9/F·1730	
定　　价：36.00 元	

本书如有质量问题，请向北京交通大学出版社质监组反映。对您的意见和批评，我们表示欢迎和感谢。
投诉电话：010-51686043，51686008；传真：010-62225406；E-mail：press@bjtu.edu.cn。

第3版前言

本书第2版于2012年12月发行后，仍然得到广大读者的认可，被许多院校选为教材使用；先后印刷6次，总计销售20 000册之多。本次修订除保留了原书的特色和风格外，一是对第2版中的案例及相关内容进行了修订，以适应时代的要求。二是增加了每章的课后习题内容，便于学生更好地理解学习的内容。三是采纳了一些高校教师提出的宝贵建议，对有些内容进行了重新整合，并增加了新的内容。

全书由丁宁总策划，具体编写人员及分工如下：丁宁、王娜、任彦华（第1、2章），丁宁、马博、任彦华（第3、4章），丁宁、李春艳（第5、6、7章），丁宁、王娜、马博（第8章），丁宁、任彦华（第9章），丁宁、陈玉锋（第10、11、13章），丁宁、李荷香、陆永君（第12、14章），丁宁、杨道殿（第15、16、17章）。初稿完成后，由丁宁统稿并担任主编。

本书的第2版由丁宁总策划，并负责完成了全书第2版的审稿、定稿和绝大部分的修订工作。另外，宋莺歌、韩兵、戴安琪、张一进、宋婧也参与了本书第2版的撰写工作。

本书的第3版仍然由丁宁总策划，并负责完成了全书第3版的审稿、定稿和绝大部分的修订工作。另外，陈茜、杜美娜、张钰也参加了本书第3版的修订工作。

编者在完成本书的过程中，得到了许多同人的帮助，他们为本书提出了许多建设性的意见和想法，特别是为本书案例研究直接提供帮助的同人们。同时，本书的出版及再出版得到了北京交通大学出版社吴嫦娥编辑以及该出版社的鼎力支持。在此一并表示衷心的感谢。

本书配有教学课件，可以从北京交通大学出版社（http：//press.bjtu.edu.cn）下载或发邮件至cbswce@jg.bjtu.edu.cn索取。

由于时间紧迫，加之水平所限，书中错误遗漏之处敬请广大读者批评指正。如果本书的再次出版能对广大读者有所裨益，我们则不胜欣慰。

编　者
2017年6月于大连

第2版前言

本书第1版于2008年4月出版发行，得到广大读者的认可，被许多院校选为教材使用；先后印刷3次，销售10 000册之多。本次修订除保留了原书的特色和风格外，一是对第1版中的案例及相关内容进行了修订，以适应时代的要求；二是采纳了一些高校教师提出的宝贵建议，对有些内容进行了重新的整合，并增加了新的内容。

全书由丁宁总策划，具体编写人员及分工如下：丁宁、王娜、穆志强（第1、2章），丁宁、马博、穆志强（第3、4章），丁宁、李春艳（第5、6、7章），丁宁、王娜、马博（第8章），丁宁、陆永君（第9章），丁宁、陆永君、陈玉锋（第10、11、13章），丁宁、李荷香、陆永君（第12、14章），丁宁、杨道殿、陆永君（第15、16、17章）。初稿完成后，由丁宁统稿并担任主编。

本书的再版仍然由丁宁总策划，并负责完成了全书修订版的审稿、定稿和绝大部分的修订工作。另外，宋莺歌、韩兵、戴安琪、张一进、宋婧也参加本书再版的撰写工作。

本书配有教学课件，可以从北京交通大学出版社（http：//press.bjtu.edu.cn）下载或发邮件至 cbswce@jg.bjtu.edu.cn 索取。

在完成本书的过程中，得到了许多同人的帮助。他们为本书提出了许多建设性的意见和想法，特别是为本书案例研究直接提供帮助的同人们。同时，本书的出版及再版得到了北京交通大学出版社吴嫦娥副编审及该出版社的鼎力支持。在此一并表示衷心的感谢。

由于时间紧迫，加之水平所限，书中错误遗漏之处敬请广大读者批评指正。如果本书的再次出版能对广大读者有所裨益，我们则不胜欣慰。

编　者

2012年9月于大连

前 言

经过多年的发展，项目管理学科已经成为一个较为成熟的领域，且席卷全球的项目管理热潮也代表着项目管理学的最新发展趋势。项目管理被美国《时代周刊》评为最具前景的"黄金职业"。项目管理不仅是管理技术和方法，也是项目操作流程标准和团队工作语言，它从根本上改善了管理人员的工作流程和思维方式，达到了节约时间、降低成本、明确责任、合理利用资源、有效控制各类风险的目的。项目管理已广泛应用于建筑、国防、航天、电子、通信、计算机、软件开发、制药、会展、金融、学校及政府机关和社会团体等各个领域。微软、摩托罗拉、杜邦、华为等企业的成功，无不与采用项目管理有关。因此，越来越多的人认识到这门学科对指导管理者处理企业项目管理方面事务与业务的重要作用，这一点可以从它被广泛地指定为专科生、本科生、研究生和专业人员的教学课程，并被吸收进各种短期教程和咨询任务中体现出来。与此同时，人们也广泛认同的一点是，尽管一直以来项目管理教学与培训旨在培养熟悉市场经济规律，精通项目管理流程与规则，对不同规模的项目能够进行项目生命周期内全过程有效管理的项目管理专家，但是，了解项目管理问题的一般原则和各种实务已不局限于仅与项目管理专家有关，而对各个层次的管理者都十分重要。本书就是为迎合不同层次管理者对项目管理知识学习的需要而组织人员撰写的。

全书分3篇，共17章，主要讲述项目管理基本知识、项目管理过程、项目管理技术与方法。本书的特点是简明易懂、深入浅出，并强调系统性和综合性。

全书由丁宁总策划，具体编写人员及分工如下：王娜、丁宁、穆志强编写第1、2章，马博、丁宁、穆志强编写第3、4章，李春艳、丁宁编写第5、6、7章，马博、王娜、丁宁编写第8章，陆永君、丁宁编写第9章，陈玉锋、陆永君、丁宁编写第10、11、13章，李荷香、陆永君、丁宁编写第12、14章，杨道殿、陆永君、丁宁编写第15、16、17章。初稿完成后，由丁宁统稿并担任主编。

在完成本书的过程中，得到了许多同人的帮助。他们为本书提出了许多建设性的意见和想法。特别是为本书案例研究直接提供帮助的同人们，在此一并表示衷心的感谢。同时在本书的编写过程中也参考了一些书籍，在本书的参考文献中已经列出。

由于时间紧迫，加之水平所限，书中错误遗漏之处敬请广大读者批评指正。如果本书的出版能对广大读者有所裨益，我们则不胜欣慰。

编　者

2008年4月于大连

目 录

第 1 篇　项目管理概述

第 1 章　项目与项目管理 ... 3
- ◇ 学习目标 ... 3
- ◇ 导入案例 ... 3
- 1.1 项目管理沿革 ... 4
- 1.2 项目定义及基本特征 ... 8
- 1.3 项目管理概念 ... 10
- 1.4 项目管理与其他学科的关系 ... 13
- ◇ 本章案例分析 ... 15
- ◇ 本章习题 ... 16

第 2 章　项目组织与项目团队 ... 17
- ◇ 学习目标 ... 17
- ◇ 导入案例 ... 17
- 2.1 项目组织 ... 18
- 2.2 项目团队 ... 21
- 2.3 项目经理 ... 23
- ◇ 本章案例分析 ... 27
- ◇ 本章习题 ... 28

第 3 章　项目管理的环境和过程 ... 30
- ◇ 学习目标 ... 30
- ◇ 导入案例 ... 30
- 3.1 项目阶段和项目生命周期 ... 30
- 3.2 项目管理过程组 ... 34
- ◇ 本章案例分析 ... 38
- ◇ 本章习题 ... 39

第 2 篇　项目管理过程

第 4 章　项目启动 ... 43
- ◇ 学习目标 ... 43
- ◇ 导入案例 ... 43

4.1	项目的来源和作用	43
4.2	项目的识别与构思	44
4.3	项目启动的原则与过程	46
4.4	项目章程	51
◇	本章案例分析	53
◇	本章习题	54

第 5 章　项目计划 … 56

- ◇　学习目标 … 56
- ◇　导入案例 … 56
- 5.1　项目计划编制的内容 … 57
- 5.2　项目计划编制的原则与过程 … 61
- ◇　本章案例分析 … 64
- ◇　本章习题 … 64

第 6 章　项目实施 … 66

- ◇　学习目标 … 66
- ◇　导入案例 … 66
- 6.1　项目实施涉及的内容 … 66
- 6.2　项目领导艺术 … 70
- ◇　本章案例分析 … 74
- ◇　本章习题 … 75

第 7 章　项目控制 … 77

- ◇　学习目标 … 77
- ◇　导入案例 … 77
- 7.1　项目控制涉及什么 … 77
- 7.2　项目控制的类型 … 79
- 7.3　项目控制的过程 … 80
- 7.4　项目控制的主要方法 … 82
- 7.5　项目控制的基本准则与策略 … 83
- ◇　本章案例分析 … 84
- ◇　本章习题 … 85

第 8 章　项目收尾 … 87

- ◇　学习目标 … 87
- ◇　导入案例 … 87
- 8.1　项目收尾涉及什么 … 88
- 8.2　项目审计 … 92
- 8.3　项目成败的界定 … 94
- ◇　本章案例分析 … 98
- ◇　本章习题 … 99

第3篇　项目管理技术与方法

第9章　项目范围管理 ……………………………………………………………… 103
- ◇　学习目标 ……………………………………………………………………… 103
- ◇　导入案例 ……………………………………………………………………… 103
- 9.1　项目范围管理概述 …………………………………………………………… 104
- 9.2　项目范围界定 ………………………………………………………………… 105
- 9.3　工作分解结构 ………………………………………………………………… 107
- 9.4　责任矩阵 ……………………………………………………………………… 111
- 9.5　项目范围核实 ………………………………………………………………… 113
- 9.6　项目范围变更控制 …………………………………………………………… 115
- ◇　本章案例分析 ………………………………………………………………… 117
- ◇　本章习题 ……………………………………………………………………… 117

第10章　项目人力资源管理 ……………………………………………………… 119
- ◇　学习目标 ……………………………………………………………………… 119
- ◇　导入案例 ……………………………………………………………………… 119
- 10.1　项目人力资源管理概述 …………………………………………………… 119
- 10.2　项目人力资源规划 ………………………………………………………… 121
- 10.3　项目人力资源的培训和开发 ……………………………………………… 122
- 10.4　项目绩效评估 ……………………………………………………………… 124
- 10.5　项目员工的激励 …………………………………………………………… 127
- ◇　本章案例分析 ………………………………………………………………… 130
- ◇　本章习题 ……………………………………………………………………… 130

第11章　项目成本管理 …………………………………………………………… 132
- ◇　学习目标 ……………………………………………………………………… 132
- ◇　导入案例 ……………………………………………………………………… 132
- 11.1　项目成本管理概述 ………………………………………………………… 132
- 11.2　项目资源计划 ……………………………………………………………… 133
- 11.3　项目成本估算 ……………………………………………………………… 136
- 11.4　项目成本预算 ……………………………………………………………… 139
- 11.5　项目成本控制 ……………………………………………………………… 143
- ◇　本章案例分析 ………………………………………………………………… 148
- ◇　本章习题 ……………………………………………………………………… 150

第12章　项目质量管理 …………………………………………………………… 152
- ◇　学习目标 ……………………………………………………………………… 152
- ◇　导入案例 ……………………………………………………………………… 152
- 12.1　项目质量管理概念与原则 ………………………………………………… 152
- 12.2　项目质量计划 ……………………………………………………………… 154
- 12.3　项目质量控制 ……………………………………………………………… 156

12.4	项目质量保证	159
12.5	项目质量审核	160
◇	本章案例分析	162
◇	本章习题	163

第 13 章 项目时间管理 … 165

- ◇ 学习目标 … 165
- ◇ 导入案例 … 165
- 13.1 项目活动定义 … 165
- 13.2 项目活动排序 … 166
- 13.3 项目时间估算 … 168
- 13.4 项目进度计划的制订 … 169
- 13.5 项目进度控制 … 171
- 13.6 网络计划技术 … 173
- ◇ 本章案例分析 … 181
- ◇ 本章习题 … 181

第 14 章 项目沟通与冲突管理 … 183

- ◇ 学习目标 … 183
- ◇ 导入案例 … 183
- 14.1 项目沟通管理的定义及特征 … 183
- 14.2 项目沟通管理的过程 … 186
- 14.3 项目冲突管理概述 … 188
- ◇ 本章案例分析 … 192
- ◇ 本章习题 … 192

第 15 章 项目采购管理 … 194

- ◇ 学习目标 … 194
- ◇ 导入案例 … 194
- 15.1 项目采购管理概述 … 194
- 15.2 项目采购计划的制订 … 196
- 15.3 项目询价与供应商的选择 … 198
- 15.4 项目合同管理 … 200
- ◇ 本章案例分析 … 205
- ◇ 本章习题 … 205

第 16 章 项目风险管理 … 207

- ◇ 学习目标 … 207
- ◇ 导入案例 … 207
- 16.1 项目风险管理概述 … 207
- 16.2 项目风险识别 … 210
- 16.3 项目风险分析与评估 … 212
- 16.4 项目风险处理 … 214

16.5　项目风险控制 ·· 215
　　◇　本章案例分析 ·· 217
　　◇　本章习题 ·· 217
第 17 章　项目融资管理 ··· 219
　　◇　学习目标 ·· 219
　　◇　导入案例 ·· 219
　17.1　项目融资概述 ·· 219
　17.2　项目融资资金来源与基本方式 ·· 222
　17.3　BOT 投资与运作 ··· 226
　17.4　项目融资担保 ·· 228
　　◇　本章案例分析 ·· 231
　　◇　本章习题 ·· 231
参考文献 ··· 233

第1篇 项目管理概述

第1章　项目与项目管理
第2章　项目组织与项目团队
第3章　项目管理的环境和过程

第1章 项目与项目管理

◇ **学习目标**

1. 了解项目管理的发展史
2. 了解项目定义及基本特征
3. 理解项目管理的定义
4. 认识项目管理的基本要素和基本特征
5. 认识项目管理知识体系
6. 认识项目管理与其他学科的关系

◇ **导入案例**

寻 龙 诀

电影《寻龙诀》讲述了 20 世纪 80 年代胡八一率领的摸金校尉团队的草原千年古墓生死之旅。以项目管理的角度,和大家共同重温整个探墓项目。

1. 项目启动阶段

项目背景:胡八一、王凯旋及 Shirley 杨为摸金校尉第 82 代传人,曾共同完成了很多项出色的盗墓项目。金盘洗手后,原本叱咤风云三人偷渡到美国,沦为街头小贩,被移民局追得满街跑。在这样的背景下,摸金校尉团队有了改变现状,重新开始盗墓工作的想法。

项目需求:要查清丁思甜的死因和找到彼岸花,完成对她的承诺。这两个需求从项目启动开始,贯穿整个项目过程,清晰明确的需求,牵引着项目的进展。

2. 项目规划阶段

(1) 风险管理

① 外部客观风险因素:参考多年盗墓项目经验,墓穴中不仅机关多,险象环生,还隐隐中透着一种神秘力量,会随时产生危险。应对措施:进行风险预防。摸金校尉的风险应对计划是随身准备着罗盘、铁索绳和金刚伞等工具,可用于破解机关,逃离困境。

② 外部主观风险因素:同行的环球矿业集团一方面人数多且不具备专业探墓的知识,另一方面,他们为了达到目的不择手段。应对措施:第一是进行风险预防。时刻提醒,防止再出现随便触碰机关的行为。第二是进行风险回避。时刻观察,找好的时机离开环球矿业集团。

③ 内部因素:干系人需求不一致。该项目是因为王凯旋想要改变美国生活的窘迫现状、想要找到彼岸花而启动的,而项目团队中胡八一、Shirley 杨在一开始并没有一定要离开美国窘迫的生活、一定要找到彼岸花的需求。所以,在当时危险且复杂的环境下,他们二人均

是不同意启动项目的。应对措施：在需求不一致的情况下，会造成在项目进展过程中成员发生矛盾与争执现象。针对这一风险，采取的风险应对计划是通过利益相关者管理，进行团队内部沟通，统一需求。

（2）项目目标

探墓行动的总体目标是到达神女墓，找到彼岸花，查清丁思甜的死因。

3. 项目执行阶段

在项目执行的过程中，针对项目总体及阶段性目标，摸金校尉团队通过一次次的问题分析与解决，最终找到彼岸花。

4. 项目收尾阶段

通过探墓过程中的问题解决与风险控制，凭借团队精神与专业技能，他们完成了项目启动时定下的两个需求，找到了彼岸花，也查清了丁思甜的死因，放下了过去与心中的愧疚，重新开始新的生活，项目完结。

［资料来源］http://www.mypm.net/articles/show_article_content.asp? articleID=31626&pageNO=1。

1.1 项目管理沿革

 小提示

人类社会、人类组织就是在探索项目管理的科学性、应用性及创造性的过程中得到发展的，而项目管理理论和方法的每一次突破则在更大的规模上推动了人类社会和人类组织的发展。任何科学的发展，都是在不断总结前人思想的基础上进行的，研究项目管理理论有必要回顾项目管理发展的历史。

1.1.1 项目管理学科的发展

尽管人类的项目管理实践可以追溯到几千年前，但是将项目管理作为一门科学进行分析和研究的历史并不长。人们一般把现代项目管理与亨利·甘特（Henry Gantt）发明的统计图表（20世纪初）紧密联系在一起。虽然亨利·甘特被认为是计划和控制技术之父，但是20世纪50年代是被公认的现代项目管理学科起源的时间。20世纪五六十年代，美、英两国开发的军事和航天技术推动了现代项目管理学科的产生和发展。从项目管理学科的发展来看，可以分为以下几个阶段。

（1）20世纪初——甘特图。

 小资料

亨利·甘特是泰勒创立和推广科学管理制度的亲密合作者，也是科学管理运动的先驱者之一。甘特非常重视工业中人的因素，因此他也是人际关系理论的先驱者之一。其对科学管理理论的重要贡献如下。

① 提出了任务和奖金制度。

② 强调对工人进行教育的重要性，重视人的因素在科学管理中的作用。
③ 制订了甘特图——生产计划进度图。

(2) 20世纪四五十年代——一些适合项目管理思想的方法和技术的出现为现代项目管理的发展奠定了基础。

(3) 20世纪50年代后期到60年代——关键路线法（CPM）和计划评审技术（PERT）的出现与广泛应用。

(4) 20世纪七八十年代——项目管理已经被公认为是一种有生命力并能实现复杂的企业目标的良好方法。

 小提示

这个时期的项目管理从美国最初的军事项目和宇航项目很快扩展到各种类型的民用项目，其特点是面向市场、迎接竞争。项目管理除了计划和协调外，对采购、合同、进度、费用、质量、风险等给予了更多重视，初步形成了现代项目管理学科的框架。

(5) 20世纪90年代后——现代项目管理逐步发展成为独立的学科体系，成为现代管理学的重要分支。

 小提示

在这个阶段，项目管理的应用领域进一步扩大，尤其在新兴产业中得到了迅速的发展，比如通信、软件、信息、金融、医药等现代项目管理的目标已不仅仅是执行任务，还要开发项目、经营项目，以及成为经营项目完成后形成的设施、产品和其他成果的必要条件。

1.1.2　国际项目管理学术组织及其发展

世界各地项目管理学术组织的纷纷成立也是项目管理学科从经验走向科学的标志，国际具有代表性的项目管理学术组织的发展从某种角度上也反映了项目管理的发展历程。

1. 国际项目管理协会

国际项目管理协会（International Project Management Association，IPMA）是一个在瑞士注册的非营利性组织，它是项目管理国际化的主要促进者。

 小资料

罗德尼·特纳教授是国际项目管理协会（IPMA）的现任主席，曾任英国项目管理协会（APM）总裁，荷兰鹿特丹 Erasmus 大学的项目管理、市场营销与组织学教授，权威杂志《项目管理国际期刊》的主编，英国著名商学院 HENLEY 管理学院项目管理硕士学位课程执行主任。

2. 美国项目管理协会

美国项目管理协会（Project Management Institution，PMI）创建于1969年，PMI在推进项目管理知识和实践的普及中扮演了重要角色。

 小资料

美国项目管理协会（PMI）是全球项目管理行业的倡导者，它创造性地制订了行业标准,并正在构筑不断扩展的专业知识体系,让项目管理从业人员成为各自所在组织不断变革、创新发展的推动力量。PMI 目前拥有来自全球 150 多个国家和地区的 13.5 万名会员,该协会正积极地为业界树立标准、从事科学研究、传播专业知识、促进行业发展,并拓展职业前景。此外,它还提供教育和认证服务,促进会员间的交流沟通,并由此获得了更多的商业机会。

1.1.3 中国项目管理的发展

1. 中国项目管理的发展历程

我国项目管理的发展最早起源于 20 世纪 60 年代华罗庚教授推广的"统筹法"(又称网络计划技术)。1964 年华罗庚带领中国科技大学部分师生到西南三线建设工地推广统筹法,在铁路、桥梁、隧道等项目管理上取得了成功。1980 年后,华罗庚和他的助手们开始将统筹法应用于国家特大型项目。20 世纪 80 年代后期,随着现代化管理方法在我国的推广应用,进一步促进了统筹法在项目管理过程中的应用,项目管理有了科学的系统方法。1991 年 6 月,在西北工业大学等单位的倡导下,我国成立了第一个跨地区、跨行业的项目管理专业学术组织——中国优选法统筹法与经济数学研究会项目管理研究委员会(Project Management Research Committee,China,PMRC),PMRC 的成立是中国项目管理学科体系开始走向成熟的标志。PMRC 的成立,推动了我国项目管理事业的发展和学科体系的建设,在促进我国项目管理专业化与国际化发展方面起到了重要作用。2001 年 7 月 PMRC 推出了《中华项目管理知识体系》(C-PMBOK),并建立了符合中国国情的《国际项目管理专业资质认证标准》(C-NCB)。C-PMBOK 和 C-NCB 的建立标志着中国项目管理学科体系的成熟。

2. 中国项目管理的发展前景

虽然项目管理理论引入中国的时间并不长,然而项目管理的理论和方法在我国社会生活中已经产生了相当大的影响,它丰富了我们的管理理论和管理技术,给我们的管理实践带来了一种新的实用方法,产生了一定的经济效益和社会效益。但是,由于种种原因,在我国的管理理论研究中还未对项目管理理论研究给予足够的重视,项目管理的引用也还只限于某些行业和领域。这说明我国的项目管理的发展水平与当今世界水平尚有相当的差距,但另一方面,也说明我们的项目管理仍有很大的发展空间。

小资料

随着我国入世和进一步的改革开放,愈来愈多的跨国公司将进入中国,同时也会有愈来愈多的企业走出国门,打入全球市场,参与国际性竞争。在这种情况下,我国的项目管理人员迫切需要掌握国际上最新的项目管理知识体系和技能,迫切希望通过国际的专业资格认证。因此,在我国,项目管理会像发达国家那样越来越受到企业界、管理界的青睐。

1)实践方面

将有更多的项目需要应用项目管理技术和方法,主要包括:政府项目、企业项目、文教体育项目、建设项目和科学研究项目等。

2）理论方面

国内从事项目管理研究的专业机构、高等院校、工程部门将会联合起来，分工协作对基础项目学和项目管理学的内涵与组成进行研究，并开展国际合作，共同建立新的项目管理学科，从而达到世界项目管理科学的先进水平。

3）计算机应用方面

目前，除了各种单项性能软件以外，项目管理正向集成的方向发展，比如项目管理信息系统（project management information system，PMIS）、项目管理决策支持系统（project management decision system，PMDS）、项目管理专家系统（project management expert system，PMES）等。

4）多学科门类的介入

比如把组织行为学、管理学理论和技术方法与项目管理学有机结合起来，可以更好地发挥项目运行过程中人力资源的作用；把会计学特别是成本会计学、人力资源管理学、项目评估学、财务管理学等知识与项目管理学有机结合，必定能大大增加项目管理学科的技术含量，为项目管理学科的发展提供强大的技术手段和支持。

1.1.4 项目管理的新发展

进入21世纪，随着科学和技术的飞速发展，项目管理有了新的发展趋势，主要体现在全球化、多元化、专业化等几个方面。

1. 项目管理的全球化发展

在全球化投资和生产的过程中，竞争促使项目管理的理论和方法在全球范围内传播，并出现了全球化的发展趋势。具体表现在：国际间项目合作日益增多、国际间的项目专业活动日益频繁、项目管理的专业信息国际共享。

小资料

项目管理的全球化与世界经济发展的全球化密不可分，20世纪90年代以来，以信息技术革命为中心的高新技术迅猛发展，不仅冲破了国界，而且缩小了各国和各地的距离，使世界经济越来越融为一体。目前，经济全球化已显示出其强大的生命力，并对世界各国经济、政治、军事、社会、文化等所有方面，甚至包括思维方式等，都造成了巨大的冲击。同样对项目管理的发展也产生了影响。

2. 项目管理的多元化发展

人类社会的大部分活动都可以按项目来运作，所以当今的项目管理已经深入到各个行业，只不过以不同的类型和规模出现。

3. 项目管理的专业化学科发展

20世纪90年代之后，项目管理的专业化趋势也有了明显的进展，主要体现在以下三个方面：① 项目管理知识体系在不断发展和完善的过程中；② 学历教育和非学历教育竞相发展；③ 项目与项目管理学科的探索及专业项目咨询机构不断出现。

1.2 项目定义及基本特征

1.2.1 项目定义

1. 项目的一般性定义

下面是一些关于项目的一般性定义。

项目是具有开始和结束的一次性努力,由相关人员执行达到符合一定成本、预算和质量要求的目标。

项目是有预定目标,需要资源和努力,有预算和进度计划的一次性(因此也是有风险的)活动。

国际知名项目管理专家、《项目管理国际期刊》杂志主编罗德尼·特纳教授认为:项目是一种一次性的努力,它以一种新的方式组织人力、财力和物资,完成有独特范围定义的工作,使工作结果符合特定的规格要求,同时满足时间和成本的约束条件。

国际项目管理协会(IPMA)ICB 3.0中对项目的定义为:项目是受时间和成本约束的、用以实现一系列既定的可交付物(达到项目目标的范围)、同时满足质量标准和需求的一次性活动。

美国项目管理协会(PMI)在项目管理知识体系(PMBOK)中为项目所下的定义也许是最容易理解的表述。PMBOK认为项目是"为完成某一独特的产品或服务所做的一次性努力"。

中国项目管理研究委员会对项目的定义是:项目是一个特殊的将被完成的有限任务。它是在一定时间内、满足一系列特定目标的多项相关工作的总称。

2. 项目定义的理解

总之,项目是创造独特产品、服务或者其他成果的一次性工作任务。项目定义包含三层含义:① 项目是一项有待完成的任务,有着特定的环境和要求;② 项目是在一定的组织机构内,利用有限的资源(人力、物力、财力等)在规定的时间内完成的任务;③ 任务必须满足性能、质量、数量、技术指标等方面的要求。

 小资料

从项目的概念可以看到,项目的外延是广泛的。项目可以在组织的所有层次上进行,它可能仅仅涉及一个人,也可能涉及成千上万人。完成一个项目所需要的时间可能只有几十分钟,也可能长达十几年。项目费用少则不足百元人民币,多则可达数千亿元人民币。总之,大到长江三峡工程,小到组织一次会议,均称其为项目。项目普遍地存在于人们的生产和生活之中,遍布各行各业的每一个企事业单位、政府机构和社会团体。正如美国项目管理专业资质认证委员会主席保罗·格瑞斯(Paul Grace)所讲:"在当今社会中,一切都是项目,一切也将成为项目。"

1.2.2 项目的基本特征

从项目的定义来看,无论项目的规模大小、复杂程度、性质差异如何不同,都会存在一些相同之处。也就是说，项目内容可能会千差万别，但项目本身有其共同的特点，主要有以下几点。

1. 项目的一次性

一次性是项目与其他常规运作的最大区别。项目有明确的起点和终点，没有可以完全照搬的先例，也不会有完全相同的复制。

管理小常识

项目的一次性特点决定了项目组织结构的特点。如何将项目组织中相对松散的人员凝聚成一个实现项目目标的团队，这就是管理要解决的问题。

2. 项目开发与实施的渐进性

每一个项目都是独一无二的，无法从其他模式那里一下子复制过来，因此，任何项目的开发必然是渐进的。

3. 项目目标的确定性

项目作为一种特别设立的活动是有其明确的目标的。项目目标通常由成果性目标和约束性目标组成。其中约束性目标通常又称为限制性目标，是实现项目成果性目标的客观条件和人为主观约束条件的总称，是项目实施过程中必须遵守的条件；成果性目标被分解成为项目的多个功能性要求，是项目全过程的主导目标。

4. 项目的整体性

项目中的一切活动都是相互联系的，构成一个完整的过程。项目不能有多余的活动，也不能缺少某些必要的活动，否则必将阻碍项目目标的实现。

5. 项目的临时性和开放性

在项目进展的过程中，项目团队的人数、成员、职责都不断地变化。某些成员可能是借调来的，项目终结时团队要解散，人员要转移。参与一个项目的组织往往有多个，有时甚至几十个或更多。他们通过协议或合同及其他社会关系聚集到一起，并在项目的不同时段以不同的形式介入项目活动。

6. 项目的独特性

每个项目都有属于自己的一个或者几个预定的、明确的目标。在一个项目中所产生的产品和服务，与已经完成的产品和服务是有一定差异的，项目既可以是以前工作的延续，也可以是新工作的开始。

 小提示

用一个比喻来理解项目的独特性特征，当你找到一份新工作，第一天去上班时（假设你是第一次去新单位），首先担心的是能不能找到新的地点，所以你总是早早就出发了。但是，当你第二天、第三天及以后上班时，你根本不需要担心能不能找到单位，而是会越来越准确地把握上班过程，变得更有效率了。把你第一天上班当作一个项目，以后每天上班就不是项目了。

7. 项目的目标冲突性

每个项目都会在项目实施的范围、时间、成本等方面受到一定的制约，这种制约在项目管理中称之为三约束。为了取得项目的成功，必须同时考虑范围、时间、成本三个主要因素，而这些目标并不总是一致的，往往会产生冲突。如何实现彼此之间的平衡，也是影响项目成功的主要因素之一。

1.2.3 项目利益相关者

项目利益相关者是指项目的参与方和利益受项目影响的有关方面，他们在项目中有既定利益，主要包括客户或委托人、项目发起人、项目经理、被委托人或承约商、供应商、分包商和政府有关部门、社会公众等其他利益相关者。

（1）客户或委托人。每一个项目均有其特定的客户，亦叫委托人。其可能是一个人、一个组织，也可能是由两个以上的人组成的一个团体，还可能是对同一项目结果具有相同需求的许多组织。

（2）项目发起人。项目发起人是首先命令执行项目的人。其可能是客户，但在许多情况下是第三方。

（3）项目经理。项目经理是对保证按时、按照预算、按照工作范围及按所要求的性能标准完成项目负有全面责任的人。

小说明

项目经理是项目团队的领导者，他的责任就是领导他的团队准时、优质地完成全部工作，在不超出预算的情况下实现项目目标。项目经理的工作就是对工作进行计划、组织和控制，从而为项目团队完成项目目标提供领导作用。

（4）被委托人或承约商。被委托人，就是承接项目、满足客户需求的项目承接方，也就是承约商。被委托人接受委托人的委托、承接项目以后，根据客户的要求，启动项目。

（5）供应商。供应商是为项目的承约商提供原材料、设备、工具等物资资源的商人。

（6）分包商。由于现代项目的技术复杂、工程量较大、客户要求较高，因此，承约商在承接项目后，一般都会将项目中的一些子项目再转包给不同的分包商。

（7）其他利益相关者。除上述项目的直接利益相关者以外，还有一些组织和个人与项目存在或多或少的利益关系。主要有政府有关部门、项目所在社区的公众、项目用户、新闻媒介、市场上潜在的竞争对手和合作伙伴等，有时甚至将项目班子的家属也视为项目的利益相关者。

项目的不同利益相关者对于项目有着各自不同的需求与期望，他们关注的目标和重点常常相差很远。

1.3 项目管理概念

1.3.1 项目管理的定义

"项目管理"从字面解释就是"对项目进行的管理"，这实际上也是项目管理最原始的概念，它说明了两个方面的问题：一方面说明项目管理属于管理的大范畴；另一方面说明项目管理的对象是项目。

但是，随着项目及其管理时间的发展，项目管理的内涵已经发生了巨大的变化，已经成为一种全新的管理方式、一门新兴的管理科学、一套逐渐完善的理论体系和方法。

总之，项目管理就是在项目活动中运用专门的知识、技能、工具和方法，使项目达到预期目标的过程，是以项目作为管理对象，通过一个临时性的专门的组织，对项目进行计划、组织、执行和控制，并在时间、成本、性能、质量等方面力求达到预期目标的一种系统管理方法。

项目管理贯穿整个项目的生命周期，它是运用一定规律和方法对项目进行高效率的计划、组织、指导和控制的管理手段，并在时间、费用和质量的约束下达到预定的项目目标。

1.3.2 项目管理的基本要素

要深刻理解项目管理的定义，就必须弄清楚项目管理的各个要素，尤其是其中的基本要素，如资源、目标和需求、项目环境、项目干系人、项目、项目利益相关者。其中项目、项目利益相关者在前面已经讨论过了，这里仅就资源、目标和需求、项目环境、项目干系人进行介绍。

1. 资源

资源概念的内容十分丰富，可以理解为一切具有现实和潜在价值的东西，包括自然资源和人造资源、内部资源和外部资源、有形资源和无形资源。当今，人们不仅应该管好用好"硬"资源，也要学会管好用好"软"资源。

 小提示

针对目标所需，一切可利用的、创造和再创造利益的物以及物与物之间的关系，就是可用的资源。

项目管理作为一种管理方法和手段，本身也是一种资源。可是，由于项目固有的一次性特点，项目资源不同于其他机构的资源，它多是临时拥有和使用的。资金需要筹集，服务和咨询力量可以采购（如招标发包）或招聘，有些资源还可以租赁。项目实施过程中资源需求变化很大，有些资源用完后要及时偿还或遣散，任何资源的积压、滞留或短缺，都会给项目带来损失。资源的合理、高效使用对项目管理尤为重要。

2. 目标和需求

项目要求达到的目标可分为两类：必须满足的规定要求和附加获取的期望要求。规定要求包括项目实施范围、质量要求、利润或成本目标、时间目标，以及必须满足的法规要求等。期望要求是一种隐含的或潜在的要求，没有明文规定。

3. 项目环境

一个项目的完成通常需要对项目所依存的大环境有敏锐的认识和正确的理解。项目及其管理在通常情况下对环境有着极大影响，但同时也被环境所制约。项目环境包括实施项目中的内在环境及外在环境。内在环境主要包括：项目在组织中的地位、组织结构、组织文化和风格等；外在环境主要包括：政治和经济、文化和意识、国际化标准和规章等。

管理小常识

任何组织都是在一定环境中从事活动的,环境的特点及其变化必然制约组织活动方向和内容的选择。组织环境可以分为内在环境和外在环境,项目组织面临的环境同样也可分为内在环境和外在环境。外在环境则指存在于组织之外、对组织产生影响的所有因素。

小说明

行业标准是指没有国家标准而又需要在全国范围内某个行业统一的技术要求。行业标准应用范围广、数量多,收集较为不易。

4. 项目干系人

项目干系人,即积极参与项目或其利益在项目执行中或结束后受到积极或消极影响的组织和个人。

项目干系人包括项目当事人(项目当事人具有法律角色和责任)和其利益受该项目影响(受益或受损)的个人和组织,也可以把他们称作项目的利害关系者。除了项目当事人外,项目干系人还可能包括政府的有关部门、社区公众、项目用户、新闻媒体、市场中潜在的竞争对手和合作伙伴等,甚至项目班子成员的家属也应视为项目干系人。主要的项目干系人有:项目经理、高级管理层、委托人、项目团队、监督执行者、股东。

1.3.3 项目管理的基本特征

1. 普遍性

项目作为一种创新活动普遍存在于人类的社会生产活动之中,现有的各种文化物质成果最初都是通过项目的方式实现的。现有的各种运营活动都是各种项目的延伸和延续,人们的各种创新的想法、建议和提案或迟或早都会转化成项目,并通过项目的方式得以验证或实现。由于项目的这种普遍性,使得项目管理也具有了普遍性的特征。

2. 目的性

项目管理的另一个重要特征是它的目的性,一切项目管理活动都是为实现"满足或超越项目有关各方对项目的要求与期望"这一目的服务的。其中"有关各方对于项目的要求"是一种已经明确的项目目标,而"有关各方对于项目的期望"是一种有待识别、未明确的、潜在的项目追求。

3. 独特性

项目管理的独特性是指项目管理既不同于一般的生产服务运营管理,也不同于常规的行政管理,它有自己独特的管理对象(项目),有自己独特的管理活动,有自己独特的管理方法和工具。虽然项目管理也会使用一般管理的一些原理和方法,但项目管理活动有自己独特的规律和方法。如项目计划管理中使用的关键路线法,项目范围管理中的工作分解结构法,项目成本控制管理中的S曲线法等。

4. 集成性

项目管理的集成性是相对一般运营管理的专门性而言的。在一般运营管理中,分别有生产管理、质量管理、财务管理、市场营销管理等各种各样的专业管理,它们是针对一个企业或组织的不同生产经营活动而开展的管理。而项目管理要求的是管理的集成性,这可以通过项目管理的职能体现出来。

 **小说明**

项目管理要求必须充分强调管理的集成性特征，例如，对于项目工期、造价和质量的集成管理，对于项目、子项目的集成管理等。

5. 创新性

项目管理的创新性包括两层含义：一是指项目管理是关于创新（由项目的一次性特点决定）的管理；二是指任何一个项目的管理都没有一成不变的模式和方法可供参考，必须通过创新去实现对于具体项目的有效管理，必须通过创新去实现一个具体项目的管理目标。

1.4 项目管理与其他学科的关系

1.4.1 项目管理知识体系

项目管理知识其实就是一系列的继承了前人经验的项目管理过程，那么给这些过程建立一个整体性的框架来表达，看起来会更结构化一些。项目管理知识体系（project management body of knowledge，PMBOK）就是这样来表述的。

 小提示

项目管理知识是经验的归纳和总结。既然是经验的积累，那就意味着随着时间的推移，项目管理的知识体系也会随着经验的增加而更新。事实上，从1996年到2004年，PMBOK共推出了三个版本。

PMBOK把这些过程按照两个维度进行了分类：知识领域和过程组。也就是说，任何一个过程都处在两个维度坐标之中。

第一个维度是知识领域。知识领域可分为核心知识领域和辅助知识领域。

核心知识领域如下。

项目范围管理：指对项目包括什么与不包括什么的定义与控制的过程。

项目时间管理：确保项目准时完成所必需的过程。

项目成本管理：确保在批准的预算范围内完成项目所需的各个过程。

项目质量管理：确保项目满足它所应满足的需要。

 **小说明**

其实，项目管理的核心知识领域就是构成项目目标的4个要素。也就是说，项目管理就是确定和细化范围、时间、成本和质量这4个目标，然后围绕这4个目标的实现进行监督和控制。除非项目的目标构成因素发生了变化，否则项目管理的核心知识领域是不会发生改变的。

辅助知识领域如下。

项目人力资源管理：指有效地发挥每个参与项目人员作用的过程。

项目沟通管理：指创建、收集、发送、存储和处理项目信息的过程。

项目风险管理：指为了更好地达到项目目标，识别、分析和应对项目生命周期内风险的过程。

项目采购管理：指从执行组织外部购买项目所需产品和服务的过程。

项目融资管理：指为项目成立与实施所涉及的项目融资方式与过程。

 小说明

辅助知识领域的作用是帮助项目实施的更有效的管理过程，它的构成并没有太多的规律性因素。

另外，项目整体管理也可以作为知识领域的一部分，它作为一个整体性的大框架，集成和协调所有其他项目管理知识领域所涉及的过程。有关项目整体管理的知识请参阅相关书籍和资料。

第二个维度是过程组。按照过程本身的作用来分类，共分为：启动过程组、计划过程组、实施过程组、控制过程组和收尾过程组。

这几个过程组最主要的工作是计划、实施和控制。启动过程组主要承担项目的立项过程，收尾过程组主要承担项目结项过程。各个过程组之间的主要关系如下。

- 计划作为实施的参照。
- 控制过程获取实施的状态，或者变更计划。
- 当存在偏差时，或者纠正实施过程，或者变更计划。

可以看到，项目管理过程组之间的关系和一般管理里面的计划、实施和控制是一致的。

1.4.2 项目管理与其他学科的关系

项目管理专业领域所涉及的知识极为广泛。目前国际项目管理界普遍认为，项目管理的知识范畴主要包括三大部分，即项目管理所特有的知识、一般的知识及项目相关应用领域的知识。项目管理学科与其他学科的知识体系在内容上有所交叉，这也符合学科发展的一般规律。通常，一个学科和专业的知识体系可能包括一些已被其他学科和专业所包含但仍为本专业人员普遍接受的知识领域。但是，作为一门独立的学科和一个独立的专业，必须有其独特的知识体系，这个知识体系既不是另一专业知识体系的翻版，也不是一些其他专业知识体系内容的简单组合。比较典型的情况是，一个专业的知识体系与其他专业知识体系在内容上有所重叠，但它必须拥有与本专业领域相关的独特的知识内容。显然，项目管理所特有的知识是项目管理知识体系的核心。

许多用于项目管理的知识是项目管理学中独有的，项目经理还必须具备一般的管理知识和经验，并对项目的应用领域要有一定的了解，这样才能在特定的行业和技术领域有效地开展工作。譬如，项目经理必须对一般管理如组织行为学、财务分析、计划方法等有一定的了解。如果项目涉及销售自动化，项目经理就需要知道销售的基本过程、销售自动化软件和动态计算。图1-1表示项目管理、

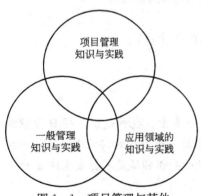

图1-1 项目管理与其他学科之间的关系

一般管理与应用领域等知识之间的关系。

虽然作为项目经理要有一般管理领域的知识和经验，但项目经理的角色与一般公司经理和主管是有所不同的。项目管理与一般管理和执行管理的区别主要是由项目的特殊性引起的。由于项目的独特性、一次性及所有资源的多样性，项目经理必须集中于综合管理成功完成项目所需的各种活动。而总经理与经营经理所做的大部分工作却正好相反，他的工作一般是一些重复性和延续性的日常事务。

总经理和经营经理也主要涉及某个特定的学科和职能领域。例如，会计部门的经理主要关注会计学科。如果要挑选出一位项目经理去管理会计部门信息技术项目，那他就需要同时了解一些会计和信息技术的内容。然而，他的主要工作还是管理项目，而不是专门去做会计或信息技术等职能工作。

本章案例分析

项目失败的苦果

达维信息技术有限公司刚刚和联合华胜集团签订了一份新的合同，合同的主要内容是处理以前为联合华胜集团开发的信息系统的升级工作。升级后的系统可以满足联合华胜新的业务流程和范围。由于是一个现有系统的升级，项目经理张工特意请来了原系统的需求调研人员李工担任该项目的新需求调研负责人。在李工的帮助下，团队很快完成了新需求的开发工作并进入设计与编码阶段。由于联合华胜的业务非常繁忙，联合华胜的业务代表没有足够的时间投入到项目中，确认新需求的工作一拖再拖。张工认为，双方已经建立了密切的合作关系，李工也参加了原系统的需求开发，对业务的系统比较熟悉，因此由李工定义的需求是清晰的，故张工并没有催促业务代表在需求说明书中签字。

进入编码阶段后，李工因故移民加拿大，需要离开项目组。张工考虑到系统需求已经定义，项目已经进入编码期，李工的离职虽然会对项目造成一定的影响，但影响较小，因此很快办理好了李工的离职手续。

在系统交付的时候，联合华胜的业务代表认为已经提出的需求很多没有实现，实现的需求也有很多不能满足业务的要求，必须全部实现这些需求后才能验收。此时李工已经不在项目组，没有人能够清晰地解释需求说明书。最终系统需求发生重大变更，项目延期超过50%，联合华胜的业务代表也对系统的延期表示了强烈的不满。

[资料来源] http://www.mypm.net/case/show_case_content.asp?caseID=4889。

回答问题
1. 酿成如此项目苦果，项目经理张工应吸取哪些教训？
2. 项目经理张工该怎么办？

本章习题

一、判断题

1. 项目是创造独特产品、服务或者其他成果的一次性工作任务。（　　）
2. 项目管理的集成性是指项目管理既不同于一般的生产服务运营管理，也不同于常规的行政管理，它有自己独特的管理对象。（　　）
3. 项目利益相关者是指项目的参与方和利益受项目影响的有关方面，他们在项目中有既定利益。（　　）
4. 一个项目的完成通常需要对项目所依存的大环境有着敏感的认识和正确的理解。（　　）
5. 项目成本管理是指对项目包括什么与不包括什么的定义与控制的过程。（　　）

二、选择题

1. 项目的基本特征具有（　　）。
   A. 一次性和独特性　　　　　　　　B. 开发与实施的渐进性
   C. 目标的确定性和冲突性　　　　　D. 整体性
   E. 临时性和开放性
2. 项目管理的基本要素是（　　）。
   A. 资源　　　　B. 目标和需求　　　　C. 项目环境　　　　D. 项目干系人
3. 项目管理的基本特征是（　　）。
   A. 普遍性　　　　B. 目的性　　　　C. 独特性　　　　D. 集成性
   E. 创新性
4. 项目管理知识体系由两个维度构成：知识领域和过程组。其中知识领域的核心知识领域内容包括（　　）。
   A. 项目范围管理　　　　　　　　　B. 项目时间管理
   C. 项目成本管理　　　　　　　　　D. 项目质量管理

三、思考题

1. 项目管理发展的新趋势有哪些？
2. 项目的定义和特征是什么？
3. 项目管理的概念是什么？对于这一概念说出你的看法。
4. 项目管理的基本特征有哪些？
5. 项目管理知识体系包括哪些内容？

第2章 项目组织与项目团队

◇ **学习目标**

1. 理解项目组织的定义、生命周期、组织结构的形式
2. 了解项目团队的定义及类型
3. 了解项目经理的职责及权力
4. 认识项目经理的能力要求及其挑选和培养

◇ **导入案例**

六 只 猴 子

上帝把六只饥寒交迫的猴子安排到一座山上,让它们看管那里的桃园,每日只供它们三顿饱餐。他们的工作就是看桃、摘桃,并把摘下的桃子及时送到上帝那里去。

临上任前,上帝给它们开了一个会。上帝说:"从此以后你们就是一个集体了,你们要团结互助地做好本职工作,不能少收一个桃子,更不能弄丢一个桃子。"

上帝为它们做了分工,大猴子和二猴子是领导,三猴子和四猴子是管家,五猴子和六猴子是只管干活的奴才,六只猴子就这样被分成了三等。当领导的只下命令不干活,威风得很;当管家的只是看门望院收收桃子,也挺潇洒;而当奴才的就是受苦的命,所有的活都得由它们去干。

可是,哪只猴子都想潇洒、威风,谁也不愿意挨苦受累,它们都想当领导。大猴子为了保住大领导的职位,处处看着二猴子,怕它有夺权之心,怕它有过己之处,谁与二猴子密切来往,它就以为谁是二猴子的亲信,就想着法地整治它,处处给它难堪。

二猴子不甘心总居于人下,也想当大领导,于是也处处看着大猴子,想要抓住大猴子的把柄,找机会把它拉下来。二猴子看见哪个猴子和大猴子来往,就以为那个猴子是去大猴子那里告它的状,就也想方设法地整治它。

大猴子拉拢其他的猴子,想巩固自己的势力。二猴子也拉拢其他的猴子,想把大猴子推翻下台好自己当大领导。而其他的猴子非常难办,如果和大猴子走得太近了,害怕哪一天二猴子一下成了大领导,就没有它们的好日子过了;可是要与二猴子来往得太密切,又怕得罪大猴子,它们同样会遭到大猴子的整治。

在对大猴子与二猴子的态度上,三猴子和四猴子有很大的分歧,三猴子认为大猴子不会这么快就下台,所以他努力讨好大猴子,并想挤掉二猴子,自己好当上二领导。二猴子看出了三猴子的心思,借着终于发现三猴子偷吃了桃子的机会,当众举报,要求大猴子按山规处理。大猴子没有办法,只能秉公处理,给三猴子降级成了二管家,而四猴子自然而然地升成

了大管家。

通过这件事，四猴子认为二猴子有本事，很有可能会成为大领导，便对二猴子亲密起来。大猴子一看这还得了，它鼓动三猴子报仇好抢回大管家的职位。不久，三猴子就发现四猴子偷了桃子送给了二猴子。大猴子大悦，它按山规把二猴子贬为管家，把四猴子贬为奴才，三猴子一越升职为二领导。

五猴子因此从奴才升为了管家，但它也想当领导。后来，它发现大猴子和三猴子这两个领导都偷吃山里的桃子。因此，五猴子趁往上帝那里送桃子的机会，把这个消息告诉了上帝。上帝大怒，他决定提拔对自己忠心耿耿的五猴子做大领导，其余五个全做奴才！

宣布完这个决定，上帝问大猴子和二猴子："你们为什么会有今天的结果？"大猴子说："我没踩住下边。"二猴子说："我没挤掉上边，也没踩住下边。"

上帝叹了一口气又问其他的猴子："你们说怎样才能升官进职？"三猴子说："一定要搞臭上级，他们是前进道路上的绊脚石，只有他们臭了、掉了，自己才能有发展的空间。"四猴子说："一定要踩住下级，别让下级暴露才华和能力，踩不住他们，自己迟早会被他们挤掉。"

上帝看了看六猴子，它挠了挠脑袋说："你们说的都不对！当领导保住现状最为重要，只要能在领导的位置上多呆一天，自己向上发展的机会就会多一分，所以要想方设法让自己坐稳位子才能有升官进职的希望。"

上帝笑了笑又问五猴子："你说呢？"

五猴子意外地当上了大领导，它高兴得很，因此根据自己的经验说："要想升官进职一定要做到内紧外松，对外你不能让别人看出你的升职野心，以免你的上级踩住你不放，对内自己则要时时努力。只要上边忽略了踩你，下边又认为没有必要挤掉你，你就一定会在努力中脱颖而出。"

上帝看了看这六只猴子，叹息道："你们整天不做事、净整事，那工作还会干好吗？干脆你们全都下岗吧！"

如果你是项目经理，怎么去管理这六只猴子？

［资料来源］作者整理。

2.1 项目组织

2.1.1 项目组织及其特点

1. 项目组织的定义

项目组织是为完成项目而建立的、从事和承担项目工作的具有独立性的组织实体。项目组织的一般职责是项目规划、组织、指挥、协调和控制。项目组织要对项目的范围、费用、时间、质量、采购、风险、人力资源和沟通等多方面进行管理。

2. 项目组织的特点

针对不同的项目类型和管理模式，项目组织存在多种形式，表现出很强的差异性。但与传统的职能组织相比，项目组织应具有以下共同的特点：①适应项目的一次性特点；②适应柔性的特点；③ 注重协调和沟通的特点；④ 注重借助外部资源的特点；⑤ 使团队精神发挥更大作用的特点；⑥ 跨职能部门的特点。

3. 项目组织生命周期

项目组织最显著的特征就是它的临时性。根据项目周期的长短，项目组织可能存在一天或存在数年。在它的生命周期中，包括五个重要的阶段：形成阶段、磨合阶段、规范阶段、执行阶段和解体阶段。

小说明

项目组织的生命周期与企业发展的生命周期相似，企业发展的生命周期包括萌芽阶段、成长阶段、成熟阶段和衰退阶段。企业处于不同的发展阶段，应当进行相适宜的决策工作。

2.1.2 项目组织结构形式

一般组织的特征及设计原则同样适用于项目组织，只是必须同时反映项目工作的特征。实际中存在多种项目组织形式，并没有证据证明有一个最佳的组织形式，每一种组织形式有各自的优点与缺点，有其适用的场合。因此人们在进行项目组织设计时，要采取具体问题具体分析的方法，选择合适的、满意的组织形式。

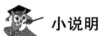
管理小常识

项目组织形式的设计要考虑多种因素，其中最重要的有：组织所处的环境、组织的技术水平、组织规模及组织生命周期等。许多实例表明，组织绝不是静态的，它需要不断地调整以适应外部环境的变化，因此项目组织结构形式也应随着环境的变化进行调整。

1. 职能式组织结构

职能式组织结构是指企业按职能及职能的相似性来划分部门，如一般企业要生产市场需要的产品，必须具有计划、采购、生产、营销、财务、人事等职能。那么，企业在设置组织部门时，按照职能的相似性将所有计划工作及相应人员划归计划部门、从事营销的人员划归营销部门等，企业便有了计划、采购、生产、营销、财务、人事等部门。

小说明

按照职能划分组织结构是现代组织采用最为广泛的一种方法，这种方法根据专业化的原则，以工作的性质为依据划分部门。

2. 项目式组织结构

项目式组织结构中，每个项目就如同一个微型公司那样运作，项目组的成员来自不同的部门，完成每个项目所需的资源完全分配给这个项目，专门为该项目服务。最早设立项目部的是美国通用汽车公司，其发明者是管理学家斯隆和杜邦。这是一种分权式结构，它是在总公司之下设立多个项目部，项目部可以按照产品、市场或地区划分，每一个项目部都有自己的产品和市场。项目部是总公司下面的一个利润中心，实行独立核算，自主经营。

3. 矩阵式组织结构

矩阵式组织结构是把按职能划分的部门和按产品划分的小组结合起来组成一个矩阵，在这种组织结构中的一名成员既同原职能部门保持组织业务上的联系，又参加项目小组的工作。职能部门是固定的组织，项目小组是临时组织，项目任务完成之后就解散了，其成员回到原职能部门工作。

 小提示

这种结构打破了传统的一个员工只有一个上司的命令统一原则，使一个员工属于两个甚至两个以上的部门，许多员工同时要向两个经理负责。矩阵式结构往往是在企业存在某些约束条件时采用的。

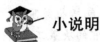 **小说明**

矩阵式组织结构由于实行的是横向、纵向双重领导，容易造成冲突或相互推卸责任。组织关系复杂，对项目负责人要求较高。要花费大量时间举行会议，集中解决问题，容易造成决策迟缓。

4. 混合式组织结构

在一个公司中，可同时存在职能式组织的部门和项目式组织的部门。混合型项目组织的成员，来自不同职能部门，并且可能存在同一个员工同时在不同项目中担任职务的现象，这样能最大限度地发挥专职人员的技术优势，使企业的人力资源利用率达到最大化。在混合型组织中，项目团队的成员可能完全由项目经理管理，从事专职工作；可能兼任项目工作，或仅在从事项目作业期间由项目经理负责；可能在部门经理的监控下，与项目经理协商完成。

 小提示

在具体实践中，选择组织形式没有一个固定的模式，项目经理只有在充分考虑组织的战略规模、技术、环境、行业类型、发展阶段，以及当前组织趋势等各方面的因素后，才可能做出较为合理的选择，甚至进行组织结构创新。

5. 项目组织结构的选择

 小资料

组织结构设计的原则是人们经过长期的大量实践活动而总结出来的，其中包括许多成功的经验和失败的教训，在组织设计时遵循这些原则会大大减少组织结构的不合理现象，少走弯路，为组织的生存和发展奠定良好的基础。

在做出项目组织结构的选择之前，必须首先分析项目需要完成哪些任务，为此需要做一个初步的项目计划。第一，明确项目要取得的主要成果；第二，列出与每个成果相关的主要任务；第三，对每项任务，确定负责完成它的相关职能部门，并考虑如何将这些任务最佳组合；第四，要考虑具体完成某项任务的人员需要具备的资格，该项任务所需要的技能，以及所涉及的客户等；第五，要考虑公司内外部环境因素，如公司的文化，与项目有关的各部门之间的关系等。综合以上各种因素并结合每种组织形式的特点，就能为项目选择一个比较好的组织结构。

小提示

每一种组织结构形式都有其优点、缺点和适用条件，没有一种是万能的、最好的。对不同的项目，应根据项目具体目标、任务条件、项目环境等因素进行分析、比较，设计或选择最合适的组织结构形式。

2.2 项目团队

2.2.1 项目团队的概念

1. 项目团队的定义

 小提示

提到团队我们就会想到群体，群体可以定义为相互合作以完成某个目标或满足某种需求的两个或两个以上的人的集合。定义表明所有的团队都是群体，但并非所有的群体都是团队。

项目团队是为适应项目管理而建立的团队，建设一个团结、和谐、士气高昂、工作高效的项目团队，对最终完成项目目标具有至关重要的意义。

由以上定义可知，简单把一组人员调集在一个项目中一起工作，并不一定能形成团队，就像公共汽车上的一群人不能成为团队一样。项目团队不仅仅是指被分配到某个项目中工作的一组人员，它更是指一组互相联系的人员同心协力地进行工作，以实现项目目标、满足客户需求。而要使这些人员发展成为一个有效协作的团队，一方面需要项目经理做出努力，另一方面也需要项目团队中每位成员积极地投入到团队中去。一个有效率的项目团队不一定能决定项目的成功，而一个效率低下的团队，则注定会使项目失败。

 小提示

如果没有共同认同的、清晰明确的目标，团队绝不可能是高效的；如果没有共同认同的目标，一个成员的工作越高效，可能给团队带来的损失越大。

2. 项目团队的特点

项目团队如同项目本身，规模有大有小，存在的时间有长有短，有些组织结构相对复杂，有些却很简单；有些动态性很强，人员要经常更换；有些却相对稳定，因此没有两个项目团队会一模一样。但是，项目团队仍然有一些共同的特点：① 共同的管理目标；② 合理的角色定位；③ 高度的凝聚力；④ 合作与支持；⑤ 民主与激励；⑥ 灵活、优化、高效。

 小资料

使用团队的一个主要优点就是能够获得一种协同效应：团队成员在一起工作能够带来更多的、更高质量的产出，这些产出要大于单个个人分开工作的工作产出的总和，也就是"整体大于局部之和"。这也就决定了项目团队有共同的管理目标,并且为之奋斗。

3. 项目团队的类型

根据组建项目团队的目的,可对其进行分类。在实际的项目团队组织中,有两种类型的团队比较常见:① 问题解决型团队;② 自我管理型团队。

(1) 问题解决型团队。在 20 世纪 80 年代,很多企业常常为解决质量问题,把 8~10 名项目职责范围部分项目重叠的员工和主管人员组织起来,定期开会,共同讨论存在的质量问题,调查分析问题产生的原因,提出解决问题的方案,并采取有效的行动,这都属于问题解决型团队。

小说明

问题解决型团队的核心点是提高生产质量、提高生产效率、改善企业工作环境等。在这样的团队中,成员就如何改变工作程序和工作方法相互交流,提出一些建议。成员几乎没有什么实际权力来根据建议采取行动。

(2) 自我管理型团队。新型的自我管理型团队通常由 10~15 人组成,这种团队承担了以前自己上级主管所承担的部分责任。彻底的自我管理型团队甚至可以挑选自己的成员,让成员互相进行成绩评估,建立与能力相关的薪资标准,甚至解雇成员。这种新型团队是真正独立自主的团队,不仅注意问题的解决,执行解决问题的方案,而且具有设立规范、处理人事和薪资分配的权力,对工作过程和工作结果承担全部责任。

小资料

自我管理型团队成员每天都要决定团队要完成的事情,如何完成,以及每个成员各自的具体任务。管理者为自我管理型团队设立一个宽泛的目标,而让团队自己决定如何完成这个目标。管理者可以采取一系列的措施保证自我管理团队的有效性,比如:谨慎选择团队成员、分析成员需要何种培训,以及给予团队充分的自主性,使其能真正实现自我管理。

2.2.2 项目团队的创建

1. 项目团队建设的原则

项目团队建设对项目的成败具有重大的意义,项目团队建设应遵循以下原则:① 对项目目标的清晰理解;② 为团队创造一种氛围;③ 界定项目组织、交界面和汇报关系;④ 目标导向。

小提示

由各种专家组成目标导向的项目团队,可以快速地解决问题。跨部门团队的一个好处是打破员工和组织的常态,让团队成员接触到更多不同的人、不同的想法、不同的工作方法。差异带来员工的变化,减少他们思维上的惯性。

2. 项目团队建设的方法

项目团队建设的方法主要包括:培训、团队建设活动、建立规则、集中办公、奖励和表彰体系。

(1) 培训。项目组织开发的首要任务是团队成员的培训,也就是给项目团队的成员传授完成工作和任务所必需的基本技能和素质的过程。

(2) 团队建设活动。团队建设活动包括为了提高团队绩效而专门采取的管理活动和个别措施。

(3) 建立规则。规则界定了对项目团队成员的可接受行为的明确期望,尽早接受这些明确的规则,可减少误解,提高生产力。

(4) 集中办公。集中办公指把几乎所有最活跃的项目团队成员安排在同一工作地点,以增强他们整体工作的能力。

 小提示

为了完成设定的目标,多种角色的成员需要进行信息、思想和情感的传递和沟通。沟通不可缺少,有效、良好的沟通,能促成和谐的个体和团体的高效工作。

(5) 奖励和表彰体系。奖励和表彰体系是为了鼓励和促进符合项目需要的行为的一般管理活动。

2.3 项目经理

项目经理是项目团队的灵魂,是决定项目成功与否的关键人物。项目经理需要领导和组织好自己的项目团队,需要做好项目的计划、实施和控制等一系列的管理工作并需要制订相应的各种决策。项目经理必须具有很高的概念性技能、人际关系技能和专业技能,必须具有较高的个人综合素质,能够积极与他人合作,能够自我激励和努力工作,能够激励他人和影响他人的行为,为实现项目目标服务。

2.3.1 项目经理的设置

项目经理根据其委托对象的不同,可分为业主的项目经理、咨询机构的项目经理、设计单位的项目经理和施工单位的项目经理4种类型。

1. 业主的项目经理

业主的项目经理即投资单位领导和组织一个完整工程项目建设的总负责人。一些小型项目的项目经理可由一个人担任,但对一些规模大、工期长且技术复杂的工程项目,则由工程总负责人、工程投资控制者、进度控制者、质量控制者及合同管理者等人组成项目经理部,对项目建设全过程进行管理。

2. 咨询机构的项目经理

当项目比较复杂而业主又没有足够的人员组建一个能胜任管理任务的管理班子时,就要委托咨询机构来组建一个代替自己进行项目管理的咨询班子,咨询公司派出的项目管理班子总负责人即为项目经理。咨询机构可以代理业主进行项目建设全过程或其中某一个阶段的管理。此时,业主一般来说仍要有一个以自己的项目经理为首的项目管理班子,因为有许多重大问题的决策仍须由业主自己做出决定,有许多工作是咨询机构代替不了的。不过,由于委托了咨询机构,业主的管理班子可以小一些、精干一些。

3. 设计单位的项目经理

设计单位的项目经理即设计单位领导和组织一个工程项目设计的总负责人。设计单位的项目经理对业主的项目经理负责，从设计角度控制工程项目的总目标。

4. 施工单位的项目经理

施工单位的项目经理即施工单位对一个工程项目施工的总负责人，是施工项目经理部的最高负责者和组织者。项目经理部由工程项目施工负责人、施工现场负责人、施工成本负责人、施工进度控制者、施工技术与质量控制者、合同管理者等人员组成。

业主、设计单位和施工单位如有担当项目管理工作的合适人选，当然是委托本单位人员任项目经理为佳，如果缺乏合适的人选则可委托工程项目管理咨询公司派人任项目经理。由于项目大小不一，组织管理的复杂程度不同，因此，项目经理及其工作班子成员的组成及人数不可能有统一的标准组织模式，应视具体情况而定。

 小常识

项目经理和公司总经理是有区别的，最显著的区别是各自的权力范围不同，公司总经理对整个公司行使权力，而项目经理的权力仅限于项目内部。

项目经理和公司总经理也是有联系的，项目经理是公司总经理的下属，在公司总经理的领导下工作，并对其负责。项目经理和部门经理既有区别又有联系，因为项目经理和部门经理在企业中所担任的角色，各自所承担的责任、权利和义务不相同。部门经理一般负责指导公司所属的单位或部门的活动，一般具有技术领域的专业技能。

2.3.2 项目经理的职责与权力

1. 项目经理的职责

（1）项目经理的对外职责。① 成功实现项目目标，争取客户最大满意度；② 不断开拓团队生存的外部空间；③ 负责对外谈判；④ 收取客户支付的费用。

（2）项目经理的对内职责。① 确定项目目标；② 组织项目团队；③ 报告工作意图；④ 制订并执行计划；⑤ 负责资金的到位；⑥ 负责组织并提出项目报告。

2. 项目经理的权力

 管理小常识

对应于管理学中责权一致原则，这一原则要求必须赋予这个职务自主完成任务所需的权力，权力的大小需要和责任相适应。只有职责，没有职权或职权太小，则职责承担者的积极性、主动性就会受到束缚，无法承担相应的责任；相反，只有职权而无任何责任，或责任程度远远小于职权，将会导致滥用权力，产生官僚主义等。

一般来说，项目经理应该具有以下几个方面的权力：① 项目团队的组建权；② 财务决策权；③ 项目实施控制权。

授予项目经理独立的决策权对于项目经理乃至项目目标的实现都至关重要。除了少数重大的战略决策外，大部分问题可以让项目经理自行决策、自行解决。许多问题和商业机会都具有时效性，如果经过冗长、费时的汇报批示，可能会错过时机，甚至可能导致无法挽回的损失。

2.3.3 项目经理的能力要求

项目的唯一性和复杂性等特点，使项目经理在项目的实施过程中始终面临各种各样的问题和冲突，而且要求项目经理在很短的时间内做出决定并执行。项目经理几乎每天都要做出很多艰难的决定，这使项目经理面临巨大挑战。因此，项目经理应当具备如下的能力。

1. 总体把握项目目标的能力

项目经理在没有对项目充分了解时就接任项目经理工作，是非常危险的，就像一位既不知己又不知彼的带兵统帅。

2. 获得项目资源的能力

项目经理通常面临项目资源短缺的问题。项目经理必须分析所负责项目需要的资源，项目经理还需要借助各种关系，获得项目所需的资源。

3. 组织和建设项目团队的能力

项目经理依靠项目团队执行项目。组建项目团队并对项目团队的人员进行安排是一个复杂的问题，往往不能全部与计划一致。

小说明

刚刚组建的项目团队是没有战斗力的，像一盘散沙。项目经理要把这组人员组织成一个有效的项目团队，让每位成员认同项目的目标，调整个人的发展目标以支持共同的项目目标，促进项目成员之间的交流，使每位成员都有合作的团队精神。特别是让成员相信项目经理的项目计划组织的合理性，认同项目的目标是大家通过努力奋斗可以完成的。在此基础上，根据工作任务的分解，将项目的任务落实到项目的每位成员。项目的团队建设应该贯穿项目的全过程，始终保持项目团队的活力和战斗力。

4. 应对危机和解决冲突的能力

项目经理必须了解项目中危机的存在并具有对风险和危机的评判能力，尽早预见问题、发现问题，做好应对准备。

5. 谈判和广泛的沟通能力

项目中的各种各样的冲突需要项目经理以谈判的方式或进行沟通来解决。

6. 领导和管理能力

项目经理作为项目的管理者，必须具备领导和管理的能力。

7. 行业和技术的概念能力

所谓概念能力，是指纵观全局，认清为什么要做某事的能力，也就是洞察企业与环境相互影响的复杂性的能力。与早期不同，今天的职业项目经理不一定是相关行业和技术领域的技术专家，而是要求具有基本的技术和行业背景，了解市场，对项目和公司所处的环境有充分的理解。项目经理需要综合各方面技术专家的建议并进行决策，这取决于项目经理的行业和技术的概念能力。

小提示

优秀项目经理的十大准则。

（1）公正：以整体利益为出发点，不偏不倚，一视同仁。

(2) 执着：专注于任务，不达目标誓不罢休。
(3) 热情：用充分的热情和信心影响和感染整个团队。
(4) 迅速：反应敏捷，快速应变，不拖沓，不犹豫。
(5) 勇敢：困难面前不屈不挠。
(6) 热心：乐于助人，帮助同事和下属同步前进。
(7) 理性：关注数据和客观事实，善于进行归纳对比分析，熟知工作任务相关的知识，对工作事项分工和安排周到，配合严密。
(8) 谦和：体谅他人，时刻自我反省，不断学习进步。
(9) 从容：提前充分考虑和准备，给自己留有余力。
(10) 诚恳：言而有信，有诺必行。

2.3.4 项目经理的挑选和培养

1. 项目经理挑选的原则

选择什么样的人担任项目经理，除了考虑候选人本身的素质特征外，还取决于两个方面：① 项目的特点、性质、技术复杂程度等；② 项目在该企业规划中所占的地位。挑选项目经理应当遵循以下四条原则。

(1) 考虑候选人的能力。
(2) 考虑候选人的敏锐性。
(3) 考虑候选人的领导才能。
(4) 考虑候选人应对压力的能力。

 小提示

压力感过重或过轻都是"病"。压力感过轻，一方面可能使人过于放松，忽略了防范风险；另一方面，可能会使人长期回避责任。研究发现，适度的压力水平可以使人集中注意力，提高忍受力，增强身体活力，减少错误的发生。所以，压力可以说是机体对外界的一种调节的需要，而调节则往往意味着成长。因此，有一定程度的心理压力，可以调动内在潜力，增强自己的实力和自信心。

2. 选任项目经理的方式

一般企业选任项目经理的方式有以下三种。

(1) 由企业高层领导委派。这种方式的一般程序是，由企业高层领导提出人选或由企业职能部门推荐人选，经企业人事部门听取各方面的意见，进行资质考察，若合格则经由总经理委派。

(2) 由企业和客户协商选择。这种方式的一般程序是，分别由企业内部及客户提出项目经理的人选，然后双方在协商的基础上加以确定。

(3) 竞争上岗的方式。竞争上岗主要局限于企业内部项目，具体方式不拘一格。其主要程序是由上级部门（有可能是一个项目管理委员会）提出项目的要求，广泛征集项目经理人选，候选人需提交项目的有关目标文件，由项目管理委员会进行考核与选拔。

3. 项目经理的培养

项目经理的培养主要靠工作实践，这是由项目经理的成长规律决定的。成熟的项目经理都是从项目管理的实际工作中选拔、培养而成长起来的。

 小资料

人才选拔是一个精细、烦琐的过程，要选择"为我所用"的人才，必须做好前期的调研摸底和总体规划。项目经理选拔重在内部挖潜，企业尤其应建立相应人员的业绩档案，对每一个岗位人员的德、能、勤、绩、廉进行综合评定，以此作为项目经理后备队伍资源库。

一般来说，作为项目经理人选，其基层实际工作的阅历应不少于5年，才能打下坚实的实际经验基础。没有足够深度和广度的项目管理实际阅历，项目经理的管理能力就会先天不足。

取得了实际经验和基本训练之后，对比较理想和有培养前途的对象，应在经验丰富的项目经理的带领下，委任其以助理的身份协助项目经理工作，或者令其独立主持单项专业项目或小项目的项目管理，并给予适时的指导和考察。这是锻炼项目经理才干的重要阶段。对在任项目经理或助理岗位上表现出较强组织管理能力者，可让其挑起大型项目经理的重担，并创造条件让其多参加一些项目管理研讨班和有关学术活动，使其在理论和管理技术上进一步开阔眼界，通过这种方式使其逐渐成长为经验丰富的项目经理。

另外，除了实际工作阶段的锻炼以外，对有培养前途的项目经理人选还应该有针对性地进行项目管理基本理论和方法的培训。项目经理作为一个通才，应该具有既宽又深的知识面，除了工程的专业知识外，还应该进行业务知识和管理知识的系统培训，包括管理科学、系统工程、行为科学和项目管理信息系统等。

本章案例分析

项目经理做错了什么

甲公司是一家致力于为电子政务市场提供应用系统开发的软件公司，最近接到一个开发一套向公众开放的政务信息发布与查询系统的项目。由于电子政务项目有一定的保密性要求，该系统涉及两个互不相通的子网：内网和外网。内网中储存着全部信息，其中包括部分机密信息；外网可以对公众开放，开放的信息必须得到授权。系统要求在这两个子网中的合法用户都可以访问到被授权的信息，访问的信息必须是一致可靠的，政务内网的信息可以发布到政务外网，政务外网的信息经过审批后可以进入内网。

杨某是该项目的项目经理，在了解到系统要求后认为保密性是系统的难点，需要进行技术攻关。为了顺利地完成该项目，杨某找到了熟悉网络互通互联的技术人员并设计了解决方案，在经过严格评审后实施。在系统完成开发，进入试运行前，项目发包方认为虽然系统完全满足了保密性的要求，但系统使用界面操作复杂，要求以增加操作向导的方式来简化操作，且必须在交付前在系统中增加操作向导的功能。除此以外，试运行需要的服务器等设备已经完成采购，但没有经过调试。发包方要求杨工委派人员在部署试运行环境时，同时对采购的设备进行调试并安装相应的系统软件。在合同条款中仅有一条"乙方负责将系统部署到试运行及正式运行环境",并没有指出环境的状态,杨某只好向公司求助,找到了可以完成服务器系统软件安装和调试的人员,完成了这部分工作。

对于增加"操作向导"的问题,杨某安排程序员小李向项目发包方口头了解"操作向导"的需求后,直接进行开发。但在操作向导功能交付后,项目发包方根据公众用户反馈的结果认为操作向导仍没有满足需求。最终又重写了大部分代码才通过验收。由于系统的反复变更,项目组成员产生了强烈的挫折感,士气低落,成本和工期都超出了原计划 30% 以上。

[资料来源] http://www.mypm.net/case/show_case_content.asp?caseID=4869。

回答问题

1. 项目经理杨某的工作哪里出现了差错?主要问题是什么?
2. 通过此案例的学习,你认为作为项目经理应该如何引导项目团队向成功的项目团队方向努力?

本章习题

一、判断题

1. 项目组织是为完成项目而建立的,是从事和承担项目的具有独立性的组织实体。( )
2. 项目经理是项目团队的灵魂,是决定项目成功与否的关键人物。( )
3. 简单把一组人员调集在一个项目中一起工作,就形成了项目团队。( )
4. 项目团队是为适应项目管理而建立的团队,建设一个团结、和谐、士气高昂、工作高效的项目团队,对最终完成项目目标具有至关重要的意义。( )
5. 项目团队建设的方法主要包括:培训、团队建设活动、建立规则、集中办公、奖励。建立规则含义指:为了提高团队绩效而专门采取的管理活动和个别措施。( )

二、选择题

1. 项目组织应具有的共性特点是( )。
   A. 适应项目的一次性特点   B. 适应柔性的特点
   C. 注重协调和沟通的特点   D. 注重借助外部资源
   E. 使团队精神发挥更大作用   F. 跨职能部门的特点

2. 项目团队应具有的共同的特点是( )。
   A. 共同的管理目标   B. 合理的角色定位
   C. 高度的凝聚力   D. 合作与支持
   E. 民主与激励   F. 灵活、优化、高效

3. 项目团队建设应该遵循的原则是( )。
   A. 对项目目标的清晰理解   B. 为团队创造一种氛围
   C. 界定项目组织、交界面和汇报关系 D. 目标导向

4. 项目经理根据其委托对象的不同,可分为( )。

A. 业主的项目经理
B. 受业主委托代业主进行项目管理的咨询机构的项目经理
C. 设计单位的项目经理
D. 施工单位的项目经理

5. 挑选项目经理应当遵循的原则包括（　　）。

A. 考虑候选人的能力　　　　　　　B. 考虑候选人的敏感性
C. 考虑候选人的领导才能　　　　　D. 考虑候选人的应对压力的能力

三、思考题

1. 项目组织的定义及特点是什么？
2. 项目组织结构的形式有哪些？
3. 项目团队的概念是什么？对于这一定义说出你的看法。
4. 如何理解项目经理的职责、权力、挑选与培养？

第 3 章 项目管理的环境和过程

◇ **学习目标**

1. 了解项目生命周期的概念与特征
2. 了解项目生命周期各阶段的内涵
3. 理解项目管理过程组

◇ **导入案例**

古代经典项目——草船借箭

项目名称：造箭

项目经理：孔明

项目团队队长：鲁子敬

项目成员：10 条船×30 名士兵＝300 名士兵

项目时限：十日内完成

项目风险：时间太短，无法完成

项目结案可接受物品：十万支箭

孔明处于这个项目中，明知这个项目是无法完成的，不但没有向周瑜多请几天，而且还自己减少了七天，立下军令状：三日完成。孔明采取的策略如下。

由于周瑜不会给予充足的物料（制箭材料），因此考虑将本项目外包给曹操，只不过曹操不知情罢了。因曹操属于有地位的客户，因此孔明完全有理由相信此人必有十万支箭的库存。

那么孔明实施此项目时要注意什么呢？

封锁消息：因为周瑜是消极因素，因此不能让其知道整个计划。

利用天时：知道第三天江面起雾者，只有孔明。

善用心理学：判断曹操一定以为此计为周瑜所设，不敢出水军。

于是在第三天晚，孔明成功从曹操处借到十多万支箭，以此上交给周瑜，使其无话可说。同时，也给我们树立了一个好的榜样。

[资料来源] http://www.mypm.net/bbs/article.asp?titleid=17528&ntypeid=5008。

3.1 项目阶段和项目生命周期

目前，任何组织在从事项目活动时，一般都把项目分成若干个阶段，以便更好地进行管理。项目划分为阶段也便于将项目与组织正在进行的日常业务更好地衔接起来，项目先后衔接的各个阶段的集合一般称为项目生命周期。

3.1.1 项目生命周期

项目生命周期用来定义一个项目的开始与结束。例如，当一个组织准备识别某一可能的项目机会时，它通常会批准进行项目的可行性研究以决定是否应当进行这个项目。对项目生命周期的定义决定了可行性研究是作为项目的第一个阶段来看待，还是作为单独的一个项目来看待。项目生命周期的定义也将决定项目收尾阶段中应包含和不应包含的过渡行为。通过这种方式，项目生命周期的定义被用来将项目与执行组织进行的运作联系起来。

项目生命周期定义包括如下内容。

（1）在项目的每个阶段所需要进行的技术工作。

（2）在项目的各个阶段所涉及的人员。

（3）描述项目每个阶段需要完成什么技术任务以便完成项目。

在实际中，不同的专业、不同部门对项目的生命周期的划分有不同依据，举例见表 3-1。

表 3-1 不同专业、不同部门对项目生命周期划分的依据

项目类型	第一阶段	第二阶段	第三阶段	第四阶段
世界银行	项目选定	项目评估	执行与监测	总结评价
银行投资贷款	初选与立项	审查与评估	付款与执行	回收与考核
工程建设项目	可行性研究	详细设计	施工	交工
美国国防系统	方案探索	论证与确认	全面研制	生产使用
中国军用飞机	可行性论证	技术设计	型号研制	生产交付
决策点	里程碑 1	里程碑 2	里程碑 3	
管理状态	立项	准备	实施	结束
项目管理学	构思	开发	实施	结束

尽管许多项目生命周期由于包含类似的工作任务而具有类似的阶段名称，但很少会有完全相同的情况。大多数项目被划分为 4~5 个阶段，但也有一些却被划分为 9 个甚至更多的阶段，甚至在同一应用领域中，项目阶段的划分都可能会明显不同——某个组织的软件开发的生命周期中也许只有一个设计阶段，而另一个组织则可能会将基本功能设计与细节设计分为两个不同的阶段。

项目的子项目可能也会有清晰的生命周期。例如，一家建筑公司承担了一项设计一幢新型写字楼的工作，最初，建筑公司参与了业主描述阶段的工作，在业主的实施阶段，建筑公司又协助其进行建筑施工。建筑公司甚至可以将对写字楼的设计和建筑施工的协助视为两个独立的项目，每个项目都具有自己的阶段划分方式。

3.1.2 项目生命周期的 4 个阶段

不同的项目可以划分为数目不同的阶段，定义不同的名称，但从各个阶段之间的逻辑关系上看，项目的生命周期一般为 4~6 个阶段。对于 6 个阶段模型，各个阶段分别是概念、

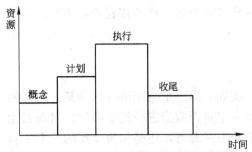

图 3-1 4 个阶段模型的项目生命周期

定义、设计、开发/施工、应用和后评估。对于 4 个阶段模型，各阶段包括概念、计划、执行和收尾。尽管各类项目的生命周期阶段的划分有所不同，但总体来看，可以分为概念阶段（即启动阶段、开发阶段）、计划阶段、执行阶段（即实施阶段和结束阶段）和收尾阶段共 4 个阶段（简称 C、D、E、F 阶段）。4 个阶段模型的项目生命周期如图 3-1 所示。

1. 概念（启动）阶段

概念阶段的主要任务是提出并确定项目是否可行。包括项目构思与识别、调查研究以明确需求和目标、进行可行性分析、明确合作关系、确定风险等级、拟订战略方案、进行资源测算、提出组建项目组方案，该阶段的主要成果是项目建议书或可行性报告。

2. 计划阶段

这一阶段的任务是对可行性项目做好开工前的人、财、物及一切软、硬件准备。主要包括确定项目组主要成员、界定项目最终产品的范围、研究制订实施方案和计划、确定项目质量标准、评估风险、保证项目资源和环境、进行项目经费和现金流量的预算、分解与定义项目的功能、安排项目日程等，该阶段的主要成果是项目概要报告或项目计划书。

3. 执行（实施）阶段

执行阶段主要是完成项目计划的具体实施。这时项目管理的重点是跟踪执行过程和进行过程控制，以使项目按照计划有序、协调地实施。当出现偏离预定目标的情况时，要立即采用纠偏方案进行控制。当然，这一阶段仍需根据项目的实施情况，对项目的计划进行必要的修改和补充，这就涉及了变更控制。

4. 收尾阶段

收尾阶段即对项目进行评估和总结。管理的重点是对项目产生的结果进行计量和检验、确定项目工作的完成程度、清算账目、清理资源、回顾项目的得失、吸取经验教训，以改善以后的项目管理。这时项目组应该写出一份总结报告。

各阶段也可使用本阶段中项目的主要任务的名称来命名，例如软件项目开发的各阶段分别是：需求分析、系统设计、编码、测试、运行维护等。

3.1.3 项目生命周期的特征

项目生命周期的描述可能十分简单，也可能十分复杂。但大多数项目生命周期有共同的特征，如图 3-2 所示。

1. 项目开始时费用和人力投入都比较低

在项目生命周期开始阶段，首先进行的是项目合理的论证和项目方案的选择，此后，随着项目计划的确定，项目开始启动。进入项目的执行、控制阶段，这时项目的各种活动数量迅速增加，人力、物力投入水平亦随之上升，然后再下降，直到项目的终止。

项目生命周期中对资源消耗的曲线随项目类型不同而变化。一个市场调查项目与一个科学研究项目对资源耗费最多的阶段是不同的，前者在项目生命周期的数据收集阶段，后者则可能在测试阶段。

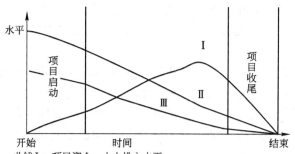

曲线Ⅰ：项目资金、人力投入水平
曲线Ⅱ：项目的相关成员对项目的影响力
曲线Ⅲ：项目的风险水平

图 3-2 项目生命周期的特征

2. 项目开始时风险和不确定性较高

项目开始时，一般都有许多不确定因素，因此风险和不确定性最高。在项目进行过程中，随着任务一项一项地完成，不确定因素逐渐减少，项目成功完成的概率也就随之增加。只要存在不确定因素，项目进展过程中必定存在偏差，因为项目的计划包含大量猜想成分。对于一个抽象的研究课题，偏差就可能很大，约可达到20％。而对一个典型的建筑项目，允许的偏差程度是很低的。一般在项目开始阶段，就应当决定可接受的偏差程度，这个过程叫"例外管理"。例外管理只有那些足够大或者很特殊的偏差，才会引起关注。在控制一个项目时，问题不在于"有没有偏差"，而是偏差是否小到可以接受的程度。

3. 项目进程中的花费不断增加

随着项目的进行，项目变更和改正错误所需要的花费将随着项目生命周期的推进而激增。

4. 项目生命周期每个阶段都以某工作成果作为完成阶段的特征

一个项目生命周期阶段的结束通常以对关键的工作成果和项目实施情况的回顾为标志，做这样的回顾有两个目的：① 决定该项目是否进入下一阶段；② 尽可能以较小的代价查明和纠正错误。这些阶段末的回顾常被称为阶段出口或是关键点。每个项目阶段通常都规定了一系列工作任务，设定这些工作任务的目的是使得管理控制能达到给定的水平。大多数工作任务都与主要的阶段工作成果有关，这些阶段通常也根据这些工作任务来命名，例如识别需求、设计、构建、测试、启动、运转及其他恰当的名称。

虽然每个阶段都是互相分离的，并各自有特定的工作需要完成，但这并不表明它们是"一次性"的活动。事实上，在一个项目的进程中，这些阶段经常会被重复。一旦启动了一个项目，在执行阶段中，总有可能需要重复一些或全部之前阶段所完成的工作，因为毕竟现在处在一个变化的过程中，有很多未知数，所以重复对所有项目来说都是很自然的。

3.1.4 项目生命周期理解需要注意的问题

对于项目生命周期的理解需要注意以下几点。

（1）不同类型的项目有不同的项目生命周期阶段划分，例如建筑项目与软件开发项目的项目生命周期划分就是完全不同的。

（2）项目生命周期中的每一个阶段都可以看作一个单独的项目。到底要不要把它看成是一个单独的项目，取决于客观情况及实际的需要。如果预计这个阶段做完了，下一个阶段要继续做下去的可能性比较大，那么就适宜把这个阶段看成是大项目中的一个阶段，而不是一个单独的项目；如果下个阶段是否继续做下去的不确定性比较高，那么就比较适合把这个阶段单独看成一个项目。

（3）一般情况下，应该是一个阶段结束后另一个阶段才开始；但是，如果所涉及的风险不大，也可以在这个阶段结束前就开始下一个阶段（但一定要经过适当的审批程序）。

（4）如果一个项目包括几个相对独立的部分，项目生命周期的各阶段可能在各个组成部分上重复进行；而且，在某一个时点，还有可能一个组成部分处于这个阶段，而另一个组成部分则处于上一个或下一个阶段。

（5）一个阶段的结束并不一定意味着下一个阶段的开始，它们是两件事情，虽然有时可以合在一起进行。任何一个阶段的结束点，都有可能成为项目的结束点或封杀点（即项目不再继续下去了）。

（6）项目生命周期和产品生命周期是不同的，区分两者非常重要。项目生命周期可以用到所有类型的项目，不管项目是生产什么产品；而产品生命周期根据产品属性的不同却会有很大的不同，这里面存在一般与个别的关系。

（7）项目的概念不要等同为项目的计划，以至于犯针对错误的问题制订正确的解决方案的错误。

（8）在项目收尾时，对项目的后评估省略或是中途而废也是不对的。因为，不论一项工作做得怎样好，总有需要改进的地方，吸取教训的检查应该按照"不知道历史的人注定会犯同样的错误"的精神来进行。

 小示例

试想在大学课堂上，学生被分配撰写学期论文的任务。采取的第一步是理解作业的要求，如老师要学生做什么，报告要有多长，要求参考多少文献，格式上有什么要求等。一旦弄清楚了作业的要求，下一步就可以开始拟订一个计划，即如何在规定的时间内完成这个任务。学生可以估计一下做这项研究需要多长时间，完成初稿、校对到完成终稿要花多长时间，并利用这些信息开始创建报告各部分的初步里程碑。下一步就可以执行计划，到图书馆或者互联网上查找资料、拟出报告的大纲、完成初稿等。学生的目标是尽最大努力按时完成作业。最后，交上写完的报告，将参考资料存档或者丢弃，归还图书馆的书籍，等待成绩。

启示：这个例子虽然比较简单，但却是项目生命周期的一个有效的例证，在这个例子中，项目的目标是在规定的时间内按规定的要求完成学期论文并交给老师。

3.2　项目管理过程组

3.2.1　项目管理过程组的定义

项目管理是一项系统整合工作，因此，可以把项目管理视作一系列相互联系的过程。过程是为实现某个特定目标而进行的一系列活动。项目管理过程组包括从启动到计划、执行、控制和收尾的一系列活动。项目管理过程组示意图如图3-3所示。

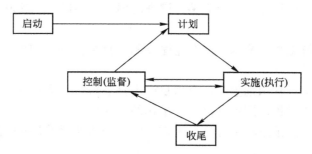

图 3-3 项目管理过程组示意图

图3-3描述了任何项目都需要的5个过程组。这五者之间有清晰的相互依赖关系和顺序，这些关系适用于所有领域和行业的项目。单个过程组都包含在项目周期里面（没有一个过程组会比项目完成得更晚），这些过程可能在一个过程组内部交互，也可能在不同的过程组之间交互，这些过程组有以下几个。

（1）启动过程组。定义和批准一个项目/阶段。

（2）计划过程组。定义和确认目标，为了实现项目/阶段承诺的目标和范围，计划最合适的活动序列。

（3）执行过程组。组织团队和资源执行项目管理计划达成目标。

（4）监控过程组。有计划地测量需要的过程数据，及时识别项目管理计划的差异性，以便在适当时候及时采取纠正行动，以达成项目/阶段目标。

（5）收尾过程组。正式验收项目的产品/服务或其他结果，并正式结束项目/阶段。

3.2.2 启动过程组

启动过程组包括以下几个过程。

1. 开发项目章程

该过程主要关注批准项目。项目章程中必须描述商业需求和满足这些需求的产品/服务，也描述了如何与组织的常规运作接口和批准这个项目的立项。该过程是在项目外完成的，比如企业一级或者项目部/产品部。

2. 开发项目范围说明（初步的）

本过程通过项目章程和其他启动过程的输入（项目工作陈述、环境和组织因素及组织过程库）对项目进行初步的、概括的定义。概括描述产品的需求/特性及项目边界、相关工作方法和抽象层面的范围控制方法。

3.2.3 计划过程组

计划过程组包括以下多个过程。

（1）开发项目管理计划。本过程定义、准备、整合和协调所有所属的项目计划（比如成本管理计划，进度管理计划，质量管理计划，风险管理计划……），集成为一个项目管理计划，项目管理计划是项目执行和监控的主要信息输入和依据。

（2）范围计划。该过程建立一个正式的范围管理计划来定义、验证和控制项目范围，同时也定义如何制作工作分解结构（WBS）。

（3）范围定义。该过程开发一个完整、清晰的项目范围说明，该范围说明作为项目周期中决策的依据。

（4）创建工作分解结构（WBS）。该过程分解项目关键的产出物和项目工作为更小的、更可管理的工作单元。

（5）活动定义。该过程识别生产每个项目产出物必需的一系列活动。

（6）活动排序。该过程识别各种活动、工作的交互关系。

（7）活动资源估计。该过程估计项目工作中的每个活动所需要的资源类型（主要是人力资源）。

（8）活动历时估计。该过程估计完成项目的每个活动所需要的工作量。

（9）进度表开发。该过程分析活动排序、活动历时和所需的资源，并建立项目的进度表。

（10）成本估算。该过程自上而下地估算出完成项目活动所需要的资源成本。

（11）成本预算。该过程自下而上地汇总对每个活动/工作的成本估计，建立项目的成本基线。

（12）质量计划。该过程识别和项目相关的所有质量标准，并确定如何去达到这些质量标准的方法。

（13）人力资源计划。该过程识别和文档化项目的角色、职责和报告关系，同时建立人员管理计划。

（14）创建项目团队。该过程从组织的资源池中获取完成项目所需要的人力资源。

（15）沟通规划。该过程确定各种项目风险共担人需要的沟通信息。

（16）风险管理计划。该过程定义使用什么方法和措施来进行项目的各种风险管理活动。

（17）风险识别。该过程识别可能对项目产生影响的风险，并描述每个风险的特征。

（18）定性风险分析。该过程通过评估和比较风险的发生概率和影响度，排列出风险的优先级别，也为后续的分析和措施提供依据。

（19）定量风险分析。该过程分析已识别的风险对项目目标的定量影响。

（20）风险应对计划。该过程开发出风险应对措施和可选方案，达到增加项目成功机会和减少项目目标压力的效果。

（21）采购计划。该过程确定项目需要采购什么或者在什么时候采购。

（22）合同计划。该过程定义采购需要的物资、产品、商品和服务，并识别潜在的可选供应商。

3.2.4 执行过程组

本过程组的主要任务是包括对人员、资源的协调，同时整合和完成项目/阶段的各种（与项目管理计划一致的）活动，本过程组还管理项目的工作，并执行已经通过评审的项目变更。

在执行过程中出现与计划的偏差，就需要变更计划，这些偏差包括活动历时、资源生产率和可用度以及不可预期的错误。这些偏差可能会影响项目管理计划，也可能不会，这需要进行绩效分析。分析的结果会触发一次变更请求，如果请求获得批准，就需要修改项目管理计划，甚至可能建立一个新的项目基线。项目中的绝大多数预算都会消耗在执行过程组。

执行过程组包括以下过程。

（1）指导和管理项目执行。该过程需要指导在项目中的各种技术，进行项目组内的各种协调管理，并执行在项目管理计划中定义的各种活动，项目管理计划中定义的各种产出物也是通过各种工作过程生产出来的。项目产出物的完成状态信息和那些已经完成工作的信息的收集也是在项目执行过程完成的，该过程的输出作为绩效报告过程的输入。

（2）执行质量保证。该过程执行有计划的、系统性的质量活动（比如质量审计和同行评审），保证项目的各个过程都满足风险共担人的期望。

（3）项目团队建设。该过程关注项目的团队和个人能力的培养来提高项目执行绩效。

（4）信息分发。该过程关注项目风险共担人能及时有效地获得需要的信息。

（5）获取供应商项目建议书。该过程关注获取适当的采购报价、标书、建议书以及其他和采购相关的信息。

（6）选择供应商。该过程通过对项目建议书的评审等方式，从多个潜在的供应商中选择合适的供应商，并和选定的供应商谈判从而建立一份正式的商业合同。

3.2.5 监控过程组

本过程组由监控项目执行的各个过程组成，也包括需要的时候采取纠正措施保证项目/阶段受控。本过程组的关键价值就在于根据项目管理计划有规律地监测和度量项目的执行绩效，并识别与计划的偏差，对识别的问题和风险提供预防措施，还需要控制变更。

监控过程组包括以下过程。

（1）监控项目工作。该过程收集、测量和分发项目的绩效信息，通过评估测量数据指导项目过程改进。本过程监控项目的风险，保证这些风险被有效地识别，风险的状态被有效地记录和报告，项目的规避活动得到有效的执行。监控还包括项目状态报告、过程测量和趋势预测。项目的绩效报告包括项目范围、工期和风险等的绩效信息。

（2）集成变更控制。该过程控制各种变更因素，保证这些变更都是对项目目标有利的，并判断变更是否已经发生、在什么时候发生、有效管理被批准的变更活动。这个过程在每一个项目阶段都存在，在整个项目周期（从项目启动到项目收尾）都需要关注。

（3）范围验证。本过程指在完成项目时正式验收项目范围。

（4）范围控制。本过程控制和管理项目范围的变更。

（5）进度控制。本过程控制和管理项目进度的变更。

（6）成本控制。本过程管理调整预算的各种因素，并有效地管理项目预算的变更。

（7）质量控制。本过程监控特定的项目结果，判断这些结果是否和相应的质量标准一致，并尽量消除导致不一致的因素。

（8）管理项目团队。本过程跟踪项目团队/个人的工作绩效，提供需要的反馈信息，解决团队问题，并协调变更因素来提高项目绩效。

（9）绩效报告。该过程收集和分发项目绩效信息，该信息包括项目状态报告、过程测量信息和趋势预测信息等。

（10）管理风险共担人。本过程管理各个项目风险共担人的沟通需求，满足和协调他们的沟通需要，管理在沟通上的不一致和冲突。

（11）风险监控。该过程需要跟踪已经识别的风险清单，监控残留的风险，识别新的风险，执行风险应对计划，并在整个生命周期中评估各种风险对项目的影响度。

（12）合同管理。该过程管理合同过程和买卖双方的关系，评审供应商的工作绩效，建立供应商完成合同的绩效标准（为供应商建立基本的合同工作规则和需要的纠正措施），管理与合同相关的变更。必要的话，还需要管理与项目外的项目产出物提供者的合同关系。

3.2.6 收尾过程组

该过程组包括正式结束项目/阶段活动、提交已经完成的项目产出物（产品、服务或其他产出物），甚至关闭一个被取消的项目的各个过程。该过程组完成时，项目所有过程组的活动/过程都必须已经完成，通过活动来正式宣布项目/阶段的结束。

该过程组包括以下过程。

(1) 项目收尾。该过程包括执行项目/阶段收尾的各种文档工作，还包括准备合同收尾所需要的完整的采购用的相关手续和合同验收确认书，并正式结束项目。

(2) 合同收尾。该过程关注完成合同项的各种活动，包括未解决项的后续解决措施。

小资料

最近几年来，随着国家经济建设的发展、人民生活水平的提高，成都地区的移动话务量呈逐年递增的态势。市场需求旺盛的同时给四川移动在成都地区的网络建设带来巨大的压力，为了吸纳更多的客户资源，同时为客户提供更加优良的网络服务，为日后发展其他业务作铺垫，四川移动在2007年成都地区建设了主打工程，即"室内覆盖工程"。工程主要集中在成都地区的人口稠密区域、政府机关、学校和写字楼等。各系统集成商原则上根据四川移动划定的区域进行前期的市场协调和后期的工程组织施工。本工程项目为一揽子包干工程，集成商需完成室内覆盖市场协调及工程建设的所有相关工程，包括传输线路工程、传输设备工程、机房配套工程、主体设备及分布系统工程。

本章案例分析

不断变更的要求

小李是国内某知名IT企业的项目经理，负责管理西南某省的一个企业管理信息系统建设项目。

在该项目合同中，简单地列出了几条项目承建方应完成的工作，据此小李自己制定了项目的范围说明书。甲方的有关工作由其信息中心组织和领导，信息中心主任兼任该项目的甲方经理。可是在项目实施过程中，有时是甲方的财务部直接向小李提出变更要求，有时是甲方的销售部直接向小李提出变更要求，甚至有时这些要求是相互矛盾的。面对这些变更要求，小李试图用范围说明书来说服甲方，甲方却动辄引用合同的相应条款作为依据，而这些条款要么太粗、不够明确，要么小李跟他们有不同的理解。因此小李对这些变更要求不能简单地接受或拒绝而左右为难，他感到很沮丧。如果不改变这种状况，项目完成日看来遥遥无期。

[资料来源] http://www.cnitpm.com/pm/9667.html。

回答问题

1. 针对上述情况，结合你的经验，分析问题产生的可能原因。
2. 如果你是小李，你怎样在合同谈判、计划和执行阶段分别进行范围管理？

本章习题

一、判断题

1. 项目生命周期的描述可能十分简单，也可能十分复杂。但大多数项目生命周期有共同的特征，其中项目开始时费用和人力投入都比较高，而风险和不确定性较低。（   ）
2. 如果一个项目包括几个相对独立的部分，项目生命周期的各阶段可能在各个组成部分上重复进行。（   ）
3. 项目管理过程组是从启动到计划、执行、控制和收尾的一系列活动。（   ）
4. 任何项目都需要 5 个过程组，5 个过程组之间有清晰的相互依赖关系和顺序，这些关系适用于所有领域和行业的项目。（   ）
5. 项目管理过程组的收尾过程组的项目收尾过程关注完成合同项的各种活动，包括未解决项的后续解决措施。（   ）

二、选择题

1. 尽管各类项目的生命周期阶段的划分有所不同，但总体来看，可以分为（   ）。
   A. 概念阶段　　　　　B. 计划阶段　　　　　C. 执行阶段　　　　　D. 收尾阶段
2. 项目管理过程组的启动过程组包括（   ）。
   A. 开发项目管理计划
   B. 开发项目章程
   C. 开发项目范围说明（初步的）
   D. 创建工作分解结构（WBS）
3. 项目生命周期定义包括（   ）。
   A. 不同的项目可以划分为数目不同的阶段
   B. 在每个阶段所需要进行的技术工作
   C. 在项目的各个阶段所涉及的人员
   D. 描述项目每个阶段需要完成什么技术任务以便完成项目
4. 一个项目生命周期阶段的结束通常以对关键的工作成果和项目实施情况的回顾为标志，做这样的回顾是为了（   ）。
   A. 对该项目进行评估
   B. 决定该项目是否需要继续投资
   C. 决定该项目是否进入下一阶段
   D. 尽可能以较小的代价查明和纠正错误

三、思考题

1. 项目生命周期分为几个阶段？分别是什么？
2. 简述项目生命周期的特征。
3. 理解项目生命周期需要注意些什么？
4. 项目管理过程组包括哪几个过程组？请加以说明。

项目管理过程

第4章 项目启动
第5章 项目计划
第6章 项目实施
第7章 项目控制
第8章 项目收尾

第 4 章 项目启动

◇ **学习目标**

1. 了解项目来源与作用
2. 了解项目的识别与构思方法
3. 了解项目启动的含义
4. 了解如何制订项目章程

◇ **导入案例**

如何做好 IT 项目的启动工作

A 公司有一开发合同,合同金额为 650 万元,工期为 11 个月,该项目主要是为甲公司开发一套综合管理系统,并要求新系统与现有生产管理系统、财务管理系统连通,以帮助甲公司落实两化(信息化和工业化)深度融合的战略部署,提升甲公司的核心竞争力。甲公司指派信息技术中心的赵主任负责该项目。

项目启动时,A 公司领导安排王工担任此项目的项目经理,王工按照公司项目章程模板撰写项目章程,新撰写的项目章程内容包括:质量控制人员、项目组织结构、项目基本需求、项目完工日期。

为了保证项目质量,王工还亲自撰写了初步的项目范围说明书。依照以前公司的经验,王工撰写的初步的项目范围说明书内容包括:项目概述、产品要求、项目完工日期、项目约定条件、初始风险。初步的项目范围说明书撰写完成后,王工通知了项目组成员,要求按照初步的项目范围说明书开始工作。项目组成员有人认为初步范围说明书内容太过简单,跟以往项目范围说明书差别太大,但担心项目经理不高兴,并没有直接说明。

[资料来源] http://www.mypm.net/articles/show_article_content.asp?articleID=31092.

4.1 项目的来源和作用

4.1.1 项目来源

项目来源于满足国内外的需要和解决国内外各种问题的必要性和急迫性,来源于社会生产、分配、消费和流通不断的循环。具体来源如下。

（1）企业家在希望利用已经觉察到的机会时主动提出倡议，或对政府的鼓励措施做出积极反应。

（2）政府为减轻因日益加剧的社会、经济或地区不平等所造成的政治或社会压力而产生的愿望。

（3）企业或其他组织或个人为解除已察觉到的外部潜在威胁而制订的投资计划。

（4）因严重的自然灾害或战争而向国际组织提出的援助要求。

（5）建立可持续发展能力（进行制度建设，提高当地提出项目和实施项目的能力）的努力。

（6）跨国公司的投资决策。

（7）发展中国家投资方式的战略影响；由国际协议创造的机会（如有关近海资源协议）。

（8）国内权威专家的意见和社会舆论，或迫于上述组织的压力而提出的与人口、环境和贫困有关的项目。

（9）企业或其他组织为满足市场需求、经营需求、顾客要求、技术进步、法律要求等一种或多种需要或要求而设计的项目。

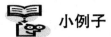
小例子

"南水北调"的东线一期项目和中期项目静态总投资1 500多亿元人民币，项目建成后将增加北方地区供水134亿立方米。该项目首先满足的是我国北方水资源严重短缺的需求，同时满足长江、黄河、淮河、海河四大流域水资源合理配置的需求。我国西部气田组建的"西气东送"项目已成功向北京、西安、银川、上海等大中城市和周边地区送去了天然气。"西气东送"项目是为了满足我国东部地区能源短缺和解决环境问题的需求而产生的。

再如，我国于2003年10月15日在酒泉卫星发射中心成功发射的载人航天飞船"神舟五号"体现了我国的民族智慧、经济实力、综合国力，提高了中华民族的国际威望。"神舟五号"项目满足的是祖国对航天技术、太空科技的需求。

4.1.2 项目的作用

项目在经济和社会发展进程中发挥着特别重要的作用。项目把设想、计划和部署变成了行动。项目充当了社会变革和经济变革的手段，可用来破除旧的组织、经济和社会制度，建立新的生产、经济和社会制度。项目还是一种工具，可用以调动和合理分配资源，创造新的生产工具，生产新的产品，提供新的服务，不断促进生产力发展，满足人民日益增长的需要，增强国家实力。同时，项目还是一种手段，用以处理日益增多的自然和社会突发事件。

4.2　项目的识别与构思

4.2.1　项目识别

项目识别是项目启动阶段的第一步，蕴含着很多创造性的思考，是项目构思的基础。

1. 项目识别过程

项目识别包含三个层次的活动：① 识别项目需求；② 提出项目设想或构思；③ 对项目进行初步筛选。

在这个阶段上项目还只是一个概念，项目的范围和具体内容完全没有成型，项目发起人只是发现了进行一个项目的需求，并对项目的必要性、限制条件、实施后的影响、项目的资源需求等做出初步的分析。在这一阶段，问题的关键在于找到要做的项目，并对项目进行初步筛选。项目来源于各种需要和需要解决的问题。人民生活、国民经济、社会发展、国防建设、科学研究以及组织运营等领域有待解决的问题和需要，导致了许多项目的产生。项目识别或构思实际上是一种创造性劳动。识别项目来源，提出项目设想的可以是个人、政府、机构或国际组织。例如企业、国家交通部、世界银行、联合国等。由于项目的资源是有限的，在项目的识别阶段就需多下功夫，积极构思合理可行的项目，将会给后续的工作带来很大的便利。

2. 识别项目的准则

识别项目应注意以下几个准则。

(1) 广泛调查，识别需求。

(2) 集思广益，提出设想。

(3) 任命项目筛选班子。

(4) 对项目建议书进行核查，涉及项目潜在收益和成本的所有结论都应受到质疑，以抑制项目支持者的盲目乐观态度，保持项目识别工作的客观性和严格性。

(5) 对于科学领域的项目的筛选经常借助"同行评审（peer review）"方法。

(6) 明确管理筛选准则和程序，并严格按照程序进行。

4.2.2 项目构思

项目识别后对拟建项目的总体轮廓进行初步构思，勾勒出拟建项目方案的大致框架，这个过程就叫做项目构思。

1. 项目构思的书面表达形式

大部分项目在识别了项目需求、有意启动项目之后，必须向有关主管单位/部门或投资机构提交项目建议书。这是项目的第一份文件。项目建议书实际上是项目构思的书面表达。一些较为简单的项目，提交项目建议书得到批准后，就可以正式启动。而一部分项目则必须经过进一步分析，衡量利弊后才能决定是否启动。

项目建议书的内容视项目牵涉内容及主管部门或投资人的要求而定，可简可繁。项目建议书一般涉及的内容如下。

(1) 项目的简要介绍。

(2) 项目的内容、目标。

(3) 项目的市场前景、开发的潜力和竞争情况分析。

(4) 原材料供应渠道、定价方式。

(5) 项目成本估算和资金来源。

(6) 项目成员构成、团体组建。

(7) 项目经济效益和社会效益分析。

除了以上基本内容之外，在编写项目建议书的时候，根据实际情况，还应补充说明以下内容。

（1）项目做了哪些假设。

（2）项目的内外影响。

（3）项目风险。

（4）人力资源需求。

（5）限制和约束条件。

提交项目建议书后，有关部门可以直接做出下列结论。

（1）直接做出投资决策。

（2）进行项目可行性论证。

（3）对某项关键内容进行辅助论证。

（4）项目不可行。

如果主管部门或其他项目支持者认可项目建议，那么项目就能得到授权，开始启动；如果项目明显缺乏可行性，那么可以直接否决。但很多项目在牵涉广、条件复杂的情况下，项目都被要求进行进一步的可行性分析。或项目的某一方面或某几方面分析尚不清楚，或情况复杂且对项目全局至关重要，这时候可能要在可行性论证的同时，附加辅助论证，或者仅要求对这一方面或这几方面进行辅助论证。

2. 项目构思的方法

项目构思的方法有很多，常用的有市场调查法、头脑风暴法（略）和比较分析法等几种。

（1）市场调查法。市场调查法是项目构思的基本和直接的方法。在市场调查过程中，可以运用问卷法、访问法、观察与实验法进行市场调查。必然会发现许多需要或酝酿出许多设想。

（2）比较分析法。首先广泛收集、整理项目构思，然后运用各科学方法对这些构思进行分析比较，选取较优的构思。

 小资料

索尼公司的便携式随身听曾被誉为20世纪最成功的消费品发明之一，随身听引发的销售热潮创下了一个世界纪录。便携式随身听在市场上取得巨大成功之后，索尼公司决定继续进行研究，把随身听缩到更小，当时由高条静雄负责这项工作。他向研发部门提出的目标是把随身听缩小到磁带盒大小。面对这一艰巨的研究任务，研究人员作了许多尝试，但仍然不能达到目标，最后无奈地对高条先生说："随身听里已经没有一点点空间了，再也没法缩小了。"

4.3　项目启动的原则与过程

4.3.1　项目启动概述

项目启动工作具有两层含义：一是正式识别并启动一个新项目；二是确定原有项目是否

可以进入下一个阶段。项目启动工作既可以是正式的，也可以是非正式的，具体采取何种形式应根据项目的特点来合理选择。前一种形式要开展一系列正规的项目可行性研究，并对可能带来的经济效益和社会影响进行充分论证，这样，项目才能正式开始。对于一些大型项目、重点项目的启动程序更是必须如此，如三峡水利工程。而对于非正式的项目启动工作则相对简单：在项目构思初步形成之后，几乎不需要进行任何可行性研究就可以直接进入到项目的计划阶段。

4.3.2 项目启动阶段的工作

项目启动阶段通常有以下几个方面的工作：项目识别与构思、机会研究、初步可行性研究、详细可行性研究、项目评估。

项目启动是开始一个新项目或开始项目的新阶段的过程。在项目开始阶段，启动过程的主要成果是形成项目章程和任命项目经理。另外，在项目的每个阶段也都会有启动过程。例如，在项目生命周期的各个阶段，项目人员都要重新考察项目的各项需求，从而判断项目是否有必要进行下去。图 4-1 显示了典型的项目启动过程。

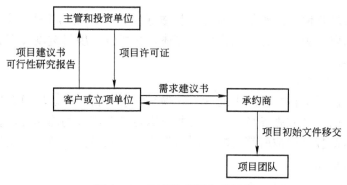

图 4-1 典型的项目启动过程

图 4-1 说明，一般情况下，当客户的主管或投资机构通过市场调研发现存在某一市场机遇时，会将项目需求、期望通知客户，客户在很短的时间内将需求建议书提供给几个比较有名或信得过的承约商。承约商组织力量分析研究，给客户答复以解决方案，客户在解决方案的基础上向其管理或投资机构提交项目可行性研究报告，如果可行性研究报告获得通过，就会跟最合意的承约商合作，并提供相关文件。承约商将项目初始化文件向其实施部门移交，项目正式启动。

4.3.3 项目启动模式

1. 项目的立项

项目的立项是正式认可一个新项目的开始，项目立项的核心是要公司的管理机构认可项目的确立。被认可的原则是项目必须与公司短期或者长期的战略目标相一致。在立项过程中，可行性研究报告首先解决了什么项目可以做，至于到底做哪个项目，则还要对项目进行筛选。对于较复杂的项目而言，项目的筛选要用到工程技术经济学、运筹学等领域的相关知识和技术。就一般项目而言，专家判断或决策者主观分析较为普遍。

2. 需求建议书

需求建议书，就是客户向承约商发出的用来说明如何满足其已识别的需求的建议书。其主要内容包括：满足其需求的项目的工作陈述、对项目的要求、期望的项目目标、客户供应条款、付款方式、项目时间、对承约商项目申请书的要求等。

需求建议书就是从客户的角度出发，全面、详细地向承约商陈述、表达为了满足客户需求应做哪些准备工作。好的需求建议书能让承约商把握客户所期待的产品或服务是什么，或他希望得到什么，只有这样，承约商才能准确地进行项目识别、项目构思等，从而向客户提交一份有竞争力的项目申请书。

3. 解决方案

承约商根据客户《需求建议书》中的要求，通过市场调研、与客户的反复交流沟通，经过分析研究后回复的解决方案，经常被设计为三个部分，包括技术、管理和成本。承约商解决方案的详细程度取决于项目的复杂程度和《需求建议书》的内容。

技术部分的目的是使客户认识到：承约商理解需求或问题，并且能够提供风险最低且收益最大的解决方案。技术部分一般包括以下组成部分：理解问题、提出方法或解决方案、客户的收益。

管理部分的目的是使客户确信：承约商能做好项目所提出的工作，并且收到预期效果。管理部分应当包括以下组成部分：工作任务描述、交付物、项目进度计划、项目组织、相关经验、设备和工具。

4. 项目立项结束的标志

项目章程的编制是项目立项结束的标志。项目章程是正式确认项目存在的文件，它主要包括对项目所产生的产品或服务特征，以及所要满足商业需求的简单描述。当项目在合同情况下实施时，项目章程往往被所签订的合同所省略；当项目由单位内部实施，项目章程则往往以任务书的方式存在。

4.3.4 项目启动的原则与依据

为了保证项目的成功，项目的启动过程必须遵循下列原则。

1. 科学化原则

项目的启动过程实际就是项目的确定过程，其本身是一种决策行为，而决策有科学与非科学之分。科学的项目确定过程，就是在相关理论指导下，通过科学的方法和程序所做的符合客观规律的决策过程。与之相反，即为非科学决策，它一般经不起实践的验证，实施后往往达不到预期的目的，甚至造成损失。

2. 民主化原则

项目的确定应避免仅凭个人主观经验的决策，应征求相关各方的意见。

3. 系统性原则

在项目启动的过程中，不仅要全面考核与该项目有关的各方面信息，如市场需求信息、生产供给信息、技术信息、政策信息等，而且还要考虑相关项目的情况。

4. 效益性原则

在项目确定过程中要追求整体效益最优，这体现在两方面：微观经济与宏观经济效益的统一；近期效益与远期效益的统一。

根据以上原则，项目组织一般按表4-1所示的项目启动依据来选择并启动一个项目。

表 4-1 项目启动依据

项目启动依据	简要说明
实施动机	指项目业主基于何种需要而决定开始一个新项目。它是判断项目的预期结果能否满足项目业主需要的基本标准，也是项目组织判断是否启动一个新项目或进入项目下一阶段的基础
项目目的	指项目业主期望项目结束时所能达到的效果。项目组织应根据组织目前自身的条件及资源和服务获取能力，对满足客户需求的可能性做出客观、合理的分析和判断，这是项目成功的重要保证因素
产品说明	有关项目产品功能和特征的说明。主要包括：产品特点、产品同项目实施动机之间的关系、产品同项目目的间的关系等。产品说明随着项目的进行、项目所处的外界条件和环境背景的变化，可能发生相应的变化
战略目标	项目的实施应该符合项目组织的战略计划，项目组织从事的一切活动都要以实现其战略目标为中心
项目的选择标准	一个项目的解决方案可能不止一个。当项目组织面临多个项目备选方案时，就要建立一套备选方案评价体系作为选择标准。该体系以项目可行性研究为基础，另外还要考虑备选方案的市场占有率、税收政策等各方面因素
相关的历史信息	记录以前项目选择和决策信息的历史资料；记录项目以前阶段执行情况的项目文件

4.3.5 项目启动的过程

项目启动过程涉及一系列复杂的决策活动，必须按系统工程的方法有步骤地进行。通常，项目启动的全过程如图 4-2 所示。在整个项目启动过程中，应注意以下几点。

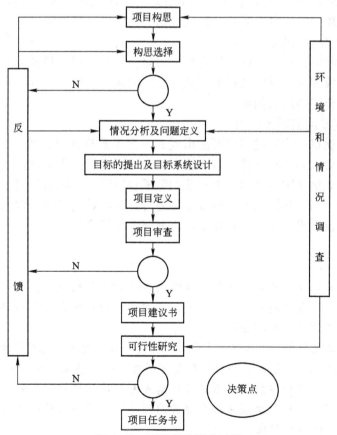

图 4-2 项目启动的全过程

（1）在整个过程中应不断地进行环境调查。
（2）整个项目启动过程是一个多重反馈的过程，应不断进行调查、修改、优化，甚至放弃原定的构思、目标或方案，重新作出决策，制订实施的方案。
（3）在整个过程中必须有几个决策点，以便对阶段工作的结果进行选择。

4.3.6 项目启动的结果

项目启动的结果主要包括：项目证书、项目说明书、项目经理的指定/委派，以及识别和确认项目的假设因素和制约因素。

1. 项目证书

项目证书是正式认可项目存在的一个文件。它对其他文件既有直接作用也有参考作用。项目证书应该通过管理者对项目所需的条件进行客观分析后颁发，它提供给项目经理运用、组织生产资源，进行生产活动的权力。

2. 项目说明书

项目说明书是对项目的总体情况进行说明的文件。其主要内容包括：项目实施的动机、项目目的、项目总体情况的相关描述、实施项目管理所需的有关内容和项目经理被赋予的权利等。

3. 项目经理的指定/委派

应该尽可能在项目的早期指定和委派项目经理，这样比较合适，通常应该在项目计划实施之前委派项目经理，更应该在许多项目规划完成之前就安排妥当。在任命项目经理的同时，要明确项目经理的权、责、利，并建立适当的约束及激励机制。

4. 识别和确定项目的制约因素

制约因素是限制项目管理团队进行运作的要素。例如，项目预算被认为是制约项目团队的运作范围、总人数和人员级别选择的极其重要的因素。而当一个项目按照合同执行时，合同条款通常是执行合同的制约因素。

5. 识别和确定项目的假设因素

假设因素是指项目在实施过程中可能出现的一些不确定因素。为了规划目标的准确性，考虑到的假设因素必须具有科学性、真实性和确定性。假设因素是项目实施过程中风险的主要来源。尽量准确地估计项目的假设因素是避免项目风险的一项重要措施。除此之外，项目的假设因素还包括：当实际情况同假设发生偏差时，对项目组织所采取的调整措施做出合理的设计。项目的假设因素应在项目计划制订之前周密地设定。

小知识

项目启动的意义在于，项目双方就协商的内容进行明确的确认，包括对项目目标、项目范围、项目成果提交、项目时间计划、项目研究方法、研究内容进行明确，并确认双方的职责，特别是需要客户方协助和配合的内容。

有时候，当项目执行公司提出召开项目启动会时，客户会认为这样的会议可有可无，会议以非正式的形式进行，或者主要领导和人员没有到场，或者甚至取消启动会。这个时候，作为专业服务提供商，需要保持服务的专业性，需要充分认识到启动会的顺利召开对项目顺利实施起到的关键作用，这样就要说服客户召开启动会议。说服工作一般会从以下方面入手。

（1）有利于进一步明确需求。

(2) 有利于对项目时间节点达成共识。
(3) 有利于项目的客户内部协调。
(4) 有利于提升项目的执行效果。
(5) 有利于就分歧在实施前进行澄清。

以上几点,都是客户方的项目负责人非常关心的事情。从其关心的问题切入,比较具有说服力。

4.4 项目章程

4.4.1 项目章程概念

项目章程通常是由项目实施组织外部的企业、政府机构、公司、计划组织或综合行动组织,根据需要而颁发章程并给予批准的,是正式批准项目的文件。该文件授权项目经理在项目活动中动用组织的资源。绝大多数项目组织在完成了项目启动的需要估计、可行性研究、初步计划或其他有类似作用的分析之后,才正式为项目签发项目章程并加以启动。项目章程包括了对项目所产生的产品或服务特征,以及所要满足的商业的简单描述。项目章程也是管理层给项目经理的任命书,授权给项目经理调用各种资源。在合同环境下,所签的合同常被作为卖方的项目章程。

外部项目章程的制订以项目合同或顾客招标文件为依据,内部项目章程的制订以项目工作说明书为依据。项目章程的制订应在充分考虑项目环境因素和制度因素的基础上,利用项目组织从以前项目中吸取的教训和学习到的知识,采用一定的方法加以制订。

4.4.2 项目章程制订的方法

1. 项目选择方法

项目选择方法用于让组织确定选择哪个项目。这些方法通常分为以下两大类:① 效益测量方法,如比较、得分模型、对效益的贡献和经济模型;② 数学模型,如线性、非线性、动态、整数以及多目标程序法则。

2. 项目管理信息系统(PMIS)

PMIS是组织内部所使用的一组标准的自动化工具。项目管理团队用PMIS来制订项目章程,推进对精确描述的文档的反馈、控制项目章程的更改、发布已被核准的文件等。

3. 专家判断

专家判断通常用来评估制订项目章程所需的输入信息。这类判断和专家意见适用于过程中的任何技术上和管理上的细节。专家意见来自于拥有专门知识或受过专门训练的任何团体或个人。它有多种来源,包括:① 组织内的其他单位;② 咨询顾问;③ 风险相关者,包括客户或发起人;④ 专业的和技术性的协会;⑤ 行业团体。

4.4.3 项目章程的内容

项目章程应当包括以下内容。

(1) 为满足顾客、赞助人及其他利害关系者需要、愿望与期望而提出的要求。
(2) 对项目可行性的分析。
(3) 项目利害关系者的影响。
(4) 项目组织、环境与外部假设及其制约因素。
(5) 委派的项目经理与权限级别。
(6) 项目总体里程碑进度表。
(7) 总体预算。

项目章程内容的必要环节包括以下内容：一个项目应该有一个名称；列一个产品清单，说明项目的产品，包括最终产品、中间产品，必须在项目章程上体现项目经理的权力范围，并有一个专门的证书正式确认项目经理的权力。

 小资料

在以前的工程项目中，都是老板直接对项目经理进行"拍肩膀"式的工作任命，这种简单的方式使得项目经理有时很难开展工作，下面的员工不"服气"，有关的部门难配合，有时还难免与老板有纠纷。项目章程的制订，虽然不符合中国人的做事习惯，但它却很好地解决了上述的问题，使得工作更加正规。现在有些国有企业直接是"公章"代表管理层的权限，管理层也许还不知道项目经理的作风，也不知道该同志是否适合做项目经理，就用"公章"代表自己的意图去任命项目经理，完成项目章程的形式，就是走过场，这样的项目难道能成功吗？

 小示例

"信息技术更新"项目章程

(1) 项目名称。信息技术更新
(2) 项目启动时间。2003年3月4日　计划完成时间：2003年12月4日
(3) 项目经理。许小源　联系方式：6980 ××××，xuxiaoyuan@263.net
(4) 项目目标。按公司新标准，在9个月内为公司所有员工（约2 000人）更换软硬件。新标准请见附件。更新工作影响服务器、中型机以及网络的软硬设施。软硬件购置预算为8 000 000元，人工费预算为4 000 000元。
(5) 方法。
① 更新现有设备的数据库信息，确定更新要求。
② 对项目费用进行详细的估算，并向公司信息负责人汇报。
③ 软硬件询价。
④ 尽量使用本公司职工制订、分析和实施项目计划。
(6) 角色与职责。

姓名	角色	职责
曹刚毅	项目发起人	监督
李里力	公司信息负责人	监督、人员调配
许小源	项目经理	项目规划与实施
齐火川	信息技术部主任	项目经理顾问

| 雷南宁 | 人力资源部副总 | 人员调整、记录项目成员工作情况 |
| 麦田 | 采购部主任 | 采购项目物资 |

签名：（上述所有人员签名）

（7）说明。该项目最晚在 10 个月之内完成。公司信息负责人李里力（签字）

我们保证有足够的人员，一定全力以赴支持这一项目。项目的工作必须在正常上班时间之外进行，避免打断正常的工作，因此需要加班。

写项目章程并不难，难的是让那些了解一定情况并具有一定权力的人参与，并在项目章程上签字。即使上级领导已经口头同意了项目，但形成正式的书面章程，以便明确角色和期望还是非常必要的。很多人认为，必须由项目委托人起草项目章程，但也不尽然。在许多情况下是由项目经理或项目班子成员自己先写一个章程，然后拿给委托人过目、审查和签字。这样做有很多好处。一是项目经理和项目班子可以进一步弄清项目的使命及委托人的意图和要求；二是让委托人签字，明确责任。

项目经理接受项目章程之后，一定要将项目的使命向项目班子全体成员宣布、解释和交代清楚，不能仅仅分派他们的角色、规定他们的职责、向他们交代任务。这样做至少有两个好处。一是将项目班子成员的努力统一到满足项目要求、达到项目目的、实现项目目标的方向上来；二是发挥项目班子成员的智慧，动员他们提出完成使命的更好办法。

本章案例分析

提前的项目要求

A 公司是一家经营纸产品的企业，近几年业务得到了成倍的发展，原来采用的手工处理业务的方式已经越来越显得力不从心。因此，经过公司董事会研究决定，在公司推行一套管理软件，用管理软件替代原有的手工作业的方式。同时，请公司副总经理负责此项目的启动。副总经理在接到任务后，立即开始了项目的启动工作。项目经过前期的一些工作后，副总经理任命小丁为该项目的项目经理，小丁组建了项目团队，并根据项目前期的情况，开始进行项目的计划，表 4-2 所示为初步的项目进度计划表。

表 4-2 初步的项目进度计划表

项目进度计划表			
任务名称	工作量/天	开始时间	结束时间
项目范围规划	5	2014 年 1 月 1 日	2014 年 1 月 6 日
分析软件需求	20	2014 年 1 月 6 日	2014 年 1 月 26 日
设计	21	2014 年 1 月 26 日	2014 年 2 月 13 日
开发	30	2014 年 2 月 16 日	2014 年 3 月 16 日
测试	66	2014 年 2 月 16 日	2014 年 4 月 22 日
培训	63	2014 年 2 月 16 日	2014 年 4 月 19 日
文档	43	2014 年 2 月 16 日	2014 年 3 月 29 日
典型实验	97	2014 年 1 月 26 日	2014 年 5 月 3 日
部署	7	2014 年 5 月 3 日	2014 年 5 月 10 日
实施工作总结	3	2014 年 5 月 10 日	2014 年 5 月 13 日

项目进行了一半，由于公司业务发展的需要，公司副总经理要求小丁提前完工，作为项目经理，小丁对项目进行了调整，保证了项目的提前完工。

[资料来源] http://wenku.baidu.com/view/2dc3cc01680203d8ce2f24a9.html?from=search。

回答问题

1. 如果你作为项目前期的负责人，在接到任务后将如何启动项目？
2. 假设公司总经理要求提前完工，作为项目经理将如何处理？

本章习题

一、判断题

1. 项目来源于满足国内外的需要和解决国内外各种问题的必要性和急迫性，来源于社会生产、分配、消费和流通不断的循环。（　　）

2. 项目识别是项目启动阶段的最后一步，蕴含着很多创造性的思考，是项目构思的基础。（　　）

3. 项目章程的编制是项目启动开始的标志。项目章程是正式确认项目存在的文件，它主要包括对项目所产生的产品或服务特征，以及所要满足的商业需求的简单描述。（　　）

4. 项目章程通常是由项目实施组织外部的企业、政府机构、公司、计划组织或综合行动组织，根据需要而颁发章程并给予批准的。是正式批准项目的文件。该文件授权项目经理在项目活动中动用组织的资源。（　　）

5. 项目启动的结果主要包括：项目证书、项目说明书、项目经理的指定/委派，以及识别和确认项目的假设因素和制约因素。其中项目说明书是对项目的总体情况进行说明的文件。（　　）

二、选择题

1. 项目识别包含（　　）。
   A. 识别项目需求　　　　　　　　B. 对项目进行评价
   C. 提出项目设想或构思　　　　　D. 对项目进行初步筛选

2. 项目构思的方法有很多，常用的方法有（　　）。
   A. 市场调查法　　B. 头脑风暴法　　C. 比较分析法　　D. 决策分析法

3. 为了保证项目的成功，项目的启动过程必须遵循（　　）。
   A. 科学化原则　　B. 民主化原则　　C. 系统性原则　　D. 效益性原则

4. 项目章程制定的方法主要包括（　　）。
   A. 项目选择方法　　　　　　　　B. 项目管理信息系统（PMIS）
   C. 专家判断　　　　　　　　　　D. 比较分析法

5. 提交项目建议书后，有关部门可以直接（　　）。
   A. 进行项目可行性论证，直接做出投资决策　　B. 进行项目可行性论证
   C. 对某项关键内容进行辅助论证　　　　　　　D. 确认项目不可行

三、思考题

1. 简述项目启动过程。
2. 简述项目的作用。
3. 项目章程的内容是什么?
4. 制订项目章程的方法是什么?

第 5 章 项目计划

◇ **学习目标**

1. 了解项目计划的定义
2. 掌握项目计划编制的内容
3. 掌握项目计划编制的步骤

◇ **导入案例**

大冲坡入组公路建设项目实施计划

1. 项目区基本情况

下水母村位于化处镇西北面,距镇政府驻地 12.2 km。辖区面积为 3.2 km²,含下水母、龙潭寨、三家寨、大冲坡 4 个自然村寨,11 个村民组,总户数 317 户,人口 1 503 人。居住有汉族和布依族两种民族,少数民族人口 4 人。劳动力 800 人,其中男 440 人,女 360 人,外出务工人员 80 人。下水母村特困 31 户,109 人。耕地面积 54 万 m²,其中田 27 万 m²,地 27 万 m²,人均耕地面积约 360 m²。森林覆盖率为 30%。用材林 27 万 m²,经济林 6.7 万 m²。人均吃粮为 280 kg,人均纯收入为 650 元,属化处镇的贫困村之一。

2. 项目建设规模

水泥硬化入组道路长 600 m,宽 3.5 m,路面厚 0.15 m,共 2 100 m。

3. 项目投资概算

项目总投资 15 万元,其中申请青岛对口帮扶资金 10 万元,农户投工投劳 1 000 个,折资 5 万元,具体概算略。

4. 技术标准

由县交通局、村管所技术人员负责技术指导和监督,确保项目的顺利实施并达到预期的扶持效果。

5. 项目实施进度安排

1) 进度安排(6 个月)

项目申报:2014 年 10 月 1 日至 2014 年 11 月 30 日。项目工期:2014 年 12 月 1 日至 2015 年 3 月 31 日。

2) 资金安排

(1) 项目启动后,先拨付工程量 30% 的资金作启动。

(2) 施工中期,按工程进度拨付工程量的 60% 用于购置材料。

(3) 余下 10% 的资金款项待工程完工验收后一次性拨付,用于项目建设各项费用的结算。

6. 组织管理和管护措施

1) 组织管理

(1) 成立项目实施领导小组，组成人员如下。

组长：任红

成员：吴德新、张青、李文江、唐宽、陶敏、褚仁能、姜华昌

领导小组下设办公室，唐宽兼任办公室主任，具体负责项目的实施、督促、协调和处理项目实施过程中的日常事务工作。

(2) 项目启动后，具体明确技术人员和工程管理人员及工程监理人员，确保项目进度和质量，使扶持项目达到预期的效果。

(3) 项目资金严格执行村财镇管村用、报账制度和公开制，严格审批程序手续。同时成立专门的财务小组，张青任组长，成员有陈华、张应勇，由张应勇任出纳。

2) 管护措施

(1) 发动、组织群众投入劳动力，共同实施。

(2) 项目竣工经验收合格后，由上级部门及镇政府交付村支两委使用。

(3) 以下水母村农户为主实施管护，成立项目管护小组，出台项目管理办法。

[资料来源] http://www.39394.com/fanwen/gongzuojihua/29078_2.html。

5.1　项目计划编制的内容

在项目意向明确之后，项目经理首先要做的事情便是查阅资料，制订下一步的项目计划。项目计划应该包含项目的范围、进度、质量问题、如何规避风险以及如何建立良好的沟通渠道等问题。

5.1.1　项目计划的定义

计划是组织为实现一定目标而科学地预测并确定未来行动的方案。项目计划是项目组织根据项目目标的规定，对项目实施工作进行的各项活动做出的系统的任务安排。它是一份用来协调各方面的计划，以指导项目团队组织、实施、执行和控制的文件。

5.1.2　项目计划的目的

项目计划围绕项目目标的完成系统地确定项目的任务，安排任务进度，编制完成任务所需资源的预算等，从而保证项目能够在合理的工期内，以尽可能低的成本和尽可能高的质量完成。另外，它还便于高层管理部门与项目经理、职能经理、项目组成员及项目委托人和承包商之间进行交流沟通，是项目沟通的最有效工具。换句话说，项目计划是为方便项目的协商、交流及控制而设计的，它并不能为参与者提供技术指导。项目计划的具体目的表现在以下几个方面。

(1) 确定并描述为完成项目目标所需的各项任务范围。

(2) 确定负责执行项目各项任务的全部人员。

(3) 制订各项任务的时间进度表。

（4）阐明每项任务所必需的人力、物力、财力。

（5）确定每项任务的预算。

5.1.3　项目计划的作用

项目计划是项目管理各项活动的行动准则与衡量基准，是开展项目管理活动的前提。项目计划水平的高低往往是项目成败的决定性因素。一个良好的项目计划在项目的实际进行中能够产生意想不到的作用，它可以使项目团队成员少走弯路，使整个项目始终处于可控状态。

 小故事

袋鼠和笼子

一天，动物园管理员发现袋鼠从笼子里跑出来了，于是开会讨论。大家一致认为是笼子的高度过低。所以他们决定将笼子的高度由原来的10米加高到20米。结果第二天他们发现袋鼠还是跑到外面来，所以他们又决定再将高度加高到30米。没想到隔天居然又看到袋鼠全跑到外面。于是管理员们大为紧张，决定一不做二不休，将笼子的高度加高到100米。一天长颈鹿和几只袋鼠们在闲聊，"你们看，这些人会不会再继续加高你们的笼子？"长颈鹿问。"很难说。"袋鼠说，"如果他们再继续忘记关门的话！"

 小启示

事有"本末""轻重""缓急"，关门是本，加高笼子是末，舍本而逐末，当然就不得要领了。管理是什么？管理就是先分析事情的主要矛盾和次要矛盾，认清事情的"本末""轻重""缓急"，然后从重要的方面下手。

5.1.4　项目计划的内容

集成计划、专项计划、变更计划构成了整个项目计划的全部内容（见表5-1）。因此，项目计划编制主要是对集成计划、专项计划以及变更计划的编制。

表5-1　项目计划的内容

项目计划	项目集成计划	整个项目集成管理的依据和指导文件，工作内容包括信息收集和计划编制两个方面
	项目专项计划	项目范围计划、项目进度计划、项目费用计划、项目质量计划、风险应对计划、沟通计划、采购计划及人力资源计划
	项目变更计划	整体变更计划、单一变更计划

 小提示

项目计划常被错误地等同为项目时间计划，其实时间计划只是项目计划的组成部分之一。项目计划是项目规划整个过程的产物，所以它包含一系列的计划文档。例如，一个新的办公楼的项目计划不仅需要包括建楼的规格、预算和时间，也要考虑风险、质量及环境影响等。

1. 项目集成计划

项目集成计划有时也被称为项目主计划或直接就叫项目计划，它是一个集成、综合和协调各种项目要素影响和要求的全面计划，是整个项目集成管理的依据和指导文件。项目集成计划是指通过使用各个专项计划所生成的结果，运用集成和综合平衡的方法所制订的，用于指导项目实施和管理控制的集成性、综合性、全局性的计划文件。通常，这种集成计划的编制需要通过多次反复的优化和修订才能完成。

集成计划的工作内容包括信息收集和计划编制两个方面，其中信息收集是集成计划的前期准备工作，主要是收集各种相关的信息和数据，从而为项目集成计划的编制提供证据。

2. 项目专项计划

项目专项计划是对项目各方面具体工作的一种计划安排，是根据项目各种不同的目标而制订的各种专业工作或者专项工作的计划，它包括一系列指导项目各专业任务实施、控制与协调的计划文件。它包括项目范围计划、项目进度计划、项目费用计划、项目质量计划、项目风险应对计划、项目沟通计划、项目采购计划及项目人力资源计划。

1）项目范围计划

项目范围计划就是综合平衡各方面的情况和数据，确定项目范围并编写项目范围说明书的过程。项目范围说明书说明了为什么要进行这个项目，形成项目的基本框架，使项目的所有者或项目管理者能够系统地、逻辑地分析项目关键问题及项目形成过程中的相互作用要素，使得项目的相关利益人员在项目实施前或项目有关文件书写以前，能就项目的基本内容和结构达成共识。项目范围说明书也可以用来作为未来项目各个阶段的决策基础和依据。项目范围计划应包括对于项目目标、项目产出物和项目工作范围等内容的全面说明和描述以及计划安排。

2）项目进度计划

项目进度计划是其他计划的核心和基础。项目进度计划是在工作分解结构的基础上对项目、活动做出的一系列时间计划，表明工作预计将在何时开始，以及实际上是在何时开始的。进度计划的编制是为使项目实施形成一个有机的整体。进度计划是项目进度控制和管理的依据，可以分为项目进度控制计划和项目状态报告计划。在项目进度控制计划中，要确定应该监督哪些工作、何时进行监督、监督负责人是谁、用什么样的方法收集和处理项目进度信息、怎样按时检查工作进展和采取什么样的调整措施，并把这些控制工作所需的时间、人员、技术、物资资源等列入项目总计划中。

3）项目费用计划

项目费用计划列出了费用管理的模板并制订了项目费用规划、结构、估算、预算和控制的标准。它包括资源计划、费用估算、费用预算。资源计划就是要决定在每一项工作中用什么样的资源以及在各阶段用多少资源。资源计划必然和费用估算联系在一起，是费用估算的基础。费用估算指的是完成项目各工作所需资源（人、材料、设备等）的费用近似值。费用预算是给每一个独立工作分配全部费用，以获得度量项目执行的费用基线。

4）项目质量计划

项目质量计划针对具体待定的项目，安排质量监控人员及相关资源，规定使用哪些制度、规范、程序以及标准等。项目质量计划应当包括并保证与控制项目质量有关的所有活动。它是对待定的项目、产品、过程或合同，规定由谁监控，应使用哪些程序和相关资源的文件。同时也是针对具体项目的要求以及重点控制的环节所编制的对设计、采购、项目实施、检验等质量环节的质量控制方案。质量计划的形式在很大程度上取决于承包方组织的质量环境。若一个组织已经开发了实施项目的质量过程，则现有的质量手册就已经规定了项目的管理方式；若一个组织没有质量手册，或其质量手册没有涉及项目的问题，那么在这样的组织中，项目的质量计划部分会很长，以清楚地表明如何保证质量。

5）项目风险应对计划

项目风险应对计划是指为了降低项目风险的损害而分析风险、制订风险应对策略方案，包括识别风险、量化风险、编制风险应对策略方案等过程。

6）项目沟通计划

项目沟通计划就是确定满足利益关系者的信息交流和沟通的要求。简单地说，也就是谁需要何种信息、何时需要以及应如何将其交到他们手中。虽然所有的项目都需要交流项目信息，但信息的需求和分发方法大不相同。识别利益关系者的信息需求，并确定满足这些需求的合适手段，是获得项目成功的重要保证。项目沟通计划需要根据实际实施结果进行定期的检查和必要的变更与修订。因此可以说项目沟通计划工作是一项贯穿于项目全过程的管理工作，项目的沟通是与项目的实施并存的。

7）项目采购计划

项目采购计划是从识别项目组织究竟需要从外部采购哪些产品或劳务开始，通过综合平衡安排制订出能够满足项目需求的采购工作计划的全过程。此外，项目采购计划一般还应该考虑各种项目需要的分包合同，尤其是当项目业主希望对总承包商及其下一步的分包决策施加某种影响或控制的时候，更需要考虑项目分包合同的问题。因此，项目采购计划应考虑合同和分包商两方面的因素。

8）项目人力资源计划

项目人力资源计划指识别项目角色、责任、报告关系并将其形成文件，以及制订人员配备管理计划所必需的过程。计划内容应当包括项目所需的角色和职责、项目组织图、人员配备管理规划。其中人员配备管理规划应当考虑的内容包括：项目团队组建、时间表、成员遣散安排、培训需求、表彰和奖励等。

3. 项目变更计划

由于项目的一次性特点，在项目实施过程中，计划与实际不符的情况是经常发生的。项目变更计划包括整体变更计划和单一变更计划。在项目实施中，项目的范围、计划、进度、成本和质量等各个方面都可能发生变更，这可能是由于下列原因造成的：开始时预测得不够准确，在实施过程中控制不力，缺乏必要的信息等。范围、计划、进度、成本以及质量等这些项目要素所引起的变更是单一变更。然而项目是一个系统，任何一个项目要素的变更都会对其他项目要素产生影响，所以需要对各方面的项目变更进行总体的控制。单一变更计划与整体变更计划是针对单一变更与总体变更的控制而言。有效处理项目变更可使项目取得成功，否则可能会导致项目失败。

总之，良好的计划是项目成功的基石，因此，项目经理在制订计划时一定要广泛查阅资料，制订出切实可行的计划。由于环境是不断变化的，所以项目经理还要保证项目有一定的动态性。

 小启示

三个金人

曾经有个小国使者到中国来,进贡了三个一模一样的金人,金碧辉煌,把皇帝高兴坏了。可是这个小国使者不厚道,同时出了一道题目:这三个金人哪个最有价值?皇帝想了许多的办法,请来珠宝匠检查,称重量,看做工,都是一模一样的。怎么办?使者还等着回去汇报呢。泱泱大国,不会连这个小事都解决不了吧?最后,有一位退位的老大臣说他有办法。皇帝将使者请到大殿,老臣胸有成竹地拿着三根稻草,用第一根插入第一个金人的耳朵里,稻草从另一边耳朵出来了。第二个金人的稻草从嘴巴里直接掉出来,而第三个金人,稻草进去后掉进了肚子,什么响动也没有。老臣说:第三个金人最有价值!使者默默无语:老臣的回答正确。

启示:最有价值的人,不一定是最能说的人。老天给我们两只耳朵、一个嘴巴,本来就是让我们多听少说的。善于倾听,才是管理者最基本的素质。

5.2　项目计划编制的原则与过程

 小提示

对项目的管理,就是要在有限的时间、空间、预算范围内,将大量的人力、物力组织在一起,有条不紊地实现项目目标。因此,公司进行项目管理的主要目标,是通过恰当的计划和控制,使项目的各项实施活动达到最好的绩效,从而实现对质量、进度、费用的预期要求,圆满完成项目任务,并使公司在市场上取得有利位置。

5.2.1　项目计划编制的原则

项目计划作为项目管理的重要阶段,在项目中起承上启下的作用,因此在制订过程中要按照项目总目标进行详细计划。计划文件经批准后将作为项目的工作指南。因此,在项目计划的制订过程中需要遵循一些原则,常见的原则如下。

1. 目的性原则

项目目标体系通过项目设计得以确立,而计划工作则是通过项目各项工作、任务和活动进行人员、资源、时间安排以促使项目目标的实现。因此,计划管理具有很强的目的性。

2. 系统性原则

项目计划本身是一个系统,由一系列子计划组成,各个子计划不是孤立存在的,彼此之间相互独立,又紧密相关。使制订出的项目计划具有系统的目的性、相关性、层次性、适应性、整体性等基本特征,从而使项目计划形成有机协调的机制。

3. 经济性原则

计划工作要讲究效率,要考虑投入和产出的比例。计划的效率不仅体现在成本控制上,还包括进度、质量等评价标准。

4. 动态性原则

项目的动态性原则是由项目的生命周期决定的。一个项目的生命周期短则数月，长则数年，在这期间，项目环境常处于变化之中，使计划的实施偏离项目基准计划，因此项目计划要随着环境和条件的变化而不断调整和修改，以保证完成项目目标，这就要求项目计划要有动态性，以适应不断变化的环境。

5. 相关性原则

项目计划是一个系统的整体，构成项目计划的任何一个子计划的变化都会影响到其他子计划的制订和执行，进而最终影响到计划的正常实施。因此，制订计划要充分考虑到各个子计划间的相关性。

6. 主导性原则

计划是设计的体现，也是以后项目工作的指导，它在项目的执行、控制、收尾阶段之前进行，是进行其他各项管理工作的基础，并贯穿于计划执行之后的管理过程。因此，项目计划具有主导性。

小提示

制订一个清晰的项目计划需要时间，因此项目经理很可能会跳过计划而直接进入执行阶段。然而，正如一个在上路前先计划好路线的旅行者，注定会比没有计划路线而中途迷路的旅行者更快更容易到达终点。同样的，项目经理花些时间制订一个清晰的项目计划，会有更明确的途径取得项目的成功。

5.2.2 制订计划需要弄清的几个基本问题

项目计划是项目实施的蓝本，规定了项目工作如何做、由谁去做等内容。项目计划要回答以下几个基本问题。

（1）项目做什么。项目经理与项目团队应当完成哪些工作。

（2）在哪里做。地点、场合。

（3）如何做。解决这一问题可利用项目分解结构，项目分解结构是项目完成的各项工作的清单。

（4）何时做。确定各项工作需要多长时间，以及具体于何时开始、何时结束，确定每项工作需要哪些资源等。

（5）谁去做。确定承担工作结构中的各项工作的具体人员。

（6）花费多少。确定项目分解结构中每项工作需要多少经费及项目总花费。

小启示

并不是你想象中的那样

两个旅行中的天使到一个富有的家庭借宿。这家人对他们并不友好，并且拒绝让他们在舒适的客人卧室过夜，而是在冰冷的地下室给他们找了一个角落。当他们铺床时，较老的天使发现墙上有一个洞，就顺手把它修补好了。年轻的天使问为什么，老天使答到："有些事并不像它看上去那样。"

第二晚，两人又到了一个非常贫穷的农家借宿。主人夫妇俩对他们非常热情，把仅有的一点点食物拿出来款待客人，然后又让出自己的床铺给两个天使。第二天一早，两个天使发现农夫和他的妻子在哭泣，他们唯一的生活来源——一头奶牛死了。年轻的天使非常愤怒，他质问老天使为什么会这样，第一个家庭什么都有，老天使还帮助他们修补墙洞，第二个家庭尽管如此贫穷还是热情款待客人，而老天使却没有阻止奶牛的死亡。"有些事并不像它看上去那样。"老天使答道，"当我们在地下室过夜时，我从墙洞看到墙里面堆满了金块。因为主人被贪欲所迷惑，不愿意分享他的财富，所以我把墙洞填上了。昨天晚上，死亡之神来召唤农夫的妻子，我让奶牛代替了她。所以有些事并不像它看上去那样。"

启示： 有些时候事情的表面并不是它实际应该的样子。如果你有信念，你只需要坚信付出总会得到回报。

5.2.3 项目计划编制的步骤

由于项目计划关系到项目的成败，因此，在编制项目计划时应该按照一定的步骤进行，以保证项目计划具有可实施性。

1. 确定项目的应交付成果

这里的项目应交付成果不仅是指项目的最终产品，也包括项目的中间产品。例如，一个系统设计项目标准的项目产品可以是系统需求报告、系统设计报告、项目实施阶段计划、详细的程序说明书、系统测试计划、程序及程序文件、程序安装计划、用户文件等。

2. 确定任务并进行任务分解

确定实现项目目标需做的各项工作，并以工作分解结构图反映。对任务进行分解是从项目目标开始，从上到下，层层分解，确定实现项目目标必须做的各项工作，并画出完整的工作分解结构图。

3. 建立逻辑关系图

在资源独立的假设前提下确定各个任务之间的相互依赖关系，以确定各个任务开始和结束时间的先后顺序，获得项目各工作任务之间的动态工作流程。

4. 为任务分配时间

确定每个任务所需的时间，即根据经验或应用相关方法确定该任务需要耗费的时间，确定每个任务所需的人力资源要求，如需要什么技术、技能、知识、经验以及对工作的熟练程度等。

5. 确定项目团队成员可以支配的时间

可支配的时间是指具体花费在项目中的确切时间，应扣除正常可支配时间中的假期、教育培训时间等。

6. 就任务对资源进行分配并平衡资源

对任务持续时间、任务开始日期、任务分配进行调整，从左到右平衡计划，保持各项任务之间的相互依赖关系，证实合理性。通过资源的平衡可以使项目团队成员承担合适的工作量，还可以调整资源的供需状况。

7. 确定管理支持性任务

管理支持性任务往往贯穿项目的始终，具体指项目管理、项目会议等管理支持性任务。重复上述过程直到完成。

8. 准备计划汇总

包括个人进度计划、产品里程碑、累计的任务汇总、累计的资源汇总和任务分配单等。

本章案例分析

项目经理的烦恼

A集团下属信息技术有限公司新接到一个有关电子政务公文流转系统的软件项目，王工作为公司派出的项目经理，带领项目组进行项目的研发工作。王工以前是一名老技术人员，从事Java开发多年，是个细心而又技术扎实的老工程师。在项目的初期，王工制定了非常详细的项目计划，项目组人员的工作都被排得满满的，且为加快项目的进度，王工制定项目计划后即分发到项目组成员手中开始实施。然而，随着项目的进展，由于项目需求不断变更，项目组人员也有所更换，项目组已经没有再按照计划来进行工作，大家都是在当天早上才安排当天的工作事项，王工每天都被工作安排搞得焦头烂额，项目开始出现混乱的局面。

项目组中的一名技术人员甚至在拿到项目计划的第一天就说："计划没有变化快，要计划有什么用，"然后只顾埋头编写自己手头的程序。

一边是客户在催着快点将项目完工，要尽快将系统投入生产；另一边是分公司负责电子政务项目的张总在批评王工开发任务没有落实好。

[资料来源] http://3y.uu456.com/bp-90d41a1ffc4ffe473368abc5-1.html。

回答问题

1. 说明王工制定的项目计划应包括的主要内容，围绕项目计划说明王工在制定项目计划时出现的问题。

2. 如果你是王工，面对项目开始出现混乱局面的情况，应当如何处理？

本章习题

一、判断题

1. 项目计划是项目组织根据项目目标的规定，对项目实施工作进行的各项活动做出的系统的任务安排。（　　）

2. 项目集成计划是对项目各方面具体工作的一种计划安排，是根据项目各种不同的目标而制定的各种专业工作或者专项工作的计划，它包括一系列指导项目各专业和专业任务实施、控制与协调的计划文件。（　　）

3. 项目计划是项目管理各项活动的行动准则与衡量基准，是开展项目管理活动的前提。项目计划水平的高低往往是项目成败的决定性因素。（　　）

4. 项目计划编制的系统性原则是指：计划工作要讲究效率，要考虑投入和产出的比例。计划的效率不仅体现在成本控制上，还包括进度、质量等评价标准。（　　）

5. 项目沟通计划需要根据实际实施结果进行定期的检查和必要的变更与修订。因此可以说项目沟通计划工作是一项贯穿于项目全过程的管理工作,项目的沟通是与项目的实施并存的。   (   )

二、选择题

1. (   )构成了整个项目计划的全部内容。
   A. 集成计划   B. 专项计划   C. 变更计划   D. 临时计划
2. 项目计划是项目实施的蓝本,规定了项目工作的具体内容。实际上,项目计划要回答(   )?
   A. 做什么   B. 在哪里做
   C. 如何做和谁去做   D. 何时做和花费多少
3. 项目风险应对计划是指为了降低项目风险的损害而分析风险、制定风险应对策略方案,具体包括(   )等过程。
   A. 识别风险   B. 控制风险
   C. 量化风险   D. 编制风险应对策略方案
4. 项目专项计划是对项目各方面具体工作的一种计划安排,是根据项目各种不同的目标而制定的各种专业工作或者专项工作的计划,它包括(   )。
   A. 项目范围计划   B. 项目进度计划
   C. 项目费用计划   D. 项目质量计划
   E. 项目风险应对计划   F. 项目沟通计划
   G. 项目采购计划   H. 项目人力资源计划
5. 一个良好的项目计划的作用是(   )。
   A. 项目计划是项目管理各项活动的行动准则与衡量基准,是开展项目管理活动的前提
   B. 项目计划水平的高低往往是项目成败的决定性因素
   C. 一个良好的项目计划在项目的实际进行中能够产生意想不到的作用
   D. 它可以使项目团队成员少走弯路,使整个项目始终处于可控状态

三、思考题

1. 项目计划可分为几大类?
2. 项目专项计划又包括哪几种计划?
3. 项目计划编制应遵循哪些原则?
4. 项目计划编制的步骤有哪几步?

第 6 章 项目实施

◇ **学习目标**
1. 了解项目实施涉及的内容
2. 掌握项目实施的过程
3. 理解并掌握项目经理的领导艺术

◇ **导入案例**

停滞的项目

某家电公司的 IT 经理,为了帮助公司管理几十万台产品,提出了实施条形码管理的计划,得到了常务副总(后来升任为总裁)的认可,也得到了售后服务部、生产部、财务部和物流中心的赞同。

系统开始试运行后,遇到了不少问题。为了解决这些问题,IT 经理起草了一个流程再造及其配套软件的申请。但向总裁(即之前的常务副总)申请时,总裁不同意,理由是"没有管理基础,用什么软件都没用"。

后来在一次高层会议上,总裁突然发难,认为条形码系统成本太高,下令停止运行。

在 IT 经理和其他部门都无法说服总裁重新启动条形码项目后,IT 经理分别向董事长和总裁提交了一份《成品物流流程优化方案》,其中不再提条形码,改叫成品物流系统,也增加了发货计划管理的内容。但是方案交上去以后,迟迟没有结果。

[资料来源] http://www.mypm.net/case/show_case_content.asp?caseID=4879。

6.1 项目实施涉及的内容

项目管理计划编制完之后,就需要实施该计划。在项目执行过程中,不仅要按照项目管理计划统一实施项目活动,而且还需要协调人和其他资源。在项目的实施过程中,总是存在一些正常的项目执行偏差,有时候需要重新规划项目的某些方面,并进行计划的更新。项目实施过程中涉及的内容有:指导与管理项目执行即项目计划的实施、项目团队建设(见第 2 章内容)、项目质量管理(见第 12 章内容)、项目进展报告、信息交流、合同的管理与履行等。

6.1.1 项目计划的实施

项目计划的执行是实施项目计划的主要过程——项目的预算将在实施过程中被花掉。在这个过程中,项目经理和项目管理团队必须协调和指导项目中存在的各种技术和组织问题。

1. 对项目计划实施的输入

1) 项目计划

具体项目的管理计划(范围管理计划、风险管理计划和采购管理计划等)和绩效测量基准是对项目计划实施的主要投入。

2) 辅助说明

为项目计划所做的辅助说明包括:① 没有包括在项目计划中的其他规划程序的输入;② 在项目计划开发期间产生的附加信息和文件(如制约因素)及假设;③ 技术性文件以及要求、特征和设计等方面的文件;④ 有关标准文件。应该根据需要对这些材料进行组织,使它们在项目计划实施期间更易于利用。

3) 组织管理政策

所有组织管理政策在项目中都有正式和非正式两种形式,它们会影响项目计划的实施。

4) 纠正措施

纠正措施所做的是把未来项目的执行,按照人们的预期纳入与项目计划要求相一致的轨道来运转。

2. 项目计划实施的过程

1) 安排将要承担的工作的活动日程

其步骤有:① 明确定义实现里程碑的各个活动,并且要选择那些可以控制的活动(可利用的工具有工作分解结构);② 明确各活动所涉及的人员,有必要时需对项目组成员进行技能的复审;③ 明确项目组成员的角色与责任(可利用的工具有责任图);④ 确定各具体工作内容的周期(可利用的工具有甘特图);⑤ 在工作包内安排活动计划,以保证里程碑的实现。

2) 工作授权

将实施计划的各项活动分配给具体的工作小组或个人。

3) 制订活动日程

 小资料

简单的道理

从前,有两个饥饿的人得到了一位长者的恩赐:一根鱼竿和一篓鲜活硕大的鱼。其中,一个人要了一篓鱼,另一个人要了一根鱼竿,于是他们分道扬镳了。得到鱼的人原地就用干柴搭起篝火煮起了鱼,他狼吞虎咽,还没有品出鲜鱼的肉香,转瞬间,连鱼带汤就被他吃了个精光,不久,他便饿死在空空的鱼篓旁。另一个人则提着鱼竿继续忍饥挨饿,一步步艰难地向海边走去,可当他已经看到不远处那片蔚蓝色的海洋时,他浑身的最后一点力气也使完了,他也只能眼巴巴地带着无尽的遗憾撒手人寰。又有两个饥饿的人,他们同样得到了长者恩赐的一根鱼竿和一篓鱼。只是他们并没有各奔东西,而是商定共同去找寻大海,他俩每次只煮一条鱼,他们经过长途跋涉,来到了海边,从此,两人开始了捕鱼为生的日子,几年后,他们盖起了房子,有了各自的家庭、子女,有了自己建造的渔船,过上了幸福安康的生活。

启示：一个人只顾眼前的利益，得到的终将是短暂的欢愉；一个人目标高远，但也要面对现实的生活。只有把理想和现实有机结合起来，才有可能成为一个成功之人。

3. 项目计划实施的技术和方法

1) 普通管理技能

普通管理技能如领导艺术、信息交流和协商组织能力等，都对项目计划的实施产生实质性的影响。

2) 生产技能和知识

项目团队必须适当地增加一系列有关项目生产的技能与知识的学习。这些必要的技能被看作项目规划的一部分得以确认，并通过人员的组织过程来获取、体现。

3) 工作分配系统

工作分配系统是为确保项目工作能按时、按序地完成而建立的正式程序。通常是以书面委托的形式开始进行工作活动或启动工作包。

一个工作分配系统的设计，应该权衡实施控制收入与成本之间的关系。例如，在一些比较小的项目上，口头分配就足够了。

4) 形势评论会

形势评论会是把握有关项目信息交流的常规会议。在许多项目中，形势评论会以不定期和不同级别的形式召开（如项目管理团队周会或月会）。

5) 组织管理程序

项目的所有组织管理程序包括运用在项目实施过程中的正式和非正式的程序。

4. 项目计划实施的结果

1) 工作成果

工作成果是为完成项目工作而进行的具体活动结果。工作成果资料——工作细目的划分，工作已经完成或没有完成，满足质量标准的程度怎样，已经发生的成本或将要发生的成本是什么等——这些资料都被收集起来，作为项目计划实施结束的一部分，并将其编入执行报告的程序中。

2) 改变要求

改变项目要求（比如：扩大或修改项目合同范围，修改成本或进行估算等）通常是在项目工作实施时得到确认。

总之，项目实施计划是项目执行的基准，在项目的整个实施阶段，不论项目环境如何变化，项目将进行如何调整，项目计划都是控制项目的最终依据。因此，项目的实施计划要做到具体、可操作性强，并且与项目的总体计划相协调、相适应。同时，项目计划的制订也不是一个静止的过程，而是一个持续的、循环的、渐进的过程，它受到许多因素的干扰，因而要根据实施条件的变化不断修改和调整。

6.1.2 项目进展报告

项目进展报告反映了项目当前在进度、费用、质量等方面的实际执行情况，是项目实施控制的基础，它不同于活动报告，不要把活动或事项与进展和完成混淆。其重点是项目的完成，即是完成项目目标取得了哪些进展，而不是项目团队正从事哪些活动。

进展报告通常应该包括一个特定的期限，即报告期，大多数进展报告仅包括在报告期间发生的事情,而不是自项目进展以来的累积进展。在整个报告期内,一般要收集两种数据或信息:其一是实际执行的数据,包括活动开始或结束的实际时间,使用或投入的实际资源和成本等。其二是有关项目范围、进度计划和预算变更的信息。

项目进展报告的主要内容不仅包括支出、进度等的真实情况,还应包括计划情况及一些例外情况,具体而言有以下几点。

(1) 自上次报告以来的成果。指明已达到的关键项目里程碑,列出对项目有重要影响的事项和事件。

(2) 目前项目的执行情况。有关成本、进度和工作范围的资料要与基准计划作比较,并对重大偏差做出解释。

(3) 对已发现问题的解决进展情况。如果在以前进度报告中提出的问题没有取得进展,应该说明原因。

(4) 存在的问题、困难与危机。有技术、进展和成本等方面的问题,困难是指你力所不及的事情,危机指对项目造成重大险情的事情,并提出对这些计划采取的改进措施。

(5) 在下一个计划期内期望达到的里程碑。这些目标要与最初商定的项目计划相一致,同时简单说明从现在到下次报告期间将要发生的事件。

(6) 对出色的人、事进行表扬,以鼓励项目团队成员努力工作。

项目进展报告的形式主要有日常报告(有规律地报告项目的日常信息)、例外报告(报告与计划存在重大差异的例外条目,找出原因与解决方法,为管理决策提供信息)、特别分析报告(宣传项目,特别是研究成果或是对项目实施中发生的一些问题进行特别评述)。为了保证报告的真实性,一个有效的方法是让报告者不要因为有威胁感而弄虚作假,片面地夸大项目的进度和成果,相反要进行有效的反馈,使他们把写报告当作获得帮助和承认工作做得好的方式。

 小故事

博　士

有一个博士被分到一家研究所,成为那里学历最高的一个人。有一天他到单位后面的小池塘去钓鱼,正好正副所长在他的一左一右,也在钓鱼。他只是微微点了点头,跟这两个本科生,有啥好聊的呢?

不一会儿,正所长放下钓竿,伸伸懒腰,"噌噌噌"从水面上如飞地走到对面上厕所,博士眼睛睁得都快掉下来了。水上漂?不会吧?这可是一个池塘啊。正所长上完厕同样又是"噌噌噌"地从水上漂回来的。怎么回事?博士生又不好去问,自己是博士生哪!过一阵,副所长也站起来,走几步,"噌噌噌"地漂过水面上厕所。这下子博士更是差点晕倒:不会吧,到了一个江湖高手集中的地方?

博士生也内急了。这个池塘两边有围墙,要到对面上厕所非得绕十分钟的路,而回单位上又太远,怎么办?博士生也不愿意去问两位所长,憋了半天后,也起身往水里跨:我就不信本科生能过的水面,我博士生不能过。

只听咚的一声,博士生栽到了水里。两位所长将他拉了出来,问他为什么要下水,他问:"为什么你们可以走过去呢?"两所长相视一笑:"这池塘里有两排木桩子,由于这两天下雨涨水正好在水面下。我们都知道这木桩的位置，所以可以踩着桩子过去。你怎么不问一声呢？"

启示：学历代表过去，只有学习力才能代表将来。尊重有经验的人，才能少走弯路。一个好的团队，也应该是学习型的团队。

6.1.3 项目合同的管理与履行

合同管理就是保证承包商的实际工作满足合同要求的过程。项目经理必须加强项目的合同管理，领导项目组人员认真履行合同条款。在有多个承包商的大项目上，合同管理的一个重要方面就是协调各承包商之间的关系。合同关系的法律性质要求项目管理班子必须十分清醒地意识到管理合同时所采取的各种行动的法律后果。合同管理还包括处理合同关系时使用适当的项目管理过程，并把这些过程的结果综合到该项目的总体管理中。合同管理包括总承包合同管理和分包合同管理，总承包合同管理贯穿于项目建设的全过程，首先项目经理要组织学习合同文件，熟悉合同内容，以便全面掌握合同情况并认真贯彻执行；其次根据总承包合同的内容，研究确定项目管理的内容和方式。对争端和违约的处理，双方要协商解决，如果协商不成，提交合同规定的机构仲裁，同时要及时进行合同的补充修改和变更。分包合同要保证总承包合同的完成。对分包合同的管理，项目经理首先要督促做好对分包合同的准备工作，然后组织研究与审定重大的分包合同，并做好争端和违约的处理，及时进行分包合同的补充、修改和变更。

 小提示

项目在实施这一阶段投入人力最多，延续时间最长，资金和物资消耗最大，要完成的工作量也很大，要管理和控制的面也很宽，是项目建设的主体阶段。因此，项目经理在本阶段除了自己要重视和加强管理和控制外，更重要的是指导各级负责人组织项目组全体人员各尽其责且协调配合，从而完成合同项目任务。项目经理要全面掌握项目进展情况，指导、检查、协调各项工作，处理重大问题，使项目建设协调顺利进行。

6.2 项目领导艺术

项目管理中最重要的决策之一就是项目经理的选择（见第 2 章内容）。很多项目的失败都可以归因于项目经理选择的失误。相反，也有一些项目本身存在许多无法预知的困难和问题，很可能导致项目的失败，但正是因为项目经理的领导能力和其他方面的综合素质，使项目最终获得了成功。管理就是"通过人"来获得结果，因此，项目经理如何管理人及这些人如何处理相互之间的关系会导致截然不同的项目绩效。有效的项目组织、项目计划和控制的结构方法和良好的人际关系对于项目取得良好的绩效都是必需的，但是它们之间必须相互依存。除了具有组织、计划和控制项目的专业技能之外，一个成功的项目经理还必须发展他管理人的技能，因为这些技能对于一个项目的绩效来说是很重要的，这在实际中也就是人的绩效。

小提示

项目领导者为项目的最终结果负责，他有两个任务，一是解决问题，一是协调解决问题的过程。这两个任务可以是一个人完成，也可能是两个人分别承担。对于后一种情况，以软件项目为例，项目领导者有两个：项目经理与技术领导者。项目经理是协调者，他负责产品需求、计划、流程控制、在组织内为项目寻求支持，而技术领导者负责产品本身，这样做的一个原因是让创造型的技术领导者集中力量于创意。项目经理与技术领导者都要为项目目标负责，但是，最终责任通常会落在项目经理身上。

6.2.1 项目经理应重视领导艺术

领导艺术是指富有创造性的领导方法。对领导者的领导方法提出更高的要求，也决定了领导者的劳动在很大程度上是创造性的。领导艺术可以视为履行领导职能的艺术，也可以视为提高领导有效性的艺术。

1. 用人的艺术

用人是领导职能中的一项重要工作。东方管理学中有许多用人的原则。

东方管理学用人原则之一：贤主劳于求贤，而逸于治事。

东方管理学用人原则之二：治平尚德行，有事赏功能。

东方管理学用人原则之三：智者取其谋，愚者取其力，勇者取其威，怯者取其慎。

因此，项目经理在选人、用人时，应遵守"用人之长"的原则，即根据项目组成员的长处，把他安排到最能发挥其作用的岗位上去。要避免要求所用的人没有短处，因为"金无足赤，人无完人"。在用人时要遵循重视能力的原则：重视能力原则是指在选拔人才的时候，应该以工作能力作为评定的重要标准，这可以说是用人的基本原则。不同的工作对能力的要求是不同的，对能力结构和能力水平都应有具体的要求，应使项目组成员的能力与其承担的工作相适应。

 小寓言

用 人 之 道

去过寺庙的人都知道，一进庙门，首先是弥勒佛，笑脸迎客，而在他的北面，则是黑口黑脸的韦陀。但相传在很久以前，他们并不在同一个庙里，而是分别掌管不同的庙。弥勒佛热情快乐，所以来的人非常多，但他什么都不在乎，丢三落四，没有好好地管理账务，所以依然入不敷出。而韦陀虽然管账是一把好手，但成天阴着个脸，太过严肃，搞得人越来越少，最后香火断绝。佛祖在查香火的时候发现了这个问题，就将他们俩放在同一个庙里，由弥勒佛负责公关，笑迎八方客，于是香火大旺。而韦陀铁面无私，锱铢必较，由他负责财务，严格把关。在两人的分工合作中，庙里呈现出一派欣欣向荣景象。

启示：在用人大师的眼里，没有废人，正如武功高手，不需名贵宝剑，摘花飞叶即可伤人，关键看如何运用。

2. 授权的艺术

项目的工作内容越来越复杂，特别是随着社会分工的不断专业化，一个项目所包含的各类技术、知识与经验已经不是项目经理一人能够完全掌握的。因此，有效地将项目工作分配给项目组成员并授予适当的权力，已经成为现代项目管理中日趋普遍的领导方式。授权就是把不同程度的领导权力授予下级组织的人员，使每项工作能在适当的层次得到较好的处理，既能充分发挥下级组织和人员的积极性，又能使上级领导集中精力研究解决本职工作中的主要问题。有效授权所带来的好处主要体现在以下几个方面。

(1) 建立良好的上下级关系。
(2) 在自我控制中达成目标。
(3) 减少项目经理的负担，提高项目效果与效率。
(4) 可以培训项目组成员，提高他们的管理水平。

3. 激励的艺术

在项目发展过程中，团队建设离不开激励机制的建立。只有项目组成员愿意在该项目中投入足够的时间和精力，才会有较好的项目团队协作。因此，一个完善的激励机制的建立，对项目成员工作的积极性的提高、团队协作的加强会有着巨大的推动作用。激励是指激发人的动机和内在的动力，鼓励人朝着期望的目标采取行动的心理过程。项目经理要以科学的方法激励项目团队成员的内在潜力，发展他们的潜力，充分发挥他们的积极性和创造性，从而使项目组成员为实现项目目标而努力工作。这就需要领导者了解和研究激励理论，在运用这些理论时还需要掌握激励的原则。

(1) 物质激励和精神激励相结合的原则。
(2) 外激励和内激励相结合的原则。
(3) 正激励和负激励相结合的原则。
(4) 目标结合原则。
(5) 工作轮换原则。

小启示

鹦　　鹉

一个人去买鹦鹉，看到一只鹦鹉前标着："此鹦鹉会两门语言，售价200元。"另一只鹦鹉前则标着："此鹦鹉会四门语言，售价400元。"该买哪只呢？两只都毛色光鲜，非常灵活可爱。这人转啊转，拿不定主意。结果突然发现一只老掉了牙的鹦鹉，毛色暗淡散乱，标价800元。这人赶紧将老板叫来："这只鹦鹉是不是会说八门语言？"店主说："不。"这人奇怪了："那这只鹦鹉又老又丑，又没有能力，为什么会值这个数呢？"店主回答："因为另外两只鹦鹉叫这只鹦鹉老板。"

启示：真正的领导人，不一定自己能力有多强，只要懂信任，懂放权，懂珍惜，就能团结比自己更强的力量，从而提升自己的身价。相反，许多能力非常强的人却因为过于追求完美，事必躬亲，只能做最好的公关人员、销售代表，成不了优秀的领导人。

6.2.2　项目经理应重视管理冲突的艺术

项目工作中的冲突是不可避免的，在项目实施期间，冲突可能来自于各个方面。冲突如果处理恰当，可以激发讨论，澄清观念，发掘思路，活跃气氛，促进团队建设。然而，若处理不当，它会影响成员沟通，阻碍成员协作，降低彼此信任，对项目团队产生很不利的影响。因此，项目经理必须对冲突的发生有着充分的思想准备。

小启示

一个高层的管理者很多时候也需要一种置身事外的艺术。如果你手下的两个部门主任为了工作发生了争执，你已经明显感到其中一个是对的，而另一个是错的，现在他们就在你的面前，要求你判定谁对谁错，你该怎么办？其实一个精明的领导在这个时候不会直接说任何一个下属的不是。因为他们是为了工作发生的争执，而影响他们做出判断的因素有很多，不管对错，他们都是非常出色的人才。当面说一个手下的不是，不但会极大地挫伤他的积极性，让他在竞争对手前面抬不起头，甚至很可能你会因此失去一个得力助手，而得到表扬的那个下属会更加趾高气扬，也不利于你的管理。

做好冲突防范工作是对可能产生的冲突进行处理的最佳方法。为此，项目经理要确保项目团队所有成员熟悉项目计划，明确各自的工作目标及项目高层目标和实施计划，并在团队建设中强调成员的自信和相互信任，以营造一个更好的合作环境。

6.2.3　项目经理应重视沟通的艺术

小故事

我叫陈阿土

陈阿土是一位农民，从来没有出过远门。攒了半辈子的钱，终于参加一个旅游团出了国。国外的一切都是非常新鲜的，关键是，陈阿土参加的是豪华团，一个人住一个标准间。这让他新奇不已。早晨，服务生来敲门送早餐时大声说道："Good morning Sir！"陈阿土愣住了。这是什么意思呢？在自己的家乡，一般陌生的人见面都会问："您贵姓？"于是陈阿土大声叫道："我叫陈阿土！"如是这般，连着三天，都是那个服务生来敲门，每天都大声"Good morning Sir！"而陈阿土亦大声回道："我叫陈阿土！"但他非常生气。这个服务生也太笨了，天天问自己叫什么，告诉他又记不住，很烦的。终于他忍不住去问导游，"Good morning Sir！"是什么意思，导游告诉了他，天啊！真是丢脸死了。陈阿土反复练习"Good morning Sir！"这个词，以便能体面地应对服务生。又一天的早晨，服务生照常来敲门，门一开陈阿土就大声叫道："Good morning Sir！"与此同时，服务生叫的是："我叫陈阿土！"

启示：人与人交往，常常是意志力与意志力的较量。不是你影响他，就是他影响你，而我们要想成功，就一定要培养自己的影响力，只有影响力大的人才可以成为最强者。

项目成员之间的默契配合，是建立在彼此充分了解基础之上的。如果没有建立一个良好的沟通渠道，就会阻碍项目成员之间的交流，就不可能促使成员之间彼此尽快熟知，也就不可能创建一个良好的项目团队。另外，如果缺乏一个良好有效的沟通，项目进展的各种信息就不能在成员间充分交流、分享，就会制约项目的有效开展。因此，为了尽快地组建一个有效的工作团队，项目经理必须确保尽早建立一个完善的沟通网络。许多项目成员习惯用签发文件、电子邮件等方式进行沟通，然而，项目经理必须认识到，在一个有效的沟通网络里，沟通并不仅仅意味着信息的单向传递，而是意味着信息接收者能够理解信息的真正含义，也就是说，项目经理要在建立起的沟通渠道中尽量创造机会促使双向沟通，通过有效的双向沟通，增进成员之间的了解和友谊，培养团队协作的精神。

 小提示

有人说，项目管理是沟通过程。沟通失败是项目失败的主要原因。项目立项需要沟通，要争取高层对项目的支持；项目计划时要与各个方面沟通协调，项目成员间要建立最紧密的沟通；在项目完成之后要总结经验与教训。项目的跨部门性质和缺乏正式的组织权力使得沟通成为获得支持的关键工具，詹姆斯·刘易斯说："项目经理们要面对公司内的方方面面，他们必须具备特别的政治和外交技巧。"

本章案例分析

失败的项目

4年多前，一个具有综合专业背景的小王离开信息产业部的研究所来到了一家民营的医疗器械企业，任研发中心的临床信息系统项目经理，但他所主持的技术研发项目却最终由于某些原因失败了。

1. 上层分歧给项目带来麻烦

在小王刚到的时候，项目已经立项了，只是一直没找到合适的人来实施。作为总经理招来的部门级主管，小王在上班前一直没与技术副总见过面，不知道这是不是算总经理犯的一个错误，虽然越级的人事安排也许有他的考虑。

总经理介绍了他的一个同学作为此项目的技术合作单位，开始小王与其有一些初级的技术交流。技术副总一次偶然得知此事后非常不满，质问小王："你们探讨的问题都是代表公司的，到底谁是技术副总？"总经理找小王谈话时，批评小王的此种错误行为。但小王却认为"如果就数据库内某个字段的定义、用哪个芯片更好点之类的问题都要请示技术副总，我这个岗位还有存在的价值吗？"

随后，小王向副总承认了自己没有及时请示汇报的错误，并澄清了他和项目合作单位只是进行了一些技术交流，没有任何的越权行为。他开始注意观察，发现其实质是副总对该项目不是很热心，并因此与总经理产生了分歧，加上以前的许多事情，两人之间的矛盾一下爆发了，小王又是总经理招来的人，合作方又是总经理的熟人，这个事情就愈发的严重。

2. 直接上司有时比董事长管用

不能在同一个地方跌倒两次，无奈之下，小王只好把合作方砍掉，并且事事早请示、晚汇报。小王总结发现，直属上司的支持比董事长更管用。高层只能在战略上支持，战术上还是需要直属上司的配合。这正应一句话"县官不如现管"。另外就是新到任的职业经理一定要对履行的岗位进行认真调查，入职前与未来的上司和下属进行沟通是非常必要的。

这次事件虽然平息了，却使小王变得无所作为。很多审批权限掌握在副总手里，导致项目一拖再拖。8个月后，在公司上层不断的施压下，项目组才终于开始组建。

3. 成也老专家，败也老专家

在小王的团队中，有一位资深工程师、一位从业不久比较熟练的软件工程师，另外还聘请了一位老专家作技术顾问。

随后的阶段，那位老专家起到了保驾护航的作用。然而，如果没有对老专家的"过度信任"，也不会有产品推出后的狼狈局面。因为该设备要用到手术室中，手术室的电磁环境不但频率复杂，强度还不小，可惜这是产品销售后才得到的发现，为时已晚。开发中，也曾有人提出过这个问题，用不用考虑一下干扰问题，那位老专家以"我们以前做过的都没什么问题"给否定了，问题是该老专家原来是做非手术室设备的，其电磁环境条件比手术室要好得多。小王尝试着提了点反面意见，被很不屑地化解了。

[资料来源] www.winpmp.com，时代精英项目管理论坛：实战案例分享。

回答问题

1. 这个项目研发为什么会失败？
2. 如果你是小王，你将如何处理与技术副总之间的关系？

本章习题

一、判断题

1. 项目计划的执行是实施项目计划的主要过程，即项目的预算将在实施过程中被花掉。
（　　）

2. 项目计划实施的结果之一的"改变要求"内容是指为完成项目工作而进行的具体活动结果。
（　　）

3. 项目进展报告的主要内容不仅包括支出、进度等的真实情况，还应包括他们的计划情况及一些例外情况。例如：报告以前发现的问题的解决进展情况。即有关成本、进度和工作范围的资料要与基准计划作比较，并对重大偏差做出解释。
（　　）

4. 项目进展报告反映了项目当前在进度、费用、质量等方面的实际执行情况，是项目实施控制的基础，它不同于活动报告，不要把活动或事项与进展和完成混淆。
（　　）

5. 项目经理如何管理人以及这些人如何处理相互关系会导致截然不同的项目绩效。
（　　）

二、选择题

1. 对项目计划实施的输入内容是（　　）。

A. 项目计划　　　　B. 辅助说明　　　　C. 组织管理政策　　　　D. 纠正措施

2. 项目计划实施的过程包括（　　）。

A. 安排将要承担的工作的活动日程　　　　B. 工作授权

C. 制定活动日程　　　　D. 制定工作方法

3. 有效授权所带来的好处主要体现在（　　）。

A. 建立良好的上下级关系
B. 在自我控制中达成目标
C. 减少项目经理的负担，提高项目效果与效率
D. 可以培训项目组成员，提高他们的管理水平

4. 在项目发展过程中，团队建设离不开激励机制的建立。这就需要了解和研究激励理论，但是，在运用这些理论时还需要掌握的激励原则有（　　）。

A. 物质激励和精神激励相结合的原则　　B. 外激励和内激励相结合的原则
C. 正激励和负激励相结合的原则　　　　D. 目标结合原则
E. 工作轮换原则

三、思考题

1. 项目实施涉及哪些方面的内容？
2. 项目经理应具有哪些领导艺术？
3. 为什么项目经理要重视沟通与管理冲突艺术？

第7章 项目控制

◇ **学习目标**

1. 理解项目控制的定义及作用
2. 了解项目控制的内容
3. 掌握项目控制的各子过程、形式和类型、方法和策略

◇ **导入案例**

某公司欲进行一项产品开发,在项目的初期,一切都进行得很顺利,大家的斗志也很高,做了很多准备工作。例如,收集市场信息和竞争对手情报,比较现有产品等。所以在设计的初期,设计部门很快拿出了不少可行的方案,并且进行了比较选择,最终完成了设计。可是当设计部门把初步设计方案提交给各个职能部门时,设计部门收到了很多不同的反馈意见。为了使方案得到批准,设计部门不得不对设计做进一步的修改(虽然其并不一定赞同)。这些更改的直接结果就是导致产品开发的延期,更可惜的是有些更改在最后被证明是不可行的。另外,在最后的样机性能试验中也出现了一些没有估计到的困难。例如,试验场地没有档期,更严重的是由于人员紧缺,以致试验没有充分完成预定的测试项目。最终,整个项目完成的时间比计划晚了大半年。

[资料来源] http://www.leadge.com/yc/140.html。

7.1 项目控制涉及什么

项目计划在执行过程中,往往会有种种原因使项目不能按照原计划轨道进行,从而出现偏差。当然,项目不能按照原计划进行,新的轨道比原来的轨道更好也是有可能的。正因为如此,项目经理和项目班子就需要对项目各过程进行控制。项目的临时性质,使项目控制有别于其他的管理控制。企业生产或业务活动可事先制订出明确的标准,在生产或业务活动过程中,管理人员将实施的实际情况同这些标准进行对照,由此发现计划的偏离程度。但是,项目活动一般由于无先例,事先不能制订出明确的标准。所以,项目常常根据投入的多少,例如费用、人力或其他资源,对实施结果进行评价,通过协商和判断来进行控制。

7.1.1 项目控制的定义

所谓项目控制,就是对项目的进展进行监视和测量,若发现实际情况偏离了基准,就要

找出原因并判别偏离基准是否会最终影响项目计划的实现。若是，则应采取行动，使过程回到计划轨道或更有利的轨道上去，反之，则不必过多地干预。控制是项目计划—跟踪—控制循环中的最后一环。项目控制的目的是使项目按照预定的轨迹运行和实现。为此，项目控制就是项目管理者根据项目跟踪提供的信息，对比原定计划和目标，找出偏差、分析原因、研究纠偏对策、实施纠偏措施的全过程。项目控制过程是一种特定的、有选择的、能动的动态作用的过程。

 小启示

疯子和呆子

一个心理学教授到疯人院参观，了解疯子的生活状态。一天下来，觉得这些人疯疯癫癫，行事出人意料，可算大开眼界。

想不到准备返回时，发现自己的车胎被人下掉了。"一定是哪个疯子干的!"教授这样愤愤地想道，动手拿备胎准备装上。事情严重了。下车胎的人居然将螺丝也都下掉了。没有螺丝有备胎也装不上去啊! 教授一筹莫展。在他焦急万分的时候，一个疯子蹦蹦跳跳地过来了，嘴里唱着不知名的欢乐歌曲。他发现了困境中的教授，停下来问发生了什么事。教授懒得理他，但出于礼貌还是告诉了他。疯子哈哈大笑说："我有办法!"他从每个轮胎上面下了一个螺丝，这样就拿到三个螺丝将备胎装了上去。

教授惊奇感激之余，大为好奇："请问你是怎么想到这个办法的?"疯子嘻嘻哈哈地笑道："我是疯子，可我不是呆子啊!"

启示：其实，世上有许多的人，由于他们发现了工作中的乐趣，总会表现出与常人不一样的狂热，让人难以理解。许多人在笑话他们是疯子的时候，别人说不定还在笑他是呆子呢。做人呆呆，处事聪明，在中国尤其不失为一种上佳的做人姿态。

7.1.2 项目控制的内容

1. 项目控制内容

（1）同计划相比，已完成的工作状况如何。
（2）实际完成的工作任务的复杂程度和比例。
（3）已完成的任务的质量。
（4）同计划相比，实际的成本开支如何。
（5）项目的当事人、关系人对项目执行的态度如何。
（6）项目组成员之间的配合、协作如何。

2. 项目控制内容类型

（1）项目整体变更控制，就是协调贯穿整个项目的变更，或者权衡项目各个不同方面的变更。
（2）项目范围变更控制，就是控制项目范围的变更。
（3）项目进度控制，就是控制项目进度计划的变更。
（4）项目费用控制，就是控制项目预算的变更。
（5）项目质量控制，就是监督具体的项目结果，确定它们是否符合有关的质量标准，设法消除导致不符合质量标准的因素。

（6）项目风险控制，就是跟踪已识别出的风险，监督残余风险，识别新风险，确保执行风险计划，评价它们减轻风险的有效性。

 小提示

项目管理控制的重点，首先集中于进度、质量和成本的控制。这三方面的控制，构成了项目控制的基础，对项目成败具有极为重要的意义，也是项目各利益相关者均应十分关注的方面。其他方面的控制对项目的进程也是至关重要的，项目经理也必须予以足够的重视。因为项目是一个系统工程，任何一个方面的错误，都有可能导致项目整体的崩溃，项目经理必须以一种系统的方式去对待项目的方方面面。

7.2 项目控制的类型

7.2.1 前馈控制、过程控制、反馈控制

按照控制方式，项目控制方式可以分为前馈控制（事先控制）、过程控制（现场控制）和反馈控制（事后控制）。

前馈控制是在项目的策划和计划阶段，根据经验对项目实施过程中可能产生的偏差进行预测和估计，并采取相应的防范措施，尽可能地消除和缩小偏差。这是一种防患于未然的控制方法。

过程控制是在项目实施过程中进行现场监督和指导的控制。

反馈控制是在项目的阶段性工作或全部工作结束或偏差发生之后再进行纠偏的控制。

 小启示

扁鹊的医术

魏文侯问名医扁鹊说："你们家兄弟三人，都精于医术，到底哪一位最好呢？"扁鹊答："长兄最好，中兄次之，我最差。"文侯再问："那么为什么你最出名呢？"扁鹊答："长兄治病，是治病于病情发作之前。由于一般人不知道他事先能铲除病因，所以他的名气无法传出去；中兄治病，是治病于病情初起时。一般人以为他只能治轻微的小病，所以他的名气只及本乡里。而我是治病于病情严重之时。一般人都看到我在经脉上穿针管放血、在皮肤上敷药等大手术，所以以为我的医术高明，名气因此响遍全国。"

启示：事后控制不如事中控制，事中控制不如事前控制，可惜大多数的事业经营者均未能体会到这一点，等到错误的决策造成了重大的损失才寻求弥补。而往往是即使请来了名气很大的"空降兵"，结果仍于事无补。

7.2.2 预防性控制和更正性控制

预防性控制就是在深刻理解项目各项活动，预见可能发生的问题的基础上，制订出相应

的措施，防止不利事件的发生。制定规章制度、工作程序，进行人员培训等都属于预防性的控制。

更正性控制是由于未能或者根本无法预见项目会发生什么问题，只能在问题出现后采取行动，纠正偏差。更正性控制要比预防性控制用得更多些。利用反映过去情况的信息指导现在和将来的工作，即为信息反馈控制。更正性控制往往借助信息反馈来实现，其关键是信息要准确、及时、完整地送达项目经理或其他决策者手中。

7.2.3 正规控制和非正规控制

正规控制就是定期召开进程情况报告会，阅读项目实施情况报告等。正规控制是利用项目实施组织或项目班子建立起来的管理系统进行控制，如项目管理信息系统、变更控制制度、项目实施组织财务系统、工作核准系统等。非正规控制的方式主要包括项目经理频繁地到项目管理现场，同项目管理人员进行交流，了解情况，及时解决问题。这又被称为"走动管理"。

非正规控制有若干好处：了解的情况多而及时；人们在现场要比在办公室里坦率、诚恳；项目管理人员在工作岗位上要比不在时更加愿意向他人介绍自己的工作和成就，项目经理若在这时候表示赞许，则能激发他们的干劲和创造精神；如果项目存在问题，则容易在其酝酿阶段发现；项目经理到现场会有多方面的微妙感受，能够觉察出许多潜在的问题；在现场，容易缩小项目经理和班子成员之间的距离，使讨论问题的气氛更加融洽，更容易找出解决问题的办法。

当然，项目经理到了现场，千万不要随便发号施令，发指示要通过项目组织系统。否则，就会越权，就会造成令出多门，让项目班子无所适从，最终瓦解以高代价建立起来的项目班子。

 小提示

正规控制和非正规控制两种控制方法的步骤相同，但非正规控制要比正规控制频繁。正规控制每次花费的时间一般比非正规控制长，但总的时间上非正规控制并不比正规控制少，有时反而更多。正规控制和非正规控制两种控制过程都不可缺少。

7.2.4 直接控制和间接控制

直接控制着眼于产生偏差的原因，而间接控制则着眼于偏差本身。项目活动的一次性常常迫使项目班子采取间接控制。项目经理直接对项目活动进行控制属于直接控制；不直接对项目活动而对项目班子成员进行控制，具体的项目活动由项目班子成员去控制，属于间接控制。

7.3　项目控制的过程

7.3.1 项目控制过程

项目控制过程主要包括以下几个步骤。

(1) 制订项目控制目标，建立项目绩效考核标准。
(2) 衡量项目实际工作情况，获取偏差信息。
(3) 分析偏差产生的原因和趋势，采取适当的纠偏行动。

7.3.2 实现项目控制的必要条件

项目控制要真正有效，就必须要做到以下几点。

1) 要有明确的目的

项目控制的基本目的就是保证实现项目的范围、进度、质量、费用、风险、人力资源、沟通、合同等方面的目标。

2) 要及时进行控制

必须及时发现偏差，迅速报告利害关系者，使他们能及时作出决策，采取措施加以更正。否则，就会延误时机，造成难以弥补的损失。

3) 要考虑代价

对偏差采取措施，甚至对项目过程进行监督，都需要费用。因此，一定要控制活动的费用和可能产生的效果。只有当效果大于费用时才值得进行控制。

4) 要适合项目实施组织和项目班子的特点

项目控制要同人员分工、职责和权限结合起来。要考虑控制的程序、做法、手段和工具是否适合项目实施组织和项目班子成员个人的特点，是否能被他们所接受。控制要对项目各项工作进行检查，要采取措施进行纠正等。所有这些都要涉及人。人们一般是不愿意接受使他们感到不愉快的控制措施的。实施控制的项目经理或其他成员应当掌握一些心理学知识，弄清人们为何对控制产生抵制情绪，研究如何诱发人们对控制的积极态度。

5) 要注意随时预测项目的发展趋势

事后发现问题加以补救，不如提前预见并采取预防措施，做到防患于未然。

6) 要有灵活性

项目的内外环境常会有变化，控制人员应事先准备好多种备用方案，一种方案不行，就换用另一种方案。

7) 控制要有重点

项目工作千头万绪，不可能事事关照，时时关照。一定要抓住对实现项目目标有重大影响的关键问题和关键时点。在项目进度管理中，要抓住里程碑。抓住重点，可大大提高控制工作的效率。抓住重点，还意味着把注意力集中在异常情况上。一般的正常情况无须多加关照。异常情况抓住了，就相当于抓住了"牛鼻子"，抓住了关键。

8) 要便于项目利害关系者了解情况

向这些人员介绍情况，经常要使用数据、图表、文字说明、数学公式，甚至录像等。项目管理人员一定要保证这些手段直观、形象、一目了然。口头介绍时，语言要通俗、重点突出、简明扼要。

9) 要有全局观念

项目的各个方面都需要进行控制，例如，进度、质量、费用、人力资源、合同等。特别要注意防止"头痛医头，脚痛医脚"的做法。如在项目进度拖延时，不考虑其他后果，简单地靠增加投入来赶进度就不能算有全局观念。因为增加投入往往会损害费用控制目标。

 **小故事**

置身事外

两个人争论、吵架，如有第三者在场，双方都会请他帮忙，或是请他评理。第三者在对峙双方眼里，既是仲裁者，又盼望其成为共同对敌的友军。这种现象，古今皆有。

春秋战国时期，韩、赵两国发生战争，双方都派使者到魏国借兵，但魏文侯一口拒绝了。

两国使者没有完成任务，怏怏而归。当他们回国后，才知道魏文侯已分别派使者前来调停，劝告双方平息战火。韩、赵两国国君感激魏文侯化干戈为玉帛的情谊，都来向魏文侯致谢。韩、赵两国力量相仿，都不可能单独打败对方，因此都想借助强国魏国的力量。在这种情况下，魏国的行动直接关系到韩赵之战的胜负。魏文侯没有去介入两国之争，以第三者公平的立场加以调停，战争变成了和平，从而使魏国取得了三国关系中的主导地位。

由此可见，当双方相争时，第三者越是不介入，其地位越是重要，当他以置身事外的态度进行仲裁时，更能显示其权威性。

7.4 项目控制的主要方法

在实际的项目管理中，项目经理最常使用的项目控制方法可以分为两大类，即基于文件的控制方式和基于会议的控制方式。

7.4.1 项目控制文件

在项目的工作范围、规模、工作任务以及进度等明确以后，就应准备项目控制所需的其他文件。项目控制文件如下。

1）合同

合同中签订的是在项目实施过程中，各项工作应遵守的标准，它规定了双方的责、权、利，是项目实施管理、跟踪、控制的首要依据，具有法律效力。

2）工作范围细则

在其中确定了项目实施中每一项任务的具体业务内容、工作变动的基准。

3）职责划分细则

指明了项目实施过程中各个部门或个人所应负责的工作，包括工艺、过程设计、采购供应以及成本控制等各个方面。

4）项目程序细则

规定涉及项目组、用户以及主要供货商之间关于设计、采购、施工、作业前准备、质量保证以及信息沟通等方面协调活动的程序。

5）技术范围条件

列出项目的设备清单，制订项目设计依据，以及将要使用的标准、规范、编码、手续和步骤等。

6）计划文件

项目计划是项目实施工作进行以前预先拟定的具体工作内容和步骤。

7.4.2 项目控制会议

项目控制会议的主要内容是检查、评估上一阶段的工作，分析问题、寻找对策，并介绍下一阶段的主要任务和目标。由于项目会议特别多，管理者应对会议进行管理和控制，否则，项目工作人员很容易陷入会海之中。为用好、开好会议，组织者一要做好会前组织和准备工作，如明确会议目的和内容、科学制订会议议程以及要求与会者做好会前准备工作等；二要做好会上管理和控制，如做好会议记录、确定会议核心人等，使会议开得既有效果又有效率。

另外，项目控制的方法按是否使用信息技术，可分为传统和计算机辅助控制两种。传统项目控制方法是以各种文件、报表和图表等为主要工具，以定期或不定期地召开各类有关人员参加的会议为主要方法，辅以沟通各方面信息的通信联系制度。这种方法只能适用于中小型项目管理。对于投入大、内容复杂以及约束条件苛刻的现代大中型项目，还需要开发一种以计算机为基础的项目信息管理和控制系统。

7.5 项目控制的基本准则与策略

7.5.1 项目控制的基本准则

项目控制的基本准则如下。
（1）项目计划始终是项目执行的基本依据；
（2）随时监测和调整项目计划；
（3）把项目的实际进展和项目计划结合起来管理；
（4）充分的即时的信息交流是项目控制的关键。

7.5.2 有效实施项目控制的几点建议

1. 不要丢掉控制权

项目实施过程中，具体工作要由班子成员去做，要把必要的权限交给他们。但是，在他们完成任务后应把相应的权限及时收回。在把工作委托给下属，将权限交给他们时，下属的自我控制能力就变得非常重要。遇到难题或不利的局面时，需要请项目班子和有关的利害关系者讨论，请他们提出建议。这时有些人就企图控制局面，要求按照他们的建议去办。项目经理一定要保持清醒的头脑，不要在咄咄逼人的气氛中放弃控制权。为了保持对项目的控制，项目经理一定要有多种备选方案，对项目班子成员的工作多给予指导和帮助。

2. 让决策者及时了解情况

项目管理班子可支配的资源以及权限都是有限的。对于一些重大问题，必须争取项目实施组织上层决策者的支持。提前将重大问题通报给他们，使其能够根据及时、准确和可靠的信息作出决定。不能事先不通气，临时搞突然袭击。需要上层决策者批准的问题，也要提前准备好有关资料和文件,包括问题的来龙去脉和有关背景。这样,他们就能够及时给予批准,不影响项目的进展。项目经理向他们通报情况时,务必实事求是,不能掩盖事实真相,弄虚作假。

3. 充分利用决策层的协调能力

项目经理在进行控制时,往往需要项目班子以外的有关职能部门进行配合。尽管项目班子可以同他们商量,请其协助,但在许多情况下,请项目实施组织的决策者出面,可以大大加强对项目的控制。

4. 充分的及时的信息交流

加强项目内外和上下的沟通,顺畅信息交流,是实行项目控制的基本条件。项目班子应当建立起完善的沟通网络、信息反馈环节和定期报告评价系统。

5. 根据修改后的计划进行控制

控制的依据是项目计划,但是项目计划可能会随时修改,所以项目控制的标准、方法和策略也要不断更新,不能固守不变。

本章案例分析

项目进度计划的控制

某市电子政务信息系统工程,总投资额约 500 万元,主要包括网络平台建设和业务办公应用系统开发。通过公开招标,确定工程的承建单位是 A 公司。按照《合同法》的要求,甲方与 A 公司签订了工程建设合同,并在合同中规定 A 公司可以将机房工程这样的非主体、非关键性子工程分包给具备相关资质的专业公司 B。结果 B 公司将子工程转手给了 C 公司。

监理工程师发现 A 公司提交的需求规格说明书质量较差,要求 A 公司进行整改。此外,机房工程装修不符合要求,也要求 A 公司进行整改。

A 公司的项目经理小丁在接到监理工程师的通知后,拒绝了监理工程师对于第二个问题的要求,理由是机房工程由 B 公司承建,且 B 公司经过了建设方的认可,应该追究 B 公司的责任,而不是 A 公司的责任。对于第一个问题,小丁把任务分派给程序员老张进行修改,此时,系统设计工作已经在进行中,程序员老张独自修改了已进入基线的程序,小丁默许了他的操作。老张在修改了需求规格说明书以后采用邮件通知了系统设计人员。

合同生效后,小丁开始进行项目计划的编制,开始启动项目。由于工期紧张,甲方要求提前完工,A 公司总经理比较关心该项目,询问项目的一些进展情况。在项目汇报会议上,小丁给总经理递交了进度计划,总经理在阅读进度计划以后指出任务之间的关联不是很清晰,要求小丁重新处理一下。

新的计划出来了,在计划实施过程中,由于甲方的特殊要求,需要该项目提前 2 周完工,小丁更改了项目进度计划,项目最终按时完工。

[资料来源] 百度文库。

回答问题
1. 描述小丁在合同生效后进行的项目计划编制的工作。
2. 描述小丁在处理监理工程师提出的问题时是否正确？如果你作为项目经理，该如何处理？
3. 在项目执行过程中，由于程序员老张独自修改了已进入基线的程序，小丁默许了他的操作。试分析小丁的处理方式是否正确，如果你是项目经理，你将如何处理上述的事情。

本 章 习 题

一、判断题

1. 项目控制就是对项目的进展进行监视和测量，若发现实际情况偏离了基准，就要找出原因并判别偏离基准是否会最终影响项目计划的实现。（   ）

2. 按照控制方式，项目控制方式可以分为前馈控制、过程控制和反馈控制。其中反馈控制是指在项目实施过程中进行现场监督和指导的控制。（   ）

3. 正规控制就是定期召开进程情况报告会，阅读项目实施情况报告等。非正规控制的方式主要包括项目经理频繁地到项目管理现场，同项目管理人员进行交流，了解情况，及时解决问题。（   ）

4. 项目控制方法可以分为两大类，即基于文件的控制方式和基于会议的控制方式。项目控制文件的主要内容是检查、评估上一阶段的工作，分析问题、寻找对策，并介绍一下下一阶段的主要任务和目标。（   ）

5. 项目控制文件之一的"工作范围细则"是指在其中确定了项目实施中每一项任务的具体业务内容、工作变动的基准。（   ）

二、选择题

1. 项目控制过程主要包括（   ）。
A. 制定项目控制目标，建立项目绩效考核标准
B. 衡量项目实际工作情况，获取偏差信息
C. 分析偏差产生的原因和趋势
D. 采取适当的纠偏行动

2. 项目控制基本准则主要包括（   ）。
A. 项目计划始终是项目执行的基本依据
B. 随时监测和调整项目计划
C. 把项目的实际进展和项目计划结合起来管理
D. 充分的即时的信息交流是项目控制的关键

3. 有效实施项目控制的几点建议是（   ）。
A. 不要丢掉控制权   B. 让决策者及时了解情况
C. 充分利用决策层的协调能力   D. 充分地及时地信息交流

E. 根据修改后的计划进行控制
4. 项目控制的内容主要包括（　　）。
A. 同计划相比，已完成的工作状况如何
B. 实际完成的工作任务的复杂程度和比例
C. 已完成的任务的质量；同计划相比，实际的成本开支如何
D. 项目的当事人、关系人对项目执行的态度如何
E. 项目组成员之间的配合、协作如何

三、思考题

1. 项目控制应从哪几个方面进行？有哪些策略？
2. 项目控制的内容是什么？
3. 项目控制的类型有哪些？
4. 项目控制的方法有哪些？
5. 项目控制的过程是什么？

第 8 章 项目收尾

◇ **学习目标**

1. 了解项目收尾概念及收尾阶段的主要工作内容
2. 理解项目审计概念与内容
3. 了解项目成功的关键原则与失败原因

◇ **导入案例**

杭州萧山机场公路改建项目迎来收尾阶段

吕江是杭州萧山机场公路改建项目西兴互通工程指挥部的总负责人,这天,他负责向记者介绍工程整体的进展情况,并安排其体验行程。

萧山机场公路改建工程是 G20 峰会交通保障重点项目,西起西兴大桥东桥头,东至杭州萧山国际机场西入口处。作为"省门第一路",萧山机场公路也是 G20 峰会期间世界各地来宾感受杭州的首个"窗口",公众关注度自然较高。

杭州萧山机场公路建设项目西兴互通工程段是吕江所负责的西兴互通工程范围。"西兴互通高架部分已经通过验收了。"吕江边驾车带记者参观施工现场边介绍说,"现在只剩下高架桥底下的路面部分。我们从周一开始就要铺沥青路面的'上面层'了。"吕江口中的"上面层",是地面道路上的最后一道工序,铺完"上面层",再划上交通标志线,就意味着道路可以开通使用了。"条件许可的情况下,'上面层'4 天就能铺好。"吕江说,预计 4 月初,整个西兴互通工程就能进入交工质量检验阶段,4 月底能实现全面验收。

诸暨人马科达,是西兴互通工程项目里的一名工班长,他负责给高架桥底下的人行道铺设花岗岩,手下有 30 多个工人,单就给人行道铺花岗岩这一项工程,就有 120 人分 4 支队伍同步施工。

这一带每天的变化,记者都看在眼里——从原先出门上三桥需绕行到萧山,到如今西兴互通两对匝道均已全部开通;从原先小区周边总是尘土飞扬,到如今鲜花、草坪、大树环绕……

"标高设计的高差是多少?"只见吕江蹲在路边,看着正在施工的人行道问工班长马科达,"这两块花岗岩间的接缝有点大,要赶紧处理好。"机场公路改建项目从 2014 年 5 月起实施封闭施工,至今差不多近两年时间,即将实现全面完工。吕江说,"单就西兴互通工程段而言,我们争分夺秒、科学调度赶工期,实现了三年工期两年完成的目标。"

"工程快了不会影响质量吧?"记者问。"质量永远是第一位的,安全和质量不保障,抢工期是根本没意义的。"吕江回答说,为了抢时间,大量增派人手、增加各项资源、加班加点是常态。

"我们都知道G20峰会要在杭州开,时间赶,能为G20峰会出一份力,也是感到很光荣的。"他们说。

[资料来源] http://hznews.hangzhou.com.cn/xinzheng/quxian/content/2016-03/28/content_6113833.htm。

8.1 项目收尾涉及什么

8.1.1 项目收尾概述

1. 项目收尾的内涵

项目收尾是一项阶段性工作。项目收尾是项目生命周期的最后一个阶段。当项目的所有目标工作均已完成,或者虽未完成,但由于某种原因而必须终止时,项目就进入了收尾阶段。拥有清晰的收尾阶段是项目区别于其他工作任务的一个重要特征。项目收尾阶段的工作主要目的是确认本次项目实施的结果,实现项目的各方利益,总结本项目中的经验教训,以期改善未来项目的工作绩效。此阶段的工作任务是采取各种适当措施以保证项目的妥善结束。

2. 项目收尾工作的重要性

项目的成功结束标志着项目计划任务的完成和预期成果的实现。没有项目结束阶段的工作,项目成果就不能正式投入使用,不能生产出预期的产品或服务;项目利益相关者也不能终止他们为完成项目所承担的责任和义务,也无法从项目中获益。因此做好项目结束阶段的工作对项目的各参与方都是非常重要的,项目参与各方的利益在这一阶段相对也存在较大的冲突。项目进入收尾期后项目成员的注意力常常已开始转移,加上这一阶段的工作往往又是烦琐零碎、费时费力的,容易被轻视和忽略,所以更需要特别强调其重要性。

所以,成功的项目应当以某种类型的庆祝活动作为结束,这种庆祝活动可以是非正式的,如工作完成后项目成员内部的庆祝晚宴;也可以是比较正式的活动,如有客户代表参加的庆功酒会等;如果是重要的大型项目,还可以举办有领导出席的隆重的庆典仪式和颁奖会,在会上为项目的执行者授予奖品和颁发荣誉证书,并可通过新闻媒介进一步扩大项目的社会影响,对项目各方都能起到很好的宣传和广告作用。

 小提示

切记:要以令人鼓舞和振奋的方式结束项目!

8.1.2 项目的终止

在必要的时候和某些情况下,必须果断终止正在进行中的项目。当项目管理人员发现,由于主观或客观原因使项目无法再进行下去,或者进行下去已不可能达到原来的目的或满足原定的要求时,就应当果断地结束项目。如果项目有合同在前,就属于合同提前解除,必须按照合同中规定的程序和步骤加以解除。

当初市场调查、可行性研究表明有利可图、效益很好的项目，经过几年的延误，现在市场需求已经大变，其产品已经无人问津。在这令人尴尬的局面中，多数人会对那些已经投入的巨额资金和宝贵资源心疼难舍。但是，必须将已经投入，但没有收益的资金视为"沉没成本"。有关沉没成本的理论告诉人们，决定要根据现实做出，不能让沉没成本的"幽灵"影响人们当前的决定。绝不能付出更高昂的代价去挽救已经明确是错误的过去，不能"一条道儿走到黑"。

小资料

惠普公司负责产品开发的前副总裁马文·帕特森在其著作《加速革新》中讨论了产品开发项目的终止问题。他说，如果一个人从来没有终止过产品开发项目，那么他就一定把本不应该上市的产品拿到了市场上。天下哪有百战百胜的项目班子！反之，如果终止过多，那么，项目的构思、可行性研究、选择、产品开发或项目管理肯定有问题。

当然，在宣布项目已经没有希望之前，一定要认真调查，深入思考，谨慎从事。要"多谋善断"，不能"优柔寡断"。一旦认识到项目必须终止时，就马上说服人们，使其认识到终止的必要性和紧迫性。早终止一天，就少损失一天。

小提示

为了更好地结束项目，项目经理应认真完成以下工作。
(1) 完成所有项目工作。
(2) 完成要执行的行政任务。
(3) 帮助团队成员完善他们与项目的联系并继续前进。

8.1.3 项目收尾的主要方法

由于项目进入收尾阶段后的工作往往十分烦琐细碎而使人缺乏兴趣，同时一部分项目成员的注意力可能已经转移到新的项目中去，一部分项目成员则可能由于任务的结束而面临不确定的未来，产生失落或恐慌情绪，或者不愿意终止由此建立的个人地位和职业关系，因而不希望项目结束。这些情况可能使项目的结束工作遇到很多困难，因此，需要一些行之有效的做法来保障项目的妥善结束。

1. 完成计划内任务

结束一个项目首先要求做到完成所有列入目标计划的工作，获得所有必需的认可和批准，并对工作成果符合预期要求的程度做出评价。按部就班地完成项目进度计划表上的所有任务，及时评价工作效果的满意度，对发生的各种偏差做出修正，是对项目进入结束阶段时一切工作能够井然有序顺利收尾的保证。

2. 为项目收尾做详细计划

项目的收尾在某种意义上应当以一个独立进行的子项目来执行。所有未被调离的项目成员应当被召集起来共同拟定一份详细的项目终止计划，对目标、活动及相关资源分配等做出合理的计划和安排，以顺利完成结束项目的任务。建议制订一份列出所有已完成和应当完成的工作的项目结束备忘录，以便对照检查为结束项目而需要的一切事项是否准备就绪。这些检查项应当包括：① 必须交付的产品或成果；② 必须通过的验收或测试；③ 必须获得的认可或批准;④ 必须编写的报表、报告或存档的其他书面材料;⑤ 必须重新分配的项目资源;⑥ 必须处理的其他行政事务。

项目结束备忘录上所开列的每一个检查项的工作都应当被明确分配给具体的责任人员,以确保该项工作得到落实。

3. 保持团队稳定

项目进入结束阶段后,更需要采取措施保持项目团队情绪的稳定和精神的振作。可行的办法如下。

(1) 召集团队开会,重申成功完成整个项目的目标与使命,以及当前阶段工作的重要意义;重新明确每个人的任务,有针对性地做好团队成员的思想工作。

(2) 不断使团队的注意力集中于最终成果的价值和重要性上。

(3) 密切监控结束阶段工作的执行情况,并向每位团队成员提供相关的反馈信息;加强成员间的及时沟通和交流。

(4) 尽可能为每位项目成员做一份书面的员工绩效评估书,说明个人对于项目执行成果的获得作出了怎样的贡献,如何扩展自己的经验和知识,还有哪些方面尚需改进和提高。这份评估书应当归档并给当事人的直接上级主管提供备份。

(5) 组织一些鼓舞人心的小型庆祝活动。

4. 做好保障工作

在开始着手结束项目之前,应当确保作为前提条件的各项先行工作都已就绪。事实上,在准备和执行项目计划时就应当为项目的结束预先奠定基础。在一开始的项目计划中就必须完整清楚地描述项目目标,并规定好所有相关的目标度量标准和规范。在项目的运行过程中,应当随时跟踪记录各项工作的进展以及内外部条件的变化情况,并保存好这些资料,以备在项目结束时作为收尾工作的参照依据和比较基数。同时,项目计划中应当包括项目的终止计划,为结束项目必须完成的所有工作都要明确地列入项目工作明细表中,并分配合理充分的时间、人力和资源。总之,周密制订并得到良好执行的计划是做好项目结束工作的保障条件。

5. 处理行政问题

为了结束项目,必须处理许多程序上或者法律上要求的行政问题。包括:① 获得所有必需的认可和批准;② 调解矛盾冲突;③ 整理好有关的档案资料。

6. 做好人员管理工作

项目的所有工作都要靠人来完成,项目成员的工作态度和工作效率是决定项目执行成效的关键。因此,在项目结束阶段,必须使得每一个团队成员都明确当前的目标与任务,自己的责任和权限,并帮助他们保持团结一致的工作和热情。建议考虑以下做法:感谢与表扬和妥善安排人事变动。

7. 项目结束

当项目目标已经实现,项目全部计划任务都已经完成后,向整个团队正式宣布项目结束(例如,可以采用庆祝活动的方式)是非常重要的,这可以让项目成员明确意识到自己的努力终于获得了成果,从而享受到成功的愉悦感,并可以从中受到激励,增长自信。在一个小项目中,可能每个成员都很清楚项目何时结束以及所取得的成果,但相对于一个大型、长期、涉及面广和结构复杂的项目来说,许多项目早期和中期的参与人员可能没有机会看到他们工作最后产生的实际成果。所以,请务必花费一些时间让人们能够了解到自己付出的努力的实际意义,没有比这更能够激发人的积极性的事情了,人们将因此得到持续的和高品质的支持。

8.1.4 项目收尾阶段的主要工作

项目收尾阶段的主要工作包括范围确认、质量验收、费用决算与审计、项目资料与验收、项目交接与清算及项目后评价。各工作内容彼此之间的关系如图8-1所示。

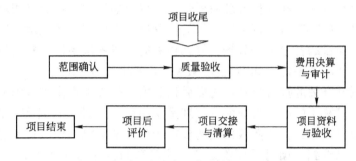

图8-1 项目收尾各工作内容之间的联系

1. 范围确认

范围确认又叫移交或验收。项目或项目阶段结束时,项目班子在将项目最终应交付成果交给使用者或接收者之前,接收方面要对已经完成的工作成果重新进行审查,考核项目计划规定范围的各项工作或活动是否已经完成,应交付成果是否令人满意。

2. 质量验收

项目质量验收是依据质量计划中的范围划分、指标要求和采购合同中的质量条款,遵循相关的质量检验评定标准,对项目的质量进行质量认可评定和办理验收交接手续的过程。质量验收是控制项目最终质量的重要手段,也是项目验收的重要内容。

3. 费用决算与审计

决算是以实物量和货币为单位,综合反映项目实际投入和投资效益、核定交付使用财产和固定资产价值的文件。费用决算是指项目从筹建开始到项目结束交付使用为止的全部费用的确定。要编好项目决算,首先要编好结算,结算是决算的主要资料来源。

费用审计可贯穿在项目的全过程中。它包括项目前期的审计、实施过程中的审计和项目结束审计。

4. 项目资料与验收

项目资料是项目竣工验收和质量保证的重要依据之一,也是项目交接、维护和后评价的重要原始凭证,在项目验收工作中起着十分重要的作用。因此,项目资料验收是项目竣工验收的前提条件,只有项目资料验收合格,才能开始项目竣工验收。

5. 项目交接与清算

项目交接是指全部合同收尾以后,在政府项目监管部门或社会第三方中介组织协助下,项目业主与全部项目参与方之间进行项目所有权移交的过程。项目竣工验收是项目交接的前提;交接是项目收尾的主要工作内容。项目清算是项目收尾的另一种结果和方式。项目交接是正常的项目收尾过程,项目清算是非正常的项目终止过程。项目清算和企业清算在依据和程序上都有所不同。企业清算主要以《公司法》和公司章程为依据；项目清算主要以合同为依据。对于中途清算的项目，项目业主应该依据合同中的有关条款，成立由各项参与方联合参加的项目清算工作小组，依合同条件进行责任确认、损失估算、索赔方案拟订等事宜的协商，协商成功后形成项目清算报告，各合同供方及需方联合签字后此项目开始生效；协商不成则按合同的约定提起仲裁或直接向项目所在地的人民法院提起诉讼。

6. 项目后评价

项目后评价通常在项目竣工以后项目运作阶段或项目结束之前进行。它的内容包括项目竣工验收、项目效益后评价和项目管理后评价。项目效益后评价主要是相对于项目前评价而言的，是指项目竣工后对项目投资经济效果的再评价。它以项目建成运行后的实际数据资料为基础，重新计算项目的各项经济数据，得到相关的投资效果指标，然后将它们同项目前评价时预测的有关的经济效果值（如净现值 NPV、内部收益率 IRR、投资回收期等）进行纵向对比，评价和制订有关的投资计划，为以后相关项目的决策提供借鉴和反馈信息。项目管理后评价是指当项目竣工以后，对前面（特别是实施阶段）的项目管理工作所进行的评价，其目的是通过对项目实施过程的实践情况的分析研究，全面总结项目管理经验，为今后改进项目管理服务。可以看到，项目后评价是全面提高项目决策和项目管理水平的必要和有效手段。

8.2 项目审计

8.2.1 项目审计概述

1. 项目审计的定义

项目审计是指审计机构依据国家的法令和财务制度、企业的经营方针、管理标准和规章制度，对项目的活动用科学的方法和程序进行审核检查，判断其是否合法、合理和有效，借以发现错误，纠正弊端，防止舞弊，改善管理，保证项目目标顺利实现的一种活动。

2. 项目审计的内容

项目审计的内容如下。

(1) 项目质量审计。主要是审计项目实施过程中各环节的质量、使用的材料、工艺流程是否符合政府有关政策、法规、标准等规定，是否满足项目合同的要求。

(2) 资金使用审计。对项目进行过程中资金使用状况进行财务审计，审查项目的资金使用计划和资金使用情况与预算是否一致、是否合理，有无违反财务管理政策或法规的现象。

(3) 合同审计。指对项目合同的合法性、合规性所做的审计，并对项目合同的执行情况进行审查。

3. 项目审计的职能

项目审计具有经济监督、经济评价、经济鉴证及项目支持职能。

(1) 经济监督。经济监督是对项目管理人员的监督和对项目活动进行监察和督促；具体地说，就是把项目的实施情况与其目标、计划、规章制度、各种标准以及法律法规等进行对比,把那些不合法规的经济活动找出来。

(2) 经济评价。经济评价是对项目决策以及实施的效果进行评价;通过审计和检查,评定项目的重大决策是否正确,项目计划是否科学、完备和可行,实施状况是否满足工程进度、工期和质量目标的要求,资源利用是否优化,控制系统是否健全、有效,机构运行是否合理等。

(3) 经济鉴证。经济鉴证是通过审查项目管理与进行过程,确定相关经济资料是否符合实际情况,并在认真鉴定的基础上对这些资料做出书面的证明。

(4) 项目支持。所谓项目支持,就是帮助项目组织更好地开展工作,减少失误。通过实施审计,提出改进项目组织、提高工作效率、改善管理方法的途径,帮助项目组织者在合乎法规的前提下更合理地利用现有资源,顺利实现建设项目的目标。

小提示

遵循以下提示有助于你的项目终止工作进展顺利。

(1) 准备项目计划时就为项目终止奠定基础。在项目计划中必须完整、清楚地描述项目目标并识别所有相关的目标量度标准和规范。如果你的项目可能会改变一个或更多现有条件,请在项目开始前记述这些条件,以便将其作为项目结束时评估工作的比较基数。

(2) 项目计划中要包括项目终止活动。要在项目工作细分表中明确为结束项目而必须完成的所有活动,还要准备充分的时间和资源来完成这些活动。

4. 项目审计的程序

项目审计工作专业性强而且复杂,必须按照严格的程序进行。主要包括审计准备、审计实施、审计结果报告以及后续工作。

(1) 审计准备。① 选择审计科目,明确审计目的,确定审计范围;② 成立项目审计工作组织;③ 调查分析,准备资料;④ 制订项目审计计划。

(2) 审计实施。① 针对确定的审计范围实施常规性审查,从中发现常规性的错误和问题;② 对可疑的环节或特殊领域进行详细审核和检查;③ 协同项目管理人员纠正错误事项。

(3) 审计结果报告。审计的结果形成审计报告。审计报告主要是在征求项目管理人员意见的基础上,对所获得的资料进行综合归纳与分析,进而对审计科目做出客观、公正和准确的评价,编制审计报告,报送有关部门。

(4) 后续工作——资料归档。审计过程中的全部文档,包括审计记录以及各种原始材料整理归档,建立审计档案,以备日后查考和研究。落实审计报告中建议部分的实施并吸取经验教训。

8.2.2 项目审计工作的三个阶段

项目审计工作的三个阶段是:项目前期审计、项目执行期审计、项目完成审计。

1. 项目前期审计

项目前期审计是在项目选择与确定阶段以及计划阶段的审计。做好项目前期审计,对于防止错误的投资决策和保证项目目标的顺利实现具有重要作用。项目前期审计主要包括项目可行性研究审计、项目计划审计、项目组织审计、项目招标审计、项目投标审计、项目合同审计。

2. 项目执行期审计

在项目执行期间，需要对项目进展过程中的管理状况、财务收支情况以及财经纪律的遵守情况进行强制性审查，做出客观、公正的评价，以改善管理。项目执行期的审计主要有项目组织审计、项目报表与报告审计、设备材料审计、项目执行期收入审计、项目实施管理审计、合同管理审计。

3. 项目完成审计

项目完成期审计主要包括项目竣工验收审计、项目竣工决算审计、项目建设经济效益审计和项目管理人员的业绩评价。

8.2.3 项目审计与财务审计的区别

值得注意的是，项目审计不同于财务审计。这两种审计工作的相似之处在于：每种审计工作都对审计的标的进行认真的检查。这两者之间的主要区别是：财务审计拥有限定的范围，着重于组织资产的使用和保值；项目审计在范围上要广泛得多，它可以对项目进行整体检查，可以只检查项目的某个或某些部分，也可以与项目管理工作的任何一个方面有关。财务审计和项目审计的对比如表 8-1 所示。

表 8-1 财务审计和项目审计对比表

	财务审计	项目审计
状况	为业务状况是否达到满意水平进行考察	必须为每一个项目的现状考察工作确立基础
预测	公司对经济情况的公示	项目的未来状况
测量结果	大多使用财务术语	财务术语加进度计划、工作进展情况、资源用量和辅助目标的状况
记录保存系统	格式受法律规定和职业标准的约束	没有标准的系统，使用个体组织喜欢的任何系统，或者按照合同约定
是否存在信息系统	开展审计工作所需要的记录文件很少	不存在文件记录，开展审计工作必须设计并应用数据库
建议	通常很少或没有，往往局限于会计系统的管理工作	常常是必需的，可能会涵盖项目的任何一个方面，或者是项目的管理工作
局限条件	受条件的局限，但不会受到强烈的管理压力	受审计工作弱点的局限（例如，缺少技术专家、缺少资金或时间等）

8.3 项目成败的界定

8.3.1 项目的成功与失败

在做项目收尾工作时，项目管理班子还应当找出项目和项目管理的成功和失败之处，研究本项目使用过的哪些方法和技术值得推广到其他项目上去，并考虑为了继续研究因受本项目的启迪而提出的各种方法和技术，还需要进行哪些活动。

1. 项目成功与失败的定义

最常使用的项目失败的定义是，项目失败就是项目没有实现原定的目标。例如，没有实现范围、时间、费用和业绩目标。

但是，这个定义大有商榷之处。因为有人会问：如果原定目标不合理，没有实现，能算失败吗？即使原定目标都合理，而且都实现了，就能说项目成功了吗？在许多情况下，目标虽然都实现了，但是，项目要解决的问题、利用的机会、要实现的战略意图却没有解决、利用或实现，能说这样的项目是成功的吗？可见，弄清项目的成功与失败，并非易事。有人指出，人们解决问题常犯以下四种错误：① 应该行动时却不行动；② 不该行动时却行动；③ 采取错误的行动解决错误的问题；④ 问题提得对或抓得对，但解决办法不对。

对于项目，实现了所有目标但其成果却未被使用，属于第 3 类或第 4 类错误。实际上，在某些情况下，第 3 类错误往往是造成项目犯第 4 类错误的根本原因。也就是说，项目所解决的是错误的问题，因此，没人会使用这种为解决错误问题而创造的成果。组织内部的软件开发项目中经常发生这种事情。项目班子与部门经理讨论项目的要求，然后开发了体现项目要求的系统，但是他手下的员工却不愿用它，因为该系统并不能真正满足他们的要求。

我国建设项目习惯于以是否实现工期、成本和质量"三大目标"为标准来判断项目的成败。但是，常识告诉我们，这种习惯应当改变。

悉尼歌剧院的例子就很能说明问题。该项目进度严重拖延，费用巨额超支，若按我们的标准，这肯定是失败的项目。但是，在它建成之时，却受到了民众的喜爱，成了澳大利亚的一处名胜。不但如此，它还吸引了世界各国人民，越来越多的人不远万里来到这里，欣赏品味，流连忘返。这些游客就是该项目成果的使用者，他们得到了满足，因此这是一个成功的项目。

福琼（Fortune）和彼得斯（Peters）在其《从失败中学习：系统解决》一书中谈道："失败的一个简单定义是某事出了问题，或是与预期不符。稍微超越这个简单的论断一点，可以发现和区分出许多不同类别或类型的失败。"他们举出了四种类型的失败，如表 8-2 所示。

表 8-2　失败类型与表现形式

类　型	失败的表现形式	类　型	失败的表现形式
类型 1	未达到目标	类型 3	设计失败
类型 2	出现不希望得到的负面效应	类型 4	目标不合适

在表 8-2 中第 1 种类型的失败是人们大都能遇到的，例如，卖不出去的产品；第 2 种类型的失败是原定目标虽然实现了，但是，有不希望遇到的事情发生和遇到消极的后果；第 3 种类型的失败是出现设计失败。例如，电流超过一定强度，保险丝就断（失败），但保险丝原本就是这样设计的。消防喷淋系统平常不喷水，但火情出现时，该系统就不再阻挡水流从管道中喷出来。这些都是第 3 种类型的失败。

第 4 种类型类似于前面的第 3 种类型：它们都是解决错误的问题。产品运转正常但满足不了市场需求就属于这一类型。例如，用来减少成品运送中破损问题的传输设备不能解决破损问题，但在厂内运送货物却很管用。苹果Ⅲ型电脑，技术上可能超过了同一时期的 IBM

电脑,但是由于 IBM 品牌优良,再加上苹果电脑自己没有适合的软件,结果并不为市场所接受。

2. 项目成败的影响因素

有一些因素使一个项目失败,有一些因素使一个项目成功。项目经理必须去做那些能使人们认为项目成功的事情,避免做那些会使人们认为项目失败的事情。调查研究显示,有7个主要的因素影响项目的成功:① 协调和关系;② 有充分的项目架构和控制;③ 项目具有独特性、重要性、公众公开性;④ 成功标准很明确并对此有共识;⑤ 要有竞争和预算压力;⑥ 最初过于乐观、概念的难度;⑦ 集结的内部能力。

> **小知识**
>
> 项目成功标准的典型判断依据如下。
> (1) 项目实现了预期的功能性要求。
> (2) 项目满足了客户的需求。
> (3) 项目对合同方而言是盈利的。
> (4) 项目满足了全部利益相关者的要求。
> (5) 项目实现了预定的目标。
>
> 项目失败标准的典型判断依据如下。
> (1) 时间超期或费用超支。
> (2) 质量较差。
> (3) 忽视了某些需要或要求。

8.3.2 项目成功的关键原则

经过几十年时间的探索、总结提高和理论完善,项目管理目前已经形成了一套独特而完整的学科体系,对于项目成功也总结归纳出了若干关键原则,分别如下。

1) 项目经理必须注意项目成功的三项标准

一是准时;二是预算控制在既定的范围内;三是质量得到委托人和用户们的赞许。

2) 任何事都应当先规划再执行

就项目管理而言,需要项目经理投入的最重要的一件事就是规划。只有详细而系统地由项目小组成员参与的规划,才是项目成功的基础。

3) 项目经理必须以自己的实际行动向项目小组成员传递一种紧迫感

由于项目在时间、资源和经费上都是有限的,项目最终又必须完成。考虑到项目小组成员大多有自己的爱好,项目经理应让项目小组成员始终关注项目的目标和截止期限。

4) 成功的项目应使用一种可以度量且被证实的项目生命周期

当遇到时间和预算压力需要削减项目时,项目经理应确定一种最佳的项目生命周期。

5) 所有项目目标和项目活动必须能够得以交流和沟通

项目经理和项目小组在项目开始时就应当形象化地描述项目的最终目标,以确保与项目有关的每一个人都能记住。

6) 采用渐进的方式逐步实现目标

如果试图同时完成所有的项目目标，只会造成重复劳动，既浪费时间又浪费资金。

7) 项目应得到明确的许可，并由投资方签字实施

在实现项目目标过程中获得明确的许可是非常重要的。应将投资方的签字批准视为项目的起始点。

8) 项目经理应当责权对等

项目经理应当对项目的结果负责。但与此相对应，项目经理也应当被授予足够的权限以承担相应的责任。

9) 项目委托方应当主动介入，不能被动地坐享其成

多数项目委托方都能正确地行使（全部或部分）项目目标的权力。但伴随着这个权力的是相应的责任——主动地介入项目的各个阶段。

10) 项目的实施应当采用市场运作机制

在多数情况下，项目经理应将自己看成是卖主，以督促自己完成委托方交付的任务。

11) 项目经理应当挑选项目团队的最佳成员

最佳成员是指受过相应的技能培训，有经验、素质高的员工。对于项目来说，获得最佳成员往往能弥补时间、经费或其他方面的不足。

12) 采用一个简明的报告结构

在一页纸的报告上，项目成员容易看到自己能给项目作出多大贡献，这样有助于使项目成员建立起实现目标和完成工作的信心。

8.3.3 项目失败的原因

根据斯坦迪什公司（Standish Group）每年对信息系统项目进行的调查，只有17%的项目达到了既定的目标，有50%的项目更改了它们的目标，剩下33%的项目被撤销，由此付出的代价是昂贵的。据估计，在一些组织机构中，有近一半的工作带有项目的性质。这清楚地意味着，如果许多项目是失败的，那么整个组织都将面临灾难。

为什么有那么多的项目失败？下面是一些很普遍的原因，理解它们有助于采取相应的步骤避免失败。

1) 问题未被清楚地定义

一个项目就是一个计划要解决的问题。如果问题没有被很好地理解，则会犯"为一个错误的问题去研发一种正确的解决方法"的典型错误。

2) 项目目标定义不当或不切实际

不适合的目标是无法实现的，或实现了也无价值。

3) 高层领导支持和理解不够

如果高层领导的意愿与项目组的计划发生冲突，强制命令往往会导致项目的失败。同时，高层领导的支持不够也会阻碍项目顺利实施。

4) 项目计划不够慎重和完善

计划基于粗略的估计，基于不充分的数据，或由单方面人员制订计划，以及计划缺乏足够的细节和深度，都会造成项目的失败或无法管理。

5) 角色和责任不明确

没有人真正对项目负责，或责任不清，以及项目责任人没有相应的职权，都会使项目计

划落空，会让项目的实施失去控制和中途夭折。

6）出现太多不受控制的变化

例如，项目未按计划进行，偏离了原始目标，项目中的人员经常辞职或被撤换，等等。应该尽量避免变化和减少变化所带来的影响，这种影响轻则造成时间的延迟和资源的浪费，重则导致项目走入歧途。

7）项目的人力资源不足或配置不当

项目组人员组成结构不合理，不具备应有的真才实学和经验。例如，没人操心是否在项目需要时，有恰当的人员为项目服务。或者项目组成员缺乏交流与协调，各行其是，结果就会引起混乱和怠工。

8.3.4 解散项目团队

最初组建项目团队是为了共同的任务——支持项目，所以项目的终结就意味着项目团队关系的结束。解散项目团队可以是一个非常不正式的过程（如举行一个解散派对），也可以是一个高度结构化的过程（如对所有成员进行详细的工作评估和绩效考核）。解散方式在很大程度上取决于项目的规模、管理人员的权力、组织对项目的承诺等因素。

在有些项目中，由于团队成员对自己在公司的未来地位不确定，因此解散团队的过程常常伴随着一定的压力。在大多数情况下，团队成员是被调回原职能部门，等待新的项目任务。研究表明，当项目团队成员从项目中得到了积极的"社会心理结果"时，他们就会在以后的工作中更愿意合作，对以后的项目持有更乐观的态度，会以更大的热情投入到项目中。项目团队解散绝不能草草了事。对于刚刚完工的项目，虽然团队成员不会对刚刚完工的项目产生影响，但是，如果他们的绩效得到了赞同，他们就会对以后的项目抱有更高的积极性。

▶ **本章案例分析**

在某系统集成项目收尾的时候，项目经理小张和他的团队完成了以下工作。

工作一：系统测试。项目组准备了详尽的测试用例，会同业主进行系统测试。测试过程中为了节约时间，小张指派项目开发人员小李从测试用例中挑选了部分数据进行测试，保证系统正常运行。

工作二：试运行。项目组将业主的数据和设置加载到系统中进行正常操作，完成了试运行工作。

工作三：文档移交。小张准备了项目最终报告、项目介绍、说明手册、维护手册、软硬件说明书、质量保证书等文档资料直接发送给业主。

工作四：项目验收。经过业主验收后，小张派小李撰写了项目验收报告，并发送给双方工作主管。

工作五：准备总结会。小张总结了项目相关文档及项目组各技术人员的经验，并列出了项目执行过程中的若干优点及缺点。

工作六：召开总结会。小张召集参与项目的人员召开了总结会，并就相关内容进行了讨论，形成了总结报告。

[资料来源] http://www.cnitpm.com/pm/30433.html。

回答问题

1. 工作六中,项目组召开了总结会,以下哪一项不是总结会讨论的内容?
   A. 项目绩效　　　B. 项目审计　　　C. 经验总结　　　D. 进度计划绩效
2. 项目经理小张在验收活动完成后,还需要针对系统集成项目进行后续的支持工作,以下哪一项不属于系统集成项目的后续工作?
   A. 信息系统日常维护工作　　　　B. 硬件产品的更新
   C. 业主针对新员工的培训需求　　D. 信息系统的新需求
3. 请指出本案例的六项工作中,哪些工作存在问题并具体说明。

本章习题

一、判断题

1. 当项目的所有目标工作均已完成,或者虽未完成,但由于某种原因而必须终止时,项目就进入了收尾阶段。（　　）
2. 项目质量验收是依据质量计划中的范围划分、指标要求和采购合同中的质量条款,遵循相关的质量检验评定标准,对项目的质量进行质量认可评定和办理验收交接手续的过程。（　　）
3. 当项目管理人员发现,由于主观或客观原因使项目无法再进行下去,或者进行下去已不可能达到原来的目的或满足原定的要求时,也不要结束项目,而应该使项目继续进行。（　　）
4. 项目审计的职能之一的经济鉴证是通过审查项目管理与进行过程,确定相关经济资料是否符合实际情况,并在认真鉴定的基础上对这些资料做出书面的证明。（　　）
5. 项目执行期审计是在项目选择与确定阶段以及计划阶段的审计。（　　）

二、选择题

1. 项目收尾阶段的主要工作包括（　　）。
   A. 范围确认与质量验收　　　　B. 费用决算与审计
   C. 项目资料与验收　　　　　　D. 项目交接与清算及项目后评价
2. 项目审计的内容一般包括（　　）。
   A. 项目质量审计　　B. 资金使用审计　　C. 合同审计　　D. 过程审计
3. 项目成功的关键原则之一是:项目经理必须注意项目成功的标准,这些标准是（　　）。
   A. 准时　　　　　　　　　　　　B. 预算控制在既定的范围内
   C. 质量得到委托人和用户们的赞许　D. 过程规范
4. 项目审计具有的职能是（　　）。
   A. 经济监督　　　B. 经济评价　　　C. 经济鉴证　　　D. 项目支持
5. 项目审计工作专业性强而且复杂,必须按照严格的程序进行。其程序主要包括（　　）。

A. 审计准备　　　　B. 审计实施　　　　C. 审计结果报告　　　D. 后续工作

三、思考题

1. 如何理解项目收尾？
2. 项目收尾阶段的主要工作有哪些？具体工作内容是什么？
3. 如何理解项目审计？请谈谈项目审计的内涵、职能、范围与内容。
4. 请阐述项目收尾的结果包括什么。
5. 项目成功的关键原则与失败原因是什么？

第3篇 项目管理技术与方法

第9章　项目范围管理
第10章　项目人力资源管理
第11章　项目成本管理
第12章　项目质量管理
第13章　项目时间管理
第14章　项目沟通与冲突管理
第15章　项目采购管理
第16章　项目风险管理
第17章　项目融资管理

第 9 章 项目范围管理

◇ **学习目标**

1. 了解项目范围及范围管理的相关概念
2. 了解项目范围界定的相关知识
3. 掌握工作分解结构的使用方法
4. 了解责任矩阵的使用方法
5. 了解项目范围变更的原因及控制方法

◇ **导入案例**

一个烦心的软件开发过程

从事过软件开发的人都有类似的经历,从开始一个项目,到项目的"完成",似乎要经历无数次的沟通,而双方的每次沟通似乎又使项目增加了一些新内容。一个从事软件开发多年的 IT 界的朋友讲述了他的故事。

去年年初,他所在的公司承担了当地一家医院的计算机系统的软件开发工作。从医院的角度看,为了能够晋升为国家 3A 级医院,就必须对医院现有的业务实施计算机管理,并在年底前完成由手工操作到计算机管理的过渡。

合同签订后,项目经理组织了十几个具有一定软件编程经验,并对医院的工作流程有所了解的专业技术人员开始了软件系统的调查工作。经过了大约两个月的系统调查,在供需双方充分交流的基础上,进入了正式的软件编程阶段。在项目的进行过程中,医院派出了对计算机系统有一定了解的技术人员,负责与开发方联系和沟通,并将院方的想法和要求以及医院手工操作流程及时地告诉开发人员。

项目团队经过了几个月的努力,基本完成了医院管理信息系统中门诊、药房和住院处等部分的软件开发工作。但是,在这三部分软件的衔接和相关数据的使用问题上,供需双方的理解出现了差异。开发方认为,根据双方合同约定,只要上述三部分工作完成,并能使这套系统运行起来,就完成了合同规定的内容。而医院的代表则认为,系统数据应该是三个部门共享,并且要对相关数据进行分析、处理,实现辅助决策的功能。凡此种种,使得该系统不能按时交接,双方都认为在合作上存在问题。但是,问题究竟是什么呢?应该如何解决这样的问题呢?

[资料来源] http://www.mypm.net/。

9.1 项目范围管理概述

9.1.1 项目范围的含义

项目范围就是为了实现一组特定功能,并满足事先规定特性,最终提供可提交成果的必须完成的工作。项目范围包括最终产品或服务以及实现该产品或服务所需要做的各项具体工作。因此,从这个意义上讲,项目范围的确定就是为了成功地实现项目的目标,规定或控制哪些方面是项目应该做的,哪些是不该做的,也就是定义项目的范畴。它的首要任务是界定项目包含所需要完成的所有工作,并对其他项目管理工作起指导作用,以保证顺利完成项目。

 小启示

越权与失职

有一次,韩昭侯因饮酒过量,不知不觉便醉卧在床上,酣睡半晌都不曾清醒。他手下的官吏典冠担心君王着凉,便找掌管衣物的典衣要了一件衣服,盖在韩昭侯身上。

几个时辰过去了,韩昭侯终于睡醒了,他感到睡得很舒服,不知是谁还给他盖了一件衣服,他觉得很暖和,他打算表扬一下给他盖衣服的人。于是他问身边的侍从说:"是谁替我盖的衣服?"

侍从回答说:"是典冠。"

韩昭侯一听,脸立即沉了下来。他把典冠找来,问道:"是你给我盖的衣服吗?"典冠说:"是的。"韩昭侯又问:"衣服是从哪儿拿来的?"典冠回答说:"从典衣那里取来的。"韩昭侯又派人把典衣找来,问道:"衣服是你给他的吗?"典衣回答说:"是的。"韩昭侯严厉地批评典衣和典冠道:"你们两人今天都犯了大错,知道吗?"典冠、典衣两个人面面相觑,还没完全明白是怎么回事。韩昭侯指着他们说:"典冠你不是寡人身边的侍从,你为何擅自离开岗位来干自己职权范围以外的事呢?而典衣你作为掌管衣物的官员,怎么能随便利用职权将衣服给别人呢?你这种行为是明显的失职。今天,你们一个越权,一个失职,如果大家都像你们这样随心所欲,各行其是,整个朝廷不是乱了套吗?因此,必须重罚你们,让你们接受教训,也好让大家都引以为戒。"

于是韩昭侯把典冠、典衣二人一起降了职。

启示:在工作中,你要知道你应该做的工作和不应该做的工作。你的好心可能会办错事,也可能会给别人带来麻烦。

9.1.2 项目范围管理的含义

通常来说,在确定了项目范围的同时也就定义了项目的工作边界,明确了项目的目标和项目的主要交付成果。无论是新技术、新产品的研发,还是服务性的项目,恰当的定义范围对于项目的成功是至关重要的。如果项目范围的定义不明确,在项目实施过程中就不能有效地进行控制,就会不可避免地发生项目变更。项目范围管理明确提出了哪些工作是项目应该做的，哪些工作是不应该做的。其首要任务是界定项目包含且只包含所有需要完成的工作，并对其他项目管理工作起指导作用，以保证顺利完成项目所必须完成的所有工作。

9.1.3 项目范围管理过程

一般来说，项目范围管理过程包括以下 5 个步骤。

（1）范围规划。工作描述明确了项目的工作范围。它详细介绍了完成工作的方法、工作目标，以及确认完成项目的方式和标准。也规定了项目的时间表和对应的工作。

（2）范围定义。将项目分为更小的、可管理的活动。

（3）工作分解结构。将项目的所有工作分为工作包。

（4）范围核实。确定每个需要完成的工作细节及可接受的工作成果，项目范围的正式确定应以会议的形式来实现，产品范围的正式确认应以最终产品的可接受的测试为准。

（5）范围变更控制。范围变更应以程序化的方式加以确认，项目的变更将影响项目的进度和项目预算。

总之，项目范围管理是在项目需求分析的基础上，对项目应该包括和不应该包括的工作进行相应的定义和管理。

9.2 项目范围界定

项目范围界定一般包括项目范围计划和项目范围定义两个阶段。其中项目范围计划确定项目范围，并编写项目范围说明书，而项目范围定义主要包括工作分解结构和责任矩阵。

9.2.1 项目范围计划

1. 项目范围计划的定义

项目范围计划编制即编制一个项目范围的书面说明，作为将来项目决策的基本单元。项目范围计划方案是将完成项目产品所需进行的项目工作（项目范围）逐步明确和归纳的过程。

2. 项目范围说明书

范围说明书为将来的项目实施提供了基础。随着项目的进展，项目范围说明可能需要根据项目范围的变更而进行修改或细化。范围说明可以是一个独立的文档，也可以参见其他的文档，内容如下。

（1）项目的合理性说明。解释为什么要进行这一项目。项目的合理性说明为将来评估项目各种利弊关系提供了评价依据。

（2）项目产品简述。概括项目所要产出的产品或服务的基本特征。

（3）项目目标。确定项目成功所必须满足的某些数量标准。项目目标至少应包括费用、时间进度和质量标准。

（4）项目应交付的成果。

小提示

范围说明书是项目计划在争议中决定下来的最重要的文件，它是一份记录项目干系人达成的对项目统一定义的书面文件。基于此，项目赞助人和其他干系人对项目的具体实施达成一致，减低误沟通的概率。范围说明书内容有可能在项目进行的过程中增加或变更。

9.2.2 项目范围定义

1. 项目范围定义的内容

项目范围定义一般采用工作分解结构和责任矩阵，主要包括以下内容。

（1）确定工作分解结构。工作分解结构是项目团队在项目期间要完成任务的等级树，是项目工作的详细分解示意图。工作分解结构是将项目逐级分解成若干相互联系的工作包或子工作包。

（2）工作范围陈述。将项目分解成工作包后，还需要对各项具体工作进行详细描述，以便项目成员能够对其需要完成的工作内容有足够的了解。

（3）责任分配。工作的分解过程中，要明确每项工作的负责人和参与人员，明确参与人员的责任。

2. 项目范围定义示例

1）项目的由来

本地区缺少合格的经理是过去几十年里经济增长缓慢的主要原因之一。在考虑了各种可能的备选方案后，社区领导认为解决上述问题最好的办法是建立一所学院。

2）项目目标

（1）一年内开设一所顶级的管理学校，学校配有先进的计算机系统和高科技的教学设施。

（2）学校将设置一个主要专业——MBA 专业，并设立专题讨论会，这些皆是为那些希望提高领导水平和沟通技巧的经理开设的。

（3）对现有的建筑物进行重新装修，以适应学校办学的需要。

3）项目资金

当地的市长是主要的资金提供者。

4）主要项目利益相关者

（1）市长。

（2）Big 州立大学。它是坐落于本地区的国际知名的机构，该州立大学将协助建立我们的学校。指派诺里先生为本学校的代表，负责对外协调工作。

（3）地区管理协会。参与识别本地区的管理需求，并促进项目的进展。指派辛普森女士为协会的代表，负责协调工作。

（4）当地工业组织。希望提高现有和潜在雇员管理技巧的工业组织，同时，本地的一些高技术公司也能够吸引学院的毕业生。

5）项目经理

市长指定希莫为项目经理，他有 10 年的电信行业的项目管理经验，并于近期获得了工商管理硕士学位。

6）主要的项目交付成果

（1）公认的 MBA 项目。

（2）包括课程和课程指导的目录。

（3）网站。

(4) 一年级的注册学生。
(5) 高科技的教学设施。
(6) 行政管理人员。
(7) 教职员工的办公室和教学资源。
7) 项目验收标准
(1) 按时按预算完成。
(2) 达到第一年需要的注册学生数。
(3) 达到第一年的高级研讨会数量。
(4) 第一年的运行费用。

 小常识

范围定义误区

项目团队应该对本行业有一定的了解，也应该有本行业项目管理的经验。项目的完成需要一个过程，在实施项目的过程中，供需双方要定期或不定期地接触，所以，有些项目经理错误地认为项目范围的初始定义并不重要。有的项目用户认为：项目范围定义是项目团队的责任，项目团队应该主动与用户接触，随时提出与项目相关的问题，而用户不必在项目范围界定方面花费时间和精力。一旦由于范围定义不明确而导致项目的失败，用户就可以追究项目团队的责任。从项目团队的角度看，应该避免下面的情况出现，即只要按照项目范围界定的内容完成项目即可，不必理会用户在项目范围定义时是否对项目范围有清楚、全面的理解。

9.3　工作分解结构

9.3.1　工作分解结构概念

工作分解结构（WBS）是项目范围定义的有效工具。工作分解结构将一个大的项目分解成若干个相对独立的任务，并使项目团队成员明确他们的工作任务和职责。它能把项目要做的所有工作都清楚地展示出来，不至于漏掉任何事情；使项目执行者明确具体的任务及其相互关系，做到胸有成竹；它能更容易地对每项分解出的活动估计所需时间、成本，便于制订完善的执行计划；通过项目分解，可以确定完成项目所需要的技术、人力及其他资源；有利于界定职责和权限，便于各方的沟通；使项目团队成员清楚地理解任务的性质及其努力的方向；便于项目的跟踪、控制和反馈。

工作分解结构应该是树状结构，越是底层，其含义越具体，且层次要清晰。工作分解结构的底层是管理项目所需要的最低层次的信息，在这个层次上，能够满足用户对交流或监督的需要，是项目团队成员参与和管理项目所要求的最低层次。结构设计应有效，并分等级，从项目管理有效性的角度，结构设计的层次不宜太多。层次的多少要根据具体的项目而定。

9.3.2　工作分解结构制订的原则

工作分解结构将所做的项目分解成若干个具体的任务，任务的分解可以是多样的，不同的团队分解的结果可以是不同的，并无标准的分解方法。但是，在制订工作分解结构时，应该遵循如下原则。

（1）一项任务只能在工作分解结构中出现一次。
（2）某一级工作任务应是下一级任务之和。
（3）每一项任务只有一个负责人。
（4）工作分解结构必须与工作任务的实际执行过程一致。
（5）尽量使项目团队成员参与工作分解结构的制订。
（6）工作分解结构必须归档，以确保准确理解项目的工作范围。
（7）在根据项目范围说明书进行工作分解的同时，还要使工作分解结构有一定的灵活性，以适应项目范围变更的需要。

9.3.3　制订工作分解结构的方法

1. 类比法

类比法就是参照一个类似项目的工作分解结构，制订本项目的工作分解结构的方法。尤其是对于第一次独自承担这项工作的项目经理来说，参考或分享其他项目经理的成功经验是非常重要的。例如，当软件公司设计医院管理信息系统时，你可以参照成熟的应用软件，结合客户的实际情况，对将要实施的工作进行分解。结构的第一层可以分为住院处、门诊和药房，第二层可以是各个部门需要完成的工作，逐层明确各个部门的工作。

设计工作分解结构，一方面要参照类似项目，另一方面还要向有经验的项目经理和专家请教。

2. 自上而下法

自上而下法是设计工作分解结构的通用方法，即从项目的整体出发，将一个项目分解成多个子项，再逐层分解，将各子项分解成易于理解的任务或工作包。这种方法要求项目经理有全局观念，并具备项目管理的相关知识。对于有一定项目管理经验的项目经理来说，自上而下法不失为一种高效的工作分解结构的设计方法。

3. 自下而上法

与自上而下法不同，自下而上法是动员全体项目成员，从完成该项目需要做的最基本的任务出发，让项目团队成员尽可能多地确定项目的各项具体任务，并列出项目清单。然后对各项具体任务进行归纳整理，将相关的工作逐级归纳到上一层中，最终形成项目的工作分解结构。仍以医院管理信息系统为例，自下而上法不是先将系统分为住院处、门诊和药房三个部分，而是先分析医院日常需要完成的各项具体任务，然后对所有的具体任务进行分类整理，逐级向上归纳，最终归为住院处、门诊和药房三个部分。

实践证明，上述三种方法并无明显的优劣之分，不同的项目经理习惯使用不同的方法设计工作分解结构，团队成员的性格、工作地点、办公环境等因素也对设计方法的选择有一定的影响。

4. 使用指导方针

如果存在制订工作分解结构的指导方针，那就必须遵循这些方针。例如，美国国防部就会为特定的项目指定工作分解结构的形式和内容，许多项目都要求承包商按照国防部提供的工作分解结构样式提交他们的项目建议书。这些项目建议书必须包括针对工作分解结构中每一个任务的成本估算，既有明细估算项，也有归总估算项。项目整体的成本估算必须是通过归总工作分解结构底层各项任务成本而得到的。当国防部有关人员对成本计划进行评审时，他们必须将承包商的成本估算与国防部的成本估算进行对比。

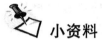 小资料

美国空军的一个自动控制项目

在20世纪80年代中期，美国空军要建立一个本地在线网络系统（LONS），以便为15个空军指挥基地提供自动控制系统，于是就需要征询该系统的开发计划。这个2.5亿美元的项目包括提供必要的硬件设施，以及诸如合同、技术规范、建议邀请书等文档的共享开发应用软件等。空军建议书指导方针包括这样一个工作分解结构模板，主要承包商在准备其成本建议书时必须遵循这一模板。这个工作分解结构的第一级主要包括硬件、软件开发、培训和项目管理等几项内容。硬件项所包含的第二层子项则主要有服务器、工作站、打印机和网络硬件设施等。空军有关人员会对照他们内部的成本估算（该估算同样也是以这个工作分解结构为基础的）考察承包商的成本建议书。因此，拥有一个规定的工作分解结构既有助于承包商准备他们的成本建议书，也有利于空军方面对承包商的评价工作。

9.3.4 工作分解结构示例

1. 文娱节目的工作分解结构

图9-1是一个文娱节目的工作分解结构（WBS）的例子。从文娱节目所包含内容的角

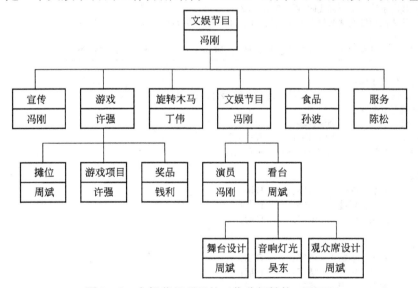

图9-1 文娱节目项目的工作分解结构（WBS）

度考虑，其内容应该包括宣传工作、游戏活动、旋转木马、文娱节目、食品和服务等工作，而这六项工作又可细分为责任更加明确的具体任务。以文娱节目为例，这一级的文娱节目可分为演员（包括演员的选择、邀请、确认）和看台；看台又可细分为舞台设计、音响灯光和观众席设置。工作分解结构中每个方框的内容分为两部分：横线上面的部分是具体的工作任务；横线下面的部分是该任务的负责人。另外，一般地，工作分解结构图中的各层可用不同的编号来表示，并显示在每个部分的右上角。例如，可以用1.1表示由冯刚负责的宣传工作，1.2表示由许强负责的游戏工作，1.3表示由丁伟负责的旋转木马，1.4表示由冯刚负责的文娱节目，1.5表示由孙波负责的食品准备与提供工作，1.6表示由陈松负责的服务工作；用1.4.1表示由冯刚负责的与演员有关的工作，1.4.2表示由周斌负责的与看台相关的工作；用1.4.2.1表示由周斌负责的舞台设计，1.4.2.2表示由吴东负责的音响灯光设计，1.4.2.3表示由周斌负责的观众席设计。

2. MBA项目工作包定义

表9-1是一个MBA项目的工作包描述表，OM课程设计是MBA课程设计项目的一个工

表9-1 MBA项目工作包描述

工作包标识				
项目名称：MBA课程		项目代码：MBA3		项目经理：施密
工作包名称：OM课程		工作包代码：MBA3-1.3.2		工作包责任人：李斌
工作包交接成果：教学大纲，课件，6套练习题，2套试卷，1学期教学				
版本：3		日期：2007.10.10		

所需资源：				
人员			其他资源	
类型	工作日	类型	数量	成本（元）
授课教师	8	模拟装置	1	2 000
助教	20	软件	8	1 000
秘书	3	设备		
程序员		设施		
其他		其他		

必要条件：整体教学系统，工作包代码 MBA3-1.1.2
可接受的测试：从相同领域邀请两位专家对该工作包进行评价，见附件 MBA3-1.1.2-A2
工作包完成时间：30 个工作日
影响工作包顺利完成的可能的事件：缺乏涉及其他课程所需的知识，学生的知识水平参差不齐。

在规划该项目后需做的工作：
工作包的最早开始时间：2007.10.10   最早结束时间：2007.11.18
根据里程碑事件召开的会议：

里程碑	成果	会议日期	参加者
完成目录	草案	2007.10.15	所有人员
课程结束	课件、文档	2007.11.18	所有人员

工作包的设计确认：
　工作包责任人：　姓名：李斌　　签字：　　日期：
　工作包用户：　　姓名：付曼　　签字：　　日期：
　项目经理：　　　姓名：施密　　签字：　　日期：

工作包的完成确认：
　工作包责任人：　姓名：李斌　　签字：　　日期：
　工作包用户：　　姓名：付曼　　签字：　　日期：
　项目经理：　　　姓名：施密　　签字：　　日期：

作包,整个项目的负责人是施密,该工作包的负责人是李斌。该工作包的工作成果包括 OM 课程的教学大纲、课件、6套练习题、2套试卷,并由项目承担单位提供一个学期的教学工作。

完成该工作包所需要的资源包括授课教师1名(8个工作日,负责教学),助教1名(20个工作日,负责课程辅导),秘书1名(3个工作日,负责教学辅助工作);此外,还需要教学模拟装置一套(成本2 000元),软件8套(成本1 000元)。

为了完成该工作包规定的工作,其必备条件是要有整体(完整的)教学系统,该工作包代码是 MBA3-1.1.2。

该工作包要求从2007年10月10日开始,在30个工作日内完成。具体地,要求在2007年10月15日完成目录草案,并召开会议讨论该草案;在2007年11月18日完成课程设计,提供文档和课件,并召开会议进行确认。

工作包的验收方法是:从相同领域邀请两位专家对该工作包进行评价。

这种形式同样适用于其他的工作包,当然,每个工作包所需的资源可能有差异。

 小提示

工作分解结构万能论

项目大小的划分没有统一标准,对于能够简单地用表格形式对任务进行简单分解的项目,没有必要使用工作分解结构。但也确实存在这样的误区,即无论项目大小,项目分解结构都是项目工作分解的最佳工具。这样做的结果,往往是把简单问题复杂化。切记:用最简单的方法完成项目才是最好的方法。

9.4 责任矩阵

9.4.1 责任矩阵的含义

由于项目团队的成员往往来自于不同的组织或部门,彼此之间需要有一个了解的过程。为了在彼此逐渐熟悉的过程中顺利地完成项目工作,提高项目质量和工作效率,就需要让每个成员清楚地知道他们的任务和责任,而责任矩阵正是这样一种行之有效的工具。

责任矩阵是用表格形式表示完成工作分解结构中工作任务的个人责任的方法。它强调了每项工作任务的负责人,并表明每个人在整个项目中的角色和地位。

一般来说,工作分解结构中的工作描述可以既包括具体的工作任务,也包括该项工作的完成者。项目中的每项工作往往需要一个或几个小组来完成,并需要彼此的相互配合。对于需要多人完成的工作,用工作分解结构来说明就显得比较烦琐。而用责任矩阵就可以清楚地描述每项工作任务的主要负责人、次要负责人和参加人。

9.4.2 责任矩阵示例

表9-2是节日庆典项目责任矩阵示例。

表9-2 节日庆典项目责任矩阵

细目	工作细目	赵	王	孙	李	郭	陈	钱	周	吴	郑	冯	韩	丁	刘	许	魏
	文娱节目	S	S				S	S			P		S			S	
1	宣传	S									S	P					
1.1	报刊广告											P					
1.2	海报										P						
1.3	入场券	P	S									S					
2	志愿者名单			P				S						S			
3	游戏							S	S							P	
3.1	摊位				S			P	S								
3.2	游戏项目													S		S	
3.3	奖品							P								S	
4	旋转木马										S	P					
4.1	娱乐承办商											P					
4.2	许可证										P	S					
5	文娱节目							P	S	S							
5.1	演员						S	P									
5.2	看台							P	S								
5.2.1	舞台设计							P	S								
5.2.2	音响及灯光								P								
5.2.3	观众席设计						S		P								
6	食品	P			S												
6.1	食品	P												S			
6.2	设备	S			P			S									
6.2.1	食品摊位				P			S	S								
6.2.2	烹饪设施				P												
6.2.3	进餐地点							P						S			
7	服务						P							S		S	S
7.1	停车场地													P			
7.2	清洁工作					S										P	
7.2.1	垃圾箱设置																P
7.2.2	承包商					P											
7.3	休息室设施	S				P											
7.3.1	休息室布置					P											
7.3.2	急救站	P															
7.4	保安工作						S		S					P			

在表9-2所示的责任矩阵中，P表示该项工作的负责人，而S表示该项工作的参与人

员。例如,整个文娱节目由冯负总责;宣传工作具体由冯负责,赵、郑辅助,其中,报刊广告由冯负责,海报由郑负责,入场券由赵负责,王、冯参与。

9.5 项目范围核实

9.5.1 项目范围核实的含义

项目范围核实,又称范围确认,是指项目直接利益相关者如项目的发起人、客户等最终认可和接受项目范围的过程。这个过程是项目范围确定之后,执行实施之前各方相关人员的承诺问题。一旦承诺,则表明你已经接受该事实,那么你就必须根据你的承诺去实现它。这也是确保项目范围能得到很好地管理和控制的有效措施。范围确认需要审查可交付成果和工作结果,项目直接利益相关者可以依据检验或测量的方式对项目范围定义的工作结果进行审查确认。一般地,项目范围确认就是依据项目实施后的工作成果和有关的文档(如项目计划),对已经完成的工作进行审查,以确定项目计划规定范围内的各项工作或活动是否已经完成,应交付的成果是否令人满意,从而确保项目范围包含了所有的工作内容。即所有的、必需的工作都包含在工作分解结构中,而与项目目标无关的所有工作内容都不包含在项目范围中。项目范围确认可以针对项目的整体范围进行,也可以针对项目的某个阶段范围进行。如果范围被提前终止,则范围确认过程应当查明有哪些工作已经完成,完成到了什么程度,将核查结果记录在案并形成文件。

项目范围的核实对项目的完成至关重要。由于双方对项目范围理解的不同,将会导致最终可交付成果的不可接受,进而影响双方的关系,并给双方带来不必要的损失。为了保证项目的顺利完成,项目承担者和客户应在项目具体实施前完成项目范围的核实工作。

 小提示

范围核实与质量控制不同,不要将两者混为一谈。两者的不同之处在于范围核实关心验收交付成果,而质量控制主要关心满足为可交付成果规定的质量要求。质量控制一般先于范围核实,但两者也可以同时进行。

9.5.2 项目范围确认的方法

项目范围确认的主要方法是检查,即通过检查确认项目的范围。为了核实项目或项目阶段是否已经按照规定完成,需要进行必要的测量、检查与核实等来判断工作与可交付成果是否符合各验收标准。检查有评审、测量、审核等各种形式。这里的检查不同于质量检查,它更关注工作结果是否能够被接受,而质量检查则主要关注结果的正确性。

9.5.3 项目范围核实示例

例如:一家系统集成商为某市电信局建设新的网管系统,项目小组准备了如下的项目范围说明书,提交给客户并要求客户核实。

×××方有关人员:

以下是对现有系统本地化业务流程及需求的分析和认识，以及对新系统业务功能的建议和项目小组的工作范围计划。请贵方予以审核和确认，以便在割接时提供的产品能满足贵公司的运营和管理需要。

（1）114查号业务。目前使用的是华为的114系统，新系统建成后将直接使用本系统的114查号业务。关于114的计费方式，初步确认采用本市的受理方式——114独立专用坐席受理。

（2）180投诉申告业务。目前的180业务是由电话受理，不存在系统，本次建设将并入新系统。为使180业务顺利开展，局方需根据180业务的需要考虑岗位设置。

（3）189业务受理。要开放的业务需要进一步确认，基本上先开通免费的程控项目。

（4）170话费查询业务。目前170业务只有自动台，只有部分地区能够提供话费查询业务。建设170业务首先要保证原有功能，沿用原有的流程，使得用户易于接受。

（5）112障碍申告业务。原有的112系统仍然保留，新系统提供直接拨打进行障碍申告的人工业务，并提供进行测试、派修及障碍信息查询。

（6）986充值平台。需对业务流程进行调查，由于刚上现有系统的986充值平台，所以此块建议在二期再考虑。

值得说明的是，本业务不在此合同范围内，如需要，我们可以先将对接方式及业务流程确定下来，为将来并入做好准备。

×××项目小组

针对项目小组的上述范围说明，客户进行了核实，并提出了以下的建议，针对客户提出的质疑，项目小组也及时给予了回复。

（1）关于各项业务的计费问题。因1000、170、180、189为免费特服，114为收费特服，因此，存在二次计费的问题，尤其是IC卡公用电话无法收费，而且对于先提供免费业务再转收费业务时的再次计费问题也暂时无解决办法；这一问题是割接后面临的一个问题。对于114计费问题，可以参考其他地市的方式，对于IC卡电话等一些卡类电话是否需要开通，通过1000拨打计费业务，现在已经提交省公司，由省公司决定是否需要开通这些业务及如何计费问题。

（2）114业务的割接问题。必须确保安全割接，建议系统集成商全面、深入地考虑割接方案，并尽早提交讨论、确认。回复：我们将在下周先拿出一个割接方案，然后大家再充分讨论一下。

（3）网络安全问题。需要加强DBA方面的考虑，同时加强对客户的培训；密码管理太过放松，希望在建设时能考虑周全；以往经常出现数据库表空间不足的问题，建议本次要尽量避免出现这种情况，并建立系统的备份方案。回复：我们将在工程实施中注意此事，并在系统割接前提交一份系统的备份方案说明。1000系统的话务机房下一步可能要搬迁（大概在明年的下半年），需要预先考虑。

（4）交直流模块尚未到货，2 Mbps线的物理连线尚未准备就绪。请尽快提交工期进度表；其他前期的配合准备工作已基本到位。回复：机柜的交直流模块本周三已到，工程进度表表明将在周一下午完成项目实施规范和施工计划交流工作。

（5）集团中心的客服中心考核办法已下发，希望1000系统能满足该办法。回复：由客户向省公司索取，下周一交项目组。

9.6 项目范围变更控制

9.6.1 项目范围变更控制的含义

项目范围变更控制是指为了使项目朝着有利的方向发展，变动和调整某些方面因素而引起项目范围发生变化的过程。确定项目变化情况的活动是指当项目范围正在发生变化或已经发生变化时，对其采取纠正措施的过程。

9.6.2 项目范围变更的原因

项目范围的变化和控制不是孤立的，要考虑其他相关因素。项目范围的变化可能会引起项目时间、成本及项目质量等方面的变化。

 小提示

有人提出变更，并不意味着你必须要实施变更。你需要先找出变更的理由，判断变更的理由是否合理，并计算变更的成本。这里的变更成本不只是指金钱成本，要知道，项目进度的推迟也是一种成本。如果项目的一项变更可能推迟项目的完成时间，即使这项推迟是允许的，也就是说推迟后的项目完成时间没有超过客户要求的项目完工期限，也应该仔细考虑一下这项变更是否值得。

由于人们对项目的认识需要一个过程，对项目所包含的工作及项目的作用也有一个逐步完善的过程。与此同时，项目还受到客观环境和其他因素的影响，项目本身难免发生各种各样的变化，项目经理或项目负责人就难免要对项目的内容进行相应的修改，这些变动或修改就是项目的变更。因此，项目范围变更都是存在一定原因的，这些原因可能来自于组织内部，也可能来自于组织外部，归纳起来，大致有以下几种。

（1）外部事件引起项目范围产生变更，如政府法律、法规、政策的改变或客户要求的变化等。

（2）在定义产品范围时产生的错误和疏漏，如在开发新药项目时遗漏了药品的某项性能要求。

（3）在定义项目范围时产生的疏漏和错误，如在界定项目范围时遗漏了某项任务单元。

（4）团队内部由于技术进步在项目进展中提出了新的技术、工艺和方案等。

（5）客户的需求发生变化。客户对项目的范围提出了新的要求。

 小资料

跳　　槽

A 对 B 说："我要离开这个公司。我恨这个公司！" B 建议道："我举双手赞成你报复！破公司一定要给它点颜色看看。不过你现在离开，还不是最好的时机。"

A 问："为什么？" B 说："如果你现在走，公司的损失并不大。你应该趁着在公司的机

会，拼命去为自己拉一些客户，成为公司独当一面的人物，然后带着这些客户突然离开公司，公司才会受到重大损失，非常被动。"

A觉得B说得非常在理，于是努力工作，半年后，他有了许多忠实的客户。再见面时B问A："现在是时机了，要跳赶快行动哦！"A淡然笑道："老总跟我长谈过，准备升我做总经理助理，我暂时没有离开的打算了。"其实这也正是B的初衷。

启示：只有努力工作，让老板看到你的真正能力，才会给你更多的机会替他创造更多利润。

9.6.3 项目范围变更控制的方法

1. 项目范围变更控制系统

项目范围变更控制系统是整个项目变更控制的一个组成部分，该系统是用来定义项目范围变更处理程序的，包括计划范围文件、跟踪系统和偏差系统与控制决策机制。范围变化控制系统应与全方位变化控制系统相集成，特别是与输出产品密切相关的系统的集成，这样的范围变更控制才是兼顾其他目标或目标变更控制的有效行为。当要求项目完全按合同要求运行时，项目范围变更控制系统也必须与所有相关合同要求保持一致。

2. 绩效调整

绩效调整是项目范围变更控制非常有用的方法，它可以帮助评估变化发生的程度。范围变更控制的一个重要部分是要确定偏差发生的原因以及差异的程度，来决定是否采取纠正措施。

3. 报告进展情况

进度报告需要反映任何已经发生的项目变化，而且为了采取有效措施控制项目范围变化，进度报告还需说明导致范围变化的原因。

4. 范围计划调整

项目范围的变化要求对工作分解结构进行修正。因此，应在充分认识这一客观事实的基础上，为有效进行项目范围的变更与控制，需不断进行项目工作任务再分解，并以此为基础，调整并确定形成新的项目计划，进而依据新的计划要求对范围的变更进行控制。

 小提示

项目不完，变更不止

相当一部分项目用户和项目承担者认为：项目不完，变更不止；只要用户提出变更要求，项目承担者就必须按照用户的要求实施变更，而不必对变更的原因进行分析。从用户的角度看，追求完美似乎是必需的，不管项目执行到什么阶段，只要对项目有新的想法，就应要求项目团队无条件地修改项目范围。从项目承担者的角度看，在项目实施过程中，没有必要对项目范围提出任何质疑。即使项目范围的修改对项目本身是有益的，也不能主动对用户提出修改意见和建议。凡此种种想法，都将妨碍项目的完成，对项目质量、进度、成本等都将产生不利影响。

本章案例分析

M 集团是 A 公司多年的客户，A 公司已经为其开发了多个信息系统。最近，M 集团与 A 公司签订了新的开发合同，以扩充整个企业的信息化应用范围，张工担任该项目的项目经理。张工组织相关人员对该项目的工作进行了分解，并参考了公司同 M 集团曾经合作的项目，评估得出项目总工作量为 60 人月，计划工期为 6 个月。

项目刚刚开始不久，A 公司的高层经理 S 找到张工。S 表示，由于公司运作的问题，需要在四个月内完成项目，考虑到工期压缩的现实，可以为该项目再增派两名开发人员。张工认为，整个项目的工作量是经过仔细分解后评估得到的，评估过程也参考了历史上与 M 集团合作的项目度量数据，该工作量是客观实际的。目前项目已经开始，增派的人手还需要一定的时间熟悉项目情况，因此即使增派两人也很难在四个月内完成。如果强行要求项目组成员通过加班等方式在四个月内完成目标，肯定会降低项目的质量，造成用户不满意。因此，张工提出将整个项目分为两部分实现，第一部分使用三个半月的时间，第二部分使用三个月的时间，两部分分别制定验收标准，这样不增派开发人员也可以完成。高层经理 S 认为该方案可以满足公司的运作要求，客户也同意按照这种方案进行实施。六个月以后，项目在没有增加人员的前提下顺利地完成，虽然比最初计划延长了半个月的工期，但既达到了公司的要求，客户对最终交付的系统也非常满意，项目组的成员也没有感受到很大的压力。

[资料来源] http://www.vixue.com。

回答问题：
1. 请指出张工是如何保证项目成功的。
2. 试结合案例指出项目管理范围的工作要点。

本章习题

一、判断题

1. 工作分解结构（WBS）是项目范围定义的有效工具。工作分解结构将一个大的项目分解成若干个相对独立的任务，并使项目团队成员明确他们的工作任务和职责。（   ）

2. 为了核实项目或项目阶段是否已经按照规定完成，需要进行必要的测量、检查与核实等过程来判断工作与可交付成果是否符合各验收标准。（   ）

3. 一般来说，项目范围管理过程包括五个步骤。其中范围变更控制是将项目分为更小的、可管理的活动。（   ）

4. 项目范围变更控制是指为了使项目朝着有利的方向发展，变动和调整某些方面因素而引起项目范围发生变化的过程。（   ）

5. 在进行工作分解结构制定时，一项任务可以在工作分解结构中出现多次。（   ）

二、选择题

1. 项目范围管理过程的步骤包括（   ）。

A. 范围规划　　　B. 范围定义　　　C. 工作分解结构　　　D. 范围核实
E. 范围变更控制

2. 项目范围说明书为将来的项目实施提供了基础。范围说明书的内容主要包括（　　）。

A. 项目的合理性说明　　　　　　　B. 项目产品简述
C. 项目目标　　　　　　　　　　　D. 项目应交付的成果

3. 项目范围的定义一般采用工作分解结构和责任矩阵，范围定义的内容主要包括（　　）。

A. 确定工作分解结构　　　　　　　B. 工作范围陈述
C. 责任分配　　　　　　　　　　　D. 绩效标准

4. 工作分解结构将所做的项目分解成若干个具体的任务，制定工作分解结构的主要方法是（　　）。

A. 类比法　　　　　　　　　　　　B. 自上而下法
C. 自下而上法　　　　　　　　　　D. 必须遵循制定工作分解结构的指导方针

5. 项目范围变更常用的控制的方法有（　　）。

A. 项目范围变更控制系统　　　　　B. 绩效调整
C. 报告进展情况　　　　　　　　　D. 范围计划调整

三、思考题

1. 工作分解结构的方法有哪些？
2. 项目范围管理的过程是什么？
3. 项目范围变更的原因有哪些？

第 10 章 项目人力资源管理

◇ **学习目标**

1. 了解人力资源概念及项目人力资源管理的主要内容
2. 了解项目人力资源规划过程
3. 掌握如何实施人员培训
4. 掌握项目团体绩效与个体绩效评价方法
5. 了解项目员工的激励方式

◇ **导入案例**

如何调动员工的积极性,一直是鼎盛软件公司项目经理赵明努力钻研的问题。赵明认为提升某人的时候就是增加其责任的时候。赵明还认为,一个经理人员如果能够调动一个员工的积极性,他的绩效就有很大的提升。要使一个团队能够正常顺利地运转,一切都要靠调动员工的积极性。经理人员可以完成两个人的工作,但经理人员不是两个人。经理人员应激励他的副手,使副手再激励他的部下,层层激励,就能焕发出极大的工作热情。赵明认为,经理人员要善于听取意见才能调动员工的积极性,一个普通的公司和一个出色的公司的区别就在这里。作为一个经理人员,最得意的事情就是看到被称为中等或平庸的人受到赏识,使他们感到自己的意见被采纳,并发挥作用。动员员工的最佳办法是让员工了解经理人员的行动,使他们个个成为其中的一部分。

[资料来源] 百度文库。

10.1 项目人力资源管理概述

10.1.1 人力资源概念和特点

1. 人力资源的含义

经济学把可以投入到生产过程中创造财富的东西统称为"资源",并且认为资源的最大特性就是它的稀缺性和价值性,只有稀缺而又有价值的东西才能构成资源。具体地说,人力资源是一个社会经济单位可开发利用的、现存的各种形态的劳动力的总和;对于一个社会经济单位来说,任何未经其劳动加工改造的现存劳动力,只要能为其所用,而不管这种劳动力是自然生成的简单劳动力,还是经过其他单位劳动加工过滤过的复杂劳动力,都是其可利用的人力资源,其中包含有其他单位投资生成的复杂劳动力。

2. 人力资源的特点

与其他资源相比,人力资源具有如下特点。

(1) 人力资源是一种可再生的生物资源。
(2) 人力资源在经济活动中是居于主导地位的能动性资源。
(3) 人力资源是具有时效性的资源。

10.1.2 项目人力资源管理的内容

项目人力资源管理是指对于项目的人力资源的取得、开发、保持和利用等方面所进行的计划、组织、指挥和控制活动。这种管理的根本目的是充分发挥项目各方面的主观能动性，以实现既定的项目目标和提高项目的效益。具体而言，包括以下内容。

(1) 人力资源规划。指项目为了实现其项目目标，评估组织的人力资源现状及发展趋势，收集和分析人力资源供给与需求方面的信息和资料，预测人力资源供给与需求的发展趋势，制订人力资源计划、培训与发展计划等政策与措施。

(2) 工作分析。对项目的各个工作和岗位进行分析，确定每一工作和岗位对员工的具体要求，包括技术与种类、范围与熟悉程度、工作与生活经验、身体健康状况、培训与健康等方面的情况。

(3) 员工招聘。根据项目内的岗位需要及工作岗位职责说明书，利用各种方法和手段从组织内部或外部吸引应聘人员，并根据平等就业、择优录取的原则招聘所需要的各种人才。

(4) 培训与开发。为促使员工在工作岗位上提高工作效能，对新员工或技能较低的人员开展岗位培训。同时对管理人员，尤其是对将晋升者开展提高性的培训和教育，目的是促使他们尽快具有在更高一级职位上工作的全面知识、熟练技能和应变能力。培训聚焦于目前的工作，而开发则是为员工未来的工作做准备。

(5) 工作绩效考核。用过去制订的标准按照相应的程序、选择合理的考核方式对员工的工作绩效进行评估，并将工作绩效考核结果反馈给员工的过程。这种考核涉及员工的工作表现、工作成果等，目的在于调动员工的积极性、检查和改进人力资源管理工作。

(6) 工资报酬。从员工的资历、职级、岗位及现实表现和工作成绩等方面考虑制订相应的工资报酬标准和制度。

(7) 职业生涯规划。将个人发展计划和组织发展计划协调一致，关心和鼓励员工的个人发展，帮助其制订个人发展计划，并及时进行监督和考察。

以上是项目人力资源管理的核心内容，还包括员工福利、劳动保护等人力资源管理的相关内容。它们从程序上来讲，已经在很大程度上规范化了，从部门上来讲，也拥有了专门的人力资源管理部门，因此属于制度化的人力资源管理。除了一些有章可循、程序比较固定的部分外，还有一些较为灵活的内容，这一部分一般为非组织化的人力资源管理或更高层次的管理，主要包括领导艺术、群体激励、管理沟通、企业文化建设等内容。

 小资料

项目人力资源与项目三支点的关系

项目管理中人力资源是质量、进度、成本三者之间的润滑剂和桥梁，只有在人力资源管

理的整合下，才能起到三者努力协同的作用，找到其最佳结合点，但是人力资源管理不能直接执行和完成项目任务，不直接关系项目结果的验收。比如，项目收尾时质量、成本和进度都符合其规定，即便是项目团队内部矛盾重重，项目核心人员没有纳入职业生涯规划中等现象都存在，也不会影响项目交工和验收。但是，不可否认，良好地执行项目人力资源各项内容的，会在更大程度上保证项目的顺利完成，从长远的角度看，能为公司和项目领导层提供更多的项目机会，促进公司和核心人员的长远发展。

10.2 项目人力资源规划

项目用工，必须是有计划地用工，才能保证人力资源的合理使用，提高项目人力资源的使用效率。在项目人力资源管理与开发工作中，项目人力资源规划是极其重要的一环。

10.2.1 项目人力资源规划的定义

项目的人力资源规划（human resources planning），有时也叫作项目的人力资源计划，是指项目在组织的发展战略和经营规划的指导下，为了满足项目的不同阶段对人员的需求提供符合质量和数量要求的人力资源，保持项目成员供需平衡以实现项目目标的过程。简单地讲，项目的人力资源规划工作就是要根据项目的任务及外界环境对项目的影响，在预见到项目人力资源供给和需求的基础上确定各种人力资源业务计划及行动方案。

人力资源规划工作是为了能够解决以下几个问题。

（1）项目在某一阶段内对人力资源的需求是什么？

（2）项目在相应时期内能够得到多少人力资源的供给，这些供给与需求的层次和类别是否对应？

（3）在这段时期内，项目人力资源供给和需求比较的结果是什么，项目应当通过什么方式来达到人力资源供需的平衡？

10.2.2 项目人力资源规划的过程

项目的人力资源规划过程可以分为以下五个阶段，但习惯上人们常常把需求预测与供给预测合并为一个阶段。

1. 调查分析准备阶段

这一阶段的任务是收集制订项目人力资源规划所需的信息。首先，应把握住影响企业战略目标的宏观环境、行业环境及项目自身的目标与计划；其次，可以利用企业现有的人员档案资料来估计目前企业成员的技术、能力和潜力，并分析这些人力资源的利用情况；最后，对于外在的人力资源环境，如劳动力市场结构、市场供给与需求状况、人口与教育的社会情况等问题做出专门的深入调查分析。在条件许可的前提下，还可利用团队角色模型等工具对拟参与项目的人力资源做出测试，以使团队更加合理有效。

2. 需求预测阶段

项目人力资源的需求预测阶段需要进行总量预测和各个工作岗位的预测，要做到这些，首先要分析影响项目人力资源需求的因素，在明确了这些因素的基础上再进行工作分析，编制工作说明书，明确项目各相关方的责任和义务，最后运用定性和定量的方法进行预测。

3. 供给预测阶段

项目的人力资源供给预测包括两个方面的内容，一个是指项目所在企业在未来某一时期的人力资源的可供量，另一个是指项目可以从企业外部获得的人力资源数量。所以，对于人力资源供给的预测需要从内部和外部两个角度开展。

 **小资料**

项目班子建设

项目班子建立之后，一般不能马上形成有效的管理能力。中间要有一个熟悉、适应和磨合的过程，一般经历组建、摩擦、规范和进入正轨四个阶段。摩擦是指项目班子刚刚建立，来自不同单位的成员因习惯、性格、想法和工作方法的不同而互不适应，结果发生一些不愉快的事情。规范则是说经过一段时间后，大家彼此熟悉了，调整了各自的行为举止和工作方式，彼此之间的关系较前一阶段顺畅了。进入正轨就是指大多数成员能够协调一致完成项目管理的各项任务。认识这种规律性对于有效的班子建设非常重要。

4. 规划的制订与实施阶段

在进行了需求和供给预测之后，就到了规划的制订与实施阶段。项目的人力资源规划要围绕企业战略目标开展，制订出各项具体的业务计划及相应的人事政策，同时要保持计划与政策的一致，以确保计划的实施能够使企业和项目的人力资源管理目标得以实现。也就是说在保证质量的前提下，花费尽可能少的资源制订一系列的计划，合理配置人力资源，以提高效率，使得项目目标能够如期完成，并在此基础上达到培训员工、提高员工技能的目的。

5. 规划的评估和反馈阶段

项目人力资源总体规划和各项业务计划付诸实施后，还要根据实施的结果进行评估，评估的内容为确保所有的行动方案都能在既定的时间里执行到位，并且方案执行的成效与预测的情况一致，确保项目实施取得的成果能够满足顾客要求，确保计划的执行符合环境的要求，以保证企业战略目标的实现。及时将评估结果进行反馈，从而对人力资源规划进行修正，同时将获取的经验和教训进行归纳总结，为以后的工作服务。

10.3　项目人力资源的培训和开发

10.3.1　培训概述

培训的英文training意味着训练，即通过对员工的技能训练使其达到岗位要求。因此，培训的重要职能就是促进学习，它通过周密的组织安排来帮助员工发现和获取所需的知识和能力，以更好地完成本职工作。项目团队的培训不只包括对项目成员个人能力的培养与提高，更重要的是对于团队整体的培训。

企业的知识有两大类，即显性知识和隐性知识。相应地，企业的知识战略也可以归纳为两种：编码化战略和人性化战略。前者主要针对显性知识，由于显性知识可以通过录化、文件化脱离知识的拥有者沉淀下来，企业可以通过对这些知识进行编码，以使企业内部合适的人员在合适的时间、地点得到合适的知识；后者将目光更多地投到隐性知识，认为显性知识仅仅是企业知识冰山中露出水面的可以编码化的一角，更大部分则隐于水下，这些知识是隐藏的、默会的、深藏于人们的实践之中的、难以为竞争对手模仿的，如实践技巧、操作技能、对市场及行业发展的判断及专业技术经验等。因此，隐性知识无法进行编码，要实现对隐性知识的管理只有促进人员之间的交流。要实现这种交流，客观上要求企业把对知识的管理与对人的管理结合起来，应用多样化的培训形式，实现人员之间的知识交流。

10.3.2 培训需求分析

培训的需求分析实际上是判断培训是否需要进行及如何进行的过程，它关系到项目的培训方向，对培训的质量起着决定性作用，在一定程度上也会影响项目目标的实现。

1. 培训需求分析系统

培训需求分析的目的是确定培训的目标，也就是确定项目成员的表现是否已经达到要求。这就要求搞清楚两个关键问题：一是找出目标实现过程中存在问题的症结所在并通过培训加以解决，改进员工的行为与表现；二是区分哪些是可以通过培训解决的问题，哪些是无法解决的问题。这个过程就是培训需求分析需要考虑的培训可行性问题，即培训的目标、方法和途径是否可行。

2. 培训需求分析的方法

在收集了充分的培训需求信息之后，需要对这些信息进行整理和分析，以确定培训需求的目标，常用的培训需求分析方法如下。

(1) 基于胜任力的培训需求分析法。胜任力这一概念最早于20世纪60年代由Hya-McBer咨询公司提出，指的是员工胜任某一工作或任务所需要的个体特征，包括个人知识、技能、态度和价值观等。现在许多企业都依据自身的经营战略建立了企业层面的胜任力模型，为企业员工的招聘选拔、培训开发、绩效评估和报酬管理等职能服务。基于胜任力的培训需求分析法同样也可以引入到项目中，包括职位胜任力和个人胜任力两个指标，这两个指标可以分别通过职位概述和个人能力概述得到。

(2) 缺口分析法。培训是解决项目存在问题的首选方法，因此，姑且暂时抛开那些培训解决不了的问题，把注意力放到可以通过培训解决的问题上，项目应注重需求与现状的差距，考虑如何通过培训来弥补。在这里引入一个缺口分析的概念，把培训理解为用来处理问题和弥补缺口，也就是说通过发现缺口就可以确定培训需求，培训的目标就是填补现有的技能和达到目标所需技能之间的缺口。

一般来讲项目由于受到一些外部或内部"压力"，如项目的绩效问题、新技术的产生、内部或外部顾客的培训需求、工作的重新设计、顾客需求的改变等，对其成员的能力水平提出了新的要求，即希望达到的技能水平，称为"期望状态"，同时称项目成员已经拥有的技能水平为"目前状态"，这两者之间的差距就是"状态缺口"，也就是项目所需的培训水平。为了弥补这一缺口达到的状态，自然就成为培训的目标。

10.4 项目绩效评估

10.4.1 绩效和项目绩效管理

对于绩效有多种理解。有人认为,绩效应当着眼于工作结果,是个体或群体劳动的最终成绩或贡献;也有人认为,绩效既应当考虑员工的工作业绩,又应当考虑员工的工作过程和行为方式,认为绩效是员工与客观环境之间有效互动的结果。事实上,绩效是个体或群体工作表现、成绩、最终效益的统一体。绩效考评就是以工作目标为导向,以工作标准为依据,对员工行为及其结果的综合管理,目的是确认员工的工作成就,改进员工的工作方式,奖优罚劣,提高工作效率和经营效益。

绩效受多种因素影响,这些因素包括:技能、激励、环境和机会。可以用以下函数来反映这种关系:$P=f(s, o, m, e)$。式中,字母的含义为:P 为绩效(performance),s 为技能(skill),o 为机会(occasion),m 为激励(motivation),e 为环境(environment),f 为函数。

10.4.2 绩效的分类

绩效是一个系统过程,绩效的内容可以从横向和纵向两个方面来划分。绩效的三个横向内容分别是:潜在绩效、行为绩效和结果绩效;绩效的三个纵向内容分别是:个体绩效、团队绩效和组织绩效。

个体绩效是由个体能力素质及职业化行为决定的,指的是项目成员在工作岗位上的工作行为表现与工作结果。它体现了员工对团队的贡献和价值,具体表现为完成工作的数量、质量、成本费用及为企业做出的其他贡献等。

团队绩效由团队核心素质及团队合作的程度决定,团队成果不同于个体成果,也不等同于个体成果的简单加合,需要建立一套适合项目的指标体系加以衡量。

组织绩效来源于组织的核心竞争能力,员工在组织文化的熏陶下完成组织目标,就营利组织而言,组织的成果可以有利润率、客户满意度、占有的市场份额等。如果项目成员能够在项目实施过程中通过共享价值观和共同愿景将个体绩效、团队绩效与组织绩效紧密结合,组织的战略目标就能得以实现,而组织目标的实现也保证了项目目标和个体目标的实现。

10.4.3 个体绩效与团队绩效的权衡

大量的实践证明,只有当团队和个体的绩效都受到关注,并且都被看作是绩效管理过程中的重要因素时,团队的工作效果才能有所提高。每个团队成员都期望对于他们的评价既要以团队又要以个体为基础。对于个体绩效的评估提供的事实和数据可以为那些个人业绩不佳的员工提供参考与指导,以利其不断进步;也可以用来对那些在团队中个人业绩出色的成员进行奖励。所以,不仅要对整个团队进行评估,还要对每个成员对团队所做的贡献进行评估,将团队工作行为慢慢融入到个人考核中去,使团队绩效与个体绩效有机地结合起来。

10.4.4 项目个体绩效评估

个体绩效评估也就是对团队中个人工作表现的考评，可以通过团队成员参与的内部评价、面向顾客和企业高层管理者的外部评价两种方式进行。项目存在的意义就是为了满足顾客的需要，而高层管理者可以从企业的层面对项目群进行宏观调控，所以他们的意见非常重要；而项目团队成员更加了解实际情况，相对于外部评价者更有发言权。所以这两种方式都很重要，应结合进行。

1. 外部评价

外部评价主要由顾客的评价和高层管理者的评价构成，由于时间、成本等因素，不可能频繁进行，也很难做到全面和公正。而团队成员之间相互熟悉，进行评估时有据可循，比较合理，而且团队成员间的相互监督可以对项目起到促进作用，对目标的实现形成一种推动力。但是这种科学性是建立在团队成员理性工作的前提下的，对于团队成员的素质、技能、成员间的相互尊重及信息传递的公开性等方面都有一定要求。因此，外部评价在对个人绩效的评估中只能作为一种辅助性的手段，评估在很大程度上依靠团队成员的自我评价和相互评价。

2. 内部评价

内部的个体绩效评估可用下列公式进行计算：

$$考核成绩 = 工作成果评分 + 工作态度评分 + 工作能力评分 \quad (10-1)$$
$$个体工作成果 = 任务级别 \times 任务天数 \times 任务完成质量 \quad (10-2)$$
$$任务完成质量 = 个体任务完成情况考核 \times 个体对项目影响权重 \quad (10-3)$$

式（10-2）中，任务级别是指企业根据项目在项目群中由于工作量及重要程度不同所做的不同系数的认定；任务天数指个人完成任务所需工作日，任务顺延的天数一律不计入工作天数；项目任务完成质量本应以项目设计验证一次合格率为基本评价指标，但在实际工作中一般只有在项目结束的时候才交付验证，而项目的周期往往较长，因此在项目周期内可以以一个较短的时间段，比如一个月或者一个季度为单位，进行阶段性考核。在考核过程中，根据经验结合实际情况判定各项评审结果的权重，最终得到项目任务完成质量的指标。式（10-3）中个体对项目影响权重由企业高层管理者、项目经理及相关职能部门主管加权综合确定。

3. 里程碑挣值法评价

里程碑挣值法评价是结合费用控制方法对个体绩效进行的考核，采用这种方法是结合项目计划和工作描述中对成员工作的安排，找出每个成员对应的工作及阶段性计划，并将计划中的关键性事件定义为里程碑，结合项目费用计划编制预算，使用挣值法（earned value analysis）对任务的完成情况进行的评价和控制，从而从进度和费用两个角度判断项目成员个体的工作开展情况。检查每一个关键事件需要计算下列三个关键值。

ACWP：已完成工作的实际成本（actual cost for work performed）；
BCWS：计划完成工作的预算成本（budget cost for work schedule）；
BCWP：已完成工作的预算成本（budget cost for work performed），也就是挣值。这三个值的综合使用可以提供评价工作是否按照计划完成的尺度。具体有关挣值法的知识可以参考项目成本管理章节中的有关内容。

4. 个体绩效的综合评价

确定了各个维度的指标之后，可以针对不同项目的特征对各项指标确定不同的权重，做成评分表的样式，交由企业高层管理者、顾客或者项目成员进行评分，再将得到的结果按照确定好的权重进行加合，得到每一个员工个人工作的成绩，为以后的激励工作打下基础。

10.4.5 项目团队绩效评价

团队绩效指标表现的是项目预期目标的完成效果，是项目团队整体的工作能力，相对于个体绩效指标能更好地反映实际情况。

1. 负责项目团队绩效评估的人员

负责团队绩效评估的人员可能是项目经理、企业高层管理者或从企业外部聘请的专家。

如果由项目经理来负责评估，由于项目经理由始至终都参与到项目中，对项目的费用、进度、质量因素及每位项目成员的实际工作成果都有清楚的了解，所以在团队绩效评估的同时还可以对项目成员的具体工作加以协助和指导。但是也正是由于项目经理属于项目团队的一部分，在评估团队绩效时难免会人为地提升团队成绩，或者会为了获得良好的人际关系而影响评估结果的差异程度。

如果由企业高层管理者负责评估，由于工作需要他们对项目的整体运作情况也比较了解，因此可以在此基础上对团队的工作做出一个相对客观的评价，与此同时，高层管理者还可以对企业中同时进行的若干项目进行横向比较，能够得出更加全面客观的结论。但他们对于项目组提供的信息把握上没有项目经理明确，因此在进行团队绩效评估时难免由于主观上的印象等因素产生一些偏差。

企业从外部聘请的专家能够在了解项目运行过程的基础上对团队绩效进行客观的评价，但他们对项目的了解大都是通过企业高层管理者、项目经理或成员的描述间接得到的，由于上述人员的表达能力等客观因素的存在，故而专家的评价结果总是存在一定程度的误差。

2. 建立项目团队绩效评估指标体系

1) 项目团队绩效评估指标体系建立的原则

设计项目团队绩效评估指标体系时，应遵循以下原则：① 团队的目标要与企业整体战略目标一致；② 选取最重要的几个维度进行评估；③ 在设计绩效评估体系时应充分考虑顾客的意见。

2) 项目团队绩效评价维度的确定方法

项目团队绩效评估维度的确定通常采用以下几种方法。

(1) 客户关系图法。客户关系图是为了描述团队的客户及团队能为客户提供哪些产品和服务的清晰的图示。通过客户关系图能够显示出与团队相关的内外顾客及其希望从团队获得的产品和服务。该图可以清晰地表示团队与顾客之间的价值创造关系。其适用范围：客户就是那些需要团队为其提供产品和服务并协助他们工作的个人或组织，可以是企业内部的组织与成员，也可以是组织外部的顾客。团队的存在就是为了要满足顾客的需求，因此就必须要考虑客户对团队的要求。客户的需求是团队绩效评估维度的主要来源。总而言之，当团队的存在主要是为了提高客户满意度时，使用客户关系图法确定团队绩效评估维度的方法最有效。

(2) 组织绩效目标分解法。组织绩效目标是依据组织的战略与经营计划确定的任务和努力方向。其适用范围：当团队存在的目的主要是帮助组织改进绩效目标时，利用组织绩效目标分解法最有效。通常情况下，盈利性质的项目绩效目标体现在项目的直接产出、客户满意度、团队的凝聚力等方面。

(3) 业绩金字塔法。业绩金字塔方法的出发点是要明确业绩的层次，界定在组织所有的业绩成果中由团队创建的部分。项目团队应选择那些能够把团队目标和组织目标紧密联系起来的绩效评估维度。因为这样一来就能保证团队的成功，从而为整个组织目标的实现做出贡献。其适用范围：当团队的绩效目标是整个组织的绩效目标中的一个组成部分时，运用业绩金字塔方法最有效。

(4) 工作流程图法。工作流程是贯穿于各部门之间，向内部顾客或者外部顾客提供产品和服务的一系列工作。工作流程图是描述工作流程的示意图。其适用范围：当团队的工作具有清楚、明确的工作流程时，使用工作流程图法最有效。

10.5　项目员工的激励

10.5.1　项目管理中的激励方式

目前，建立激励主要还是从金钱激励、目标激励、尊重激励、参与激励、工作激励、培训和发展机会激励、荣誉和提升激励、负激励等几个方面入手。

1. 金钱激励

金钱对于每个人来说都是需要的，人们基本上是受经济性刺激物的激励，企业要想提高职工的工作积极性，主要的方法就是采用金钱激励。虽然在当今时代，金钱和激励之间的关系渐呈弱化，然而，物质需要仍是人们的主要需要，也是人们从事社会活动的动因之一。所以说物质激励是激励中的一种主要形式（如采取鼓励性报酬、奖励等）。

2. 目标激励

目标激励，就是确定适当的目标，诱发人的动机和行为，达到调动人的积极性的目的。目标作为一种诱引，具有引发、导向和激励的作用。一个人只有向高目标发起冲击，才能向高目标接近，达到自己的目的。不过人们除了金钱目标外，还有权力目标、成就目标等。管理者就是要将员工内心深处的目标挖掘出来，并在开展具体工作的过程中引导和帮助他们去实现目标。

3. 尊重激励

尊重他人从某种程度上讲是一种催化剂，管理者只有去尊重员工，得到员工的认可，才能使员工为整体利益去努力工作，当然尊重激励是一种基本方式，上下级之间的相互尊重和相互理解是一种精神力量，它有助于企业员工之间的和谐，有助于企业团队形成凝聚力和战斗力。

4. 参与激励

现代人力资源表明，现代员工都有参与管理的要求和愿望，创造和提供机会让员工参与管理，是调动员工积极性的有效方法。同时，让员工适当地参与管理，既能激励员工，又能为企业的成功带来有价值的东西。通过参与，形成职工对企业的归属感、认同感，可以进一步满足自尊和自我实现的需要。

5. 工作激励

工作本身具有激励，为了更好地发挥员工工作积极性，管理者要考虑如何才能使工作本身更具意义和挑战性，给职工一种自我实现感。管理者要进行"改装工作"，使工作的内容丰富多彩，并创造良好的工作环境。如通过员工与岗位的竞争上岗和双向选择，使员工对自己的工作有一定的选择权，以便更好地开展工作。

6. 培训和发展机会激励

员工虽然在实践中丰富和积累了不少新的知识，但仍需更新知识，不断"充电"，如进高校深造、等级证书的培训、到外地考察学习等激励措施，通过学习、培训不断来充实员工的知识和技能，培养他们的能力，为创造一流企业夯实发展基础。

7. 荣誉和提升激励

荣誉是众人或组织对个体或群体的崇高评价，是满足人们自尊的需要，是激发人们奋力进取的重要手段。从人的动机看，人人都有自我肯定、争取荣誉的需要。对于一些工作表现比较突出的员工，给予必要的荣誉奖励，是很好的精神激励方法。荣誉激励成本低，但效果较好。

8. 负激励

激励并不全是鼓励，它也有许多负激励措施，如罚款、降职、警告和开除。罚款、降职、警告、开除等负激励都是惩罚性的控制手段。用这几种方式给在企业工作的员工带来压力，以提醒某些不符合要求的行为。

10.5.2 激励机制的作用

激励机制一旦形成，它就会内在地作用于组织系统本身，使组织机能处于一定的状态，并进一步影响着组织的生存和发展。激励机制对组织的作用具有两种性质，即助长性和致弱性，也就是说，激励机制对组织具有助长作用和致弱作用。

1. 激励机制的助长作用

激励机制的助长作用是指一定的激励机制对员工的某种符合组织期望的行为具有反复强化、不断增强的作用，在这样的激励机制作用下，组织不断发展壮大，不断成长。可以称这样的激励机制为良好的激励机制。当然，在良好的激励机制之中，肯定有负强化和惩罚措施对员工不符合组织期望的行为起约束作用。激励机制对员工行为的助长作用给管理者的启示是：管理者应能找准员工的真正需要，并将满足员工需要的措施与组织目标的实现有效地结合起来。

2. 激励机制的致弱作用

激励机制的致弱作用表现在：由于激励机制中存在去激励因素，组织对员工所期望的行为并没有表现出来。尽管激励机制设计者的初衷是希望通过激励机制的运行，能有效地调动员工的积极性，实现组织的目标。但是，无论是激励机制本身不健全，还是激励机制不具有可行性，都会对一部分员工的工作积极性起抑制作用和削弱作用，这就是激励机制的致弱作用。在一个组织当中，当对员工工作积极性起致弱作用的因素长期起主导作用时，组织的发展就会受到限制，直到走向衰败。因此，对于存在致弱作用的激励机制，必须将其中的去激励因素根除，代之以有效的激励因素。

10.5.3 激励机制的运行模式

激励机制运行的过程就是激励主体与激励客体之间互动的过程，也就是激励工作的过程。图 10-1 是一个基于双向信息交流的全过程的激励运行模式。

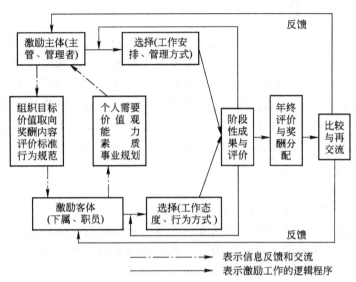

图 10-1 一个基于双向信息交流的全过程的激励运行模式

这种激励机制运行模式，是从员工进入工作状态之前开始的，贯穿于实现组织目标的全过程，故又称为全过程激励模式。

这一激励模式应用于项目管理实践中可分为五个步骤，其工作内容分别如下。

（1）双向交流。这一步的任务使项目管理人员了解员工的个人需要、事业规划、能力和素质等，同时向员工阐明项目的目标、所倡导的价值观、奖酬内容、绩效考核标准和行为规范等；而员工个人则要把自己的能力和特长、个人的各方面要求和打算恰如其分地表达出来，同时员工要把组织对自己的各方面要求了解清楚。

（2）各自选择行为。通过前一步的双向交流，项目管理人员将根据员工个人的特长、能力、素质和工作意向给他们安排适当的岗位，提出适当的努力目标和考核办法，采取适当的管理方式并付诸行动；而员工则采取适当的工作态度、适当的行为方式和努力程度进行工作。

（3）阶段性评价。阶段性评价是对员工已经取得的阶段性成果和工作进展及时进行评判，以便管理者和员工双方再做适应性调整。这种阶段性评价要选择适当的评价周期，可根据员工的具体工作任务将调价周期确定为一周、一个月、一个季度或半年等。

（4）年终评价与奖酬分配。这一步的工作是在年终进行的，员工要配合项目管理人员对自己的工作成绩进行评价并据此获得组织的奖酬资源。同时，项目管理者要善于听取员工自己对工作的评价。

（5）比较与再交流。在这一步，员工将对自己从工作过程和任务完成后所获得的奖酬与其他可比的人进行比较，以及与自己的过去相比较，看一看自己从工作中所得到的奖酬是否满意，是否公平。通过比较，若员工觉得满意，将继续留在组织工作，若不满意，可再与管理人员进行建设性磋商，以达成一致意见。若双方不能达成一致的意见，双方的契约关系将中断。

全过程激励模式突出了信息交流的作用，划分了激励工作的逻辑步骤，可操作性强。

本章案例分析

希赛信息技术有限公司（CSAI）有一个负责电脑硬件维护的员工Z，职务不高，但资历很深。他常不遵守公司的制度，对同事态度比较恶劣，喜欢占公司的小便宜，如把私人电话费拿来报销等。而且仗着自己是老资格，"上面动不了他"，经常对同事颐指气使，甚至他连家里缴水电费都是要公司年轻员工替他当跑腿。有事没事总拿出前辈的姿态教训人，其实他说的那些东西，很多早就落伍了。此人工作中业绩虽不突出，但也没有什么大错。对此，项目经理王胜感到十分苦恼，不知道如何处理。

[资料来源] 百度文库。

回答问题

1. 从人性假设的角度对Z的行为进行点评。
2. 从团队建设和人力资源管理的角度，分析出现上述问题的原因。
3. 结合你本人的实际项目经验，针对此问题给项目经理王胜提出合理化建议。

本章习题

一、判断题

1. 项目人力资源管理是指对于项目的人力资源的取得、开发、保持和利用等方面所进行的计划、组织、指挥和控制活动。（　　）

2. 项目人力资源管理的内容之一的职业生涯规划是指为促使员工在工作岗位上提高工作效能，对新工人或技能较低的人员开展岗位培训。（　　）

3. 一般来讲项目由于受到一些外部或内部"压力"的作用，对其成员的能力水平提出了新的要求，即希望达到的技能水平，将此称为"目前状态"。（　　）

4. 只有当团队和个体的绩效都受到关注，并且都被看作是绩效管理过程中的重要因素时，团队的工作效果才能有所提高。（　　）

5. 项目管理中的目标激励，就是确定适当的目标，诱发人动机和行为，达到调动人的积极性的目的。（　　）

二、选择题

1. 项目人力资源规划工作是为了能够解决（　　）？
   A. 项目在某一阶段内对人力资源的需求是什么
   B. 项目在相应时期内能够得到多少人力资源的供给
   C. 在这段时期内，项目人力资源供给和需求比较的结果是什么
   D. 项目应当通过什么方式来达到人力资源供需的平衡

2. 项目人力资源规划过程可以分为（   ）。
A. 调查分析准备阶段　　　　　　　　B. 需求预测与供给预测阶段
C. 规划的制定与实施阶段　　　　　　D. 规划的评估和反馈阶段
3. 常用的培训需求分析方法有（   ）。
A. 基于胜任力的培训需求分析法　　　B. 调查分析法
C. 缺口分析法　　　　　　　　　　　D. 需求预测法
4. 项目个体绩效评估常用的方法有（   ）。
A. 外部评价　　　　　　　　　　　　B. 内部评价
C. 里程碑挣值法评价　　　　　　　　D. 个体绩效的综合评价
5. 激励机制对项目团队组织所发挥的作用是（   ）。
A. 平衡作用　　　B. 助长作用　　　C. 致弱作用　　　D. 协调作用

三、思考题

1. 人力资源有哪些特点？
2. 项目人力资源规划的主要内容是什么？
3. 怎样对项目团队成员进行考核？
4. 激励的方式有几种？
5. 你认为激励在团队建设中有何作用？并以实例加以说明。

第 11 章 项目成本管理

◇ **学习目标**

1. 理解项目成本管理的概念与内容
2. 掌握编制资源计划的工具和方法
3. 掌握成本估算的工具和方法
4. 了解成本预算的概念与方法
5. 了解项目成本控制的内容与方法

◇ **导入案例**

有一家日本餐厅和一家中国餐厅都卖煮鸡蛋,两家餐厅的蛋都一样受欢迎,价钱也一样,但日本餐厅赚的钱却比中国餐厅多,旁人大感不解。成本控制专家对日本餐厅和中国餐厅煮蛋的过程进行比较,终于找到了答案。

日本餐厅的煮蛋方式:在一个长、宽、高各 4 cm 的特制容器内,放进鸡蛋,加水(只能加 50 mL 左右),盖上盖子,开火,1 min 左右水开,再过 3 min 关火,利用余热再煮 3 min。

中国餐厅的煮蛋方式:打开液化器,放上锅,添进一瓢凉水(大约 250 mL),放进鸡蛋,盖上锅盖,3 min 左右水开,再煮大约 10 min,关火。

专家计算的结果:前者起码节约 4/5 的水、2/3 以上的煤气和将近一半的时间,所以日本餐厅在水和煤气上就比中国餐厅节省了将近 70% 的成本,并且日本餐厅利用节省的一半时间提供了更快捷的服务。

[资料来源] http://meng.guangqiao.blog.163.com/blog/static/129723649201331105040834/。

11.1 项目成本管理概述

11.1.1 项目成本管理的相关概念

成本管理是对所发生费用支出进行有组织并系统地预测、决策、计划、控制、核算、分析与考核等一系列的科学管理。项目成本管理是指根据企业的总体目标和项目的具体要求,在项目实施的过程中,对项目成本进行有效的组织、实施、控制、跟踪、分析和考核等管理活动,以达到强化经营管理,完善成本管理制度,提高成本核算水平,降低项目成本,实现目标利润,创造良好经济效益的过程。项目成本管理的中心任务,是在健全的成本管理经济责任下,以最短的时间、最高的质量、最低的成本完成项目。

11.1.2 项目成本管理的主要内容

项目成本管理的主要内容如下。

1. 项目资源计划

项目资源计划决定了实施项目工作需要什么样的资源（人员、设备、材料、资金等）及每种资源的数量。在项目资源计划工作中最为重要的是确定出能够充分保证项目实施所需资源的清单和资源投入的时间。

2. 项目成本估算

项目成本估算是指根据项目资源需求和计划及各种资源的市场价格或预期价格等信息，估算和确定出项目各种活动的成本和整个项目的全部成本的这样一种项目成本管理工作。项目成本估算主要的任务是确定用于项目所需人、机、料、费等成本科目的估算值。

3. 项目成本预算

项目成本预算是一项制订项目成本控制基线和项目总成本控制基线的项目成本管理工作。这主要是根据项目的成本估算加上必要的项目成本管理储备而确定出项目成本计划的工作。项目成本预算的关键是合理、科学地确定出项目的成本控制基准。

4. 项目成本控制

项目成本控制是指在项目的实施过程中，努力将项目的实际成本控制在项目成本预算范围之内的一项成本管理工作。这包括：通过项目成本的实际发生情况，不断地分析项目实际成本与项目预算之间的差异，然后采取必要的纠偏措施，从而使项目的实际成本能够控制在一个合理的水平。

实际上，上述这些项目成本管理的工作相互之间并没有严格独立而清晰的界限，在实际的工作中，它们之间常常相互重叠和相互影响。同时在每个项目阶段，上述项目成本管理的工作都需要积极地开展，只有这样，项目管理团队才能够做好项目成本的管理工作。

 小资料

项目成本考核应按照下列要求进行

1. 企业对施工项目经理部进行考核时，应以确定的责任目标成本为依据。
2. 项目经理部应以控制过程的考核为重点，控制过程的考核应与竣工考核相结合。
3. 各级成本考核应与进度、质量、安全等指标的完成情况相联系。
4. 项目成本考核的结果应形成文件，为奖罚责任人提供依据。

11.2 项目资源计划

11.2.1 项目资源计划的概念

项目成本管理的重要内容之一就是根据项目的资源需求，制订资源供应计划，简称资源

计划。项目资源计划是在分析、识别项目的资源需求，确定项目所需投入的资源种类、数量和时间的基础上，制订科学、合理、可行的项目资源供应计划的项目成本管理活动。

项目资源包括项目实施中需要的人力、设备、材料、能源、设施及其他各种资源等。项目资源计划涉及决定什么样的资源（人力、设备、材料）及多少资源将用于项目的每一项工作执行过程中。因此，它必然是与成本估计相对应的，是项目成本估计的基础和前提，资源规划得是否详细与准确，必然会影响到项目成本估算的详细与准确。

 小资料

资金时间价值的内涵

一般来讲，代表资金时间价值的利息是以百分比即利率来表示的，在商品经济条件下，利率是由以下三部分组成的。

(1) 时间价值：即纯粹的时间价值，随着时间的变化而发生的价值增值。

(2) 风险价值：现在投入的资金，今后能否确保回收。

(3) 通货膨胀：资金会由于通货膨胀而发生贬值。

11.2.2 项目资源计划的编制方法和工具

1. 资源计划编制的方法

项目资源计划的编制有多种方法，如果选择不当就会造成严重的项目成本管理风险。项目资源计划编制方法主要包括如下几种。

1) 专家判断法

这是由项目管理专家根据经验和判断去确定和编制项目资源计划的方法。这是一种通过组织有关专家在调查研究的基础上，召开专家小组座谈或使用问卷的方式共同探讨并提出项目资源计划方案，然后制订出项目资源计划的方法。这一方法的优点是：主要依靠判断，不需要收集大量的历史信息资料。缺点是：如果专家的水平不一致或对项目的理解不统一就会造成项目资源计划编制出现问题。

2) 统一额定法

这是指使用国家或地方的统一标准额定去制订项目资源计划的方法。其中所谓的"统一标准额定"是指由权威部门所制订的，在一定的技术装备和组织条件下为完成一定量的工作所消耗和占用的资源的质量和数量标准或额度。这些方法具有计划经济的色彩，所以近年来正在被逐步弃用。

3) 工料测量法

这是指使用国家或地方统一规定的资源计算规则去制订项目资源计划的方法。其中所谓的"工料测量方法"是指由权威部门所制订并颁布执行的，为完成一定量的工作所需消耗和占用的资源质量和数量的标准计算方法。这种方法比较科学，近年来发达国家正在推广使用这种方法。

4) 资料统计法

这是指使用历史项目的统计数据资料计划和确定项目资源计划的方法。这种方法中使用的历史统计资料必须有足够的样本量，而且有具体的数量指标反映项目资源的规模、质量、消耗速度等。通常这些指标又可以分为实物量指标、劳动量指标和价值量指标。

2. 资源计划的工具

常用的项目资源计划的工具包括：资源矩阵、资源数据表、资源甘特图、资源负荷图或资源需求曲线、资源累计需求曲线等。

资源矩阵、资源数据表以表格的形式列示项目的任务、进度及其需要的资源的品种、数量及各项资源的重要程度，其格式如表11-1和表11-2所示。资源甘特图就是利用甘特图技术对项目资源的需求进行表达，见图11-1。资源负荷图或需求曲线一般以条形图的方式反映项目进度及其资源需求情况。资源需求曲线以线条的方式反映项目进度及其资源需求情况，分为反映项目不同时间资源需求量的资源需求曲线（如图11-2所示）和反映项目不同时间对资源的累计需求的资源累计需求曲线（如图11-3所示）。

表 11-1 某项目资源矩阵

工作	资源需要					相关说明
工作 1 工作 2 ⋮ 工作 $m-1$ 工作 m	资源 1	资源 2	⋯	资源 $n-1$	资源 n	

表 11-2 某项目资源数据表

资源需求种类	资源需求总量	时间安排（不同时间资源需求量）					相关说明
		1	2	3	⋯	$T-1$	T	
资源 1 资源 2 ⋮ 资源 $n-1$ 资源 n								

资源种类	时间安排（不同时间资源需求量）											
	1	2	3	4	5	6	7	8	9	10	11	12
资源 1 资源 2 ⋮ 资源 $n-1$ 资源 n												

图 11-1 资源甘特图

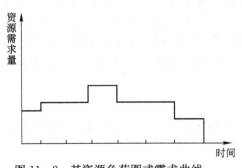

图 11-2 某资源负荷图或需求曲线

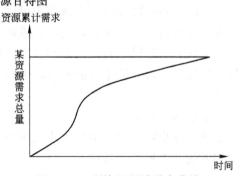

图 11-3 某资源累计需求曲线

11.2.3 资源计划的编制过程

资源计划的编制步骤包括资源需求分析、资源供给分析、资源成本比较与资源组合、资源分配与计划编制。

1. 资源需求分析

首先分析确定工作分解结构中每一项任务所需的资源数量、质量及其种类。确定了资源需求的种类后,根据有关项目领域中的消耗定额或经验数据,确定资源需求量。

2. 资源供给分析

资源供给的方式多种多样,可以在项目组织内部解决也可以从项目组织外部获得。资源供给分析要分析资源的可获得性、获得的难易程度及获得的渠道和方式,分析可分别从内部、外部资源着手。

3. 资源成本比较与资源组合

确定需要哪些资源和如何得到这些资源后,就要比较这些资源的使用成本,从而确定资源的组合模式(即各种资源所占比例与组合方式)。完成同样的工作,不同的资源组合模式,其成本有时会有较大的差异。要根据实际情况,考虑成本、进度等目标要求,具体确定合适的资源组合方式。

4. 资源分配与计划编制

资源分配是一个系统工程,既要保证各个任务得到合适的资源,又要努力实现资源总量最少、使用平衡。在合理分配资源使所有项目任务都分配到所需资源,而所有资源也得到充分利用的基础上,编制项目资源计划。

11.3 项目成本估算

11.3.1 项目成本估算概述

1. 项目成本估算的概念

项目成本估算包括初步项目成本估算(量级估算)、技术设计后的成本估算(预算)和详细设计的成本估算(最终估算)等几种不同精度的项目成本估算。如前所述项目生命周期包括多个阶段,各阶段都以一个或多个可交付成果作为标志。针对各阶段特定的成本管理任务,需要分阶段编制成本估算,因此,成本估算是贯穿项目整个生命周期的一种管理活动。同时,由于项目各阶段所具备的条件和掌握的资料不同,估算的精度也不同。随着阶段的不断推移,经过调查研究后掌握的资料越来越丰富,确定性条件越来越多,成本估算的精度便随之提高。

2. 项目成本的构成

项目成本是指项目形成全过程所耗用的各种费用的总和。项目成本是由一系列的项目成本科目构成的。主要的项目成本科目如下。

1) 项目定义与决策成本

由于项目定义与决策的好坏对项目实施和项目建成后的经济和社会效益会产生重要

影响,所以为了对项目进行科学的定义和决策就必须开展翔实的调查研究工作,收集和掌握第一手的信息资料并进行可行性研究,以便最终做出抉择。要完成这些工作就需要耗用许多人力、物力资源,就需要花费许多的资金,这些就构成了项目成本中的项目定义和决策成本。

2) 项目设计和计划成本

项目进入设计和计划阶段同样需要花费很多的成本。不管是工程建设项目,还是新产品开发项目及科学研究项目,任何一个项目都要开展项目设计和计划工作。这些设计和计划工作同样要产生费用,它们是项目成本的一个重要组成部分。

3) 项目采购成本

所谓项目采购成本是指为了获得项目所需的各种资源,项目组织必须开展的询价、选择供应商、订货、运输、广告、承发包、招投标等一系列工作的花费。

4) 项目实施成本

在项目实施的过程中为了生成项目产出物所耗用的各种资源而形成的费用被称为"项目实施成本"。这主要包括在项目实施过程中所耗费机器设备的成本和在项目实施中所消耗的劳动成本。实际上,除了前面三种项目成本科目,其他的都属于项目实施成本的范畴。因此,项目实施成本是项目总成本的主要部分,占总成本的 90% 以上,从这个意义上讲,项目成本管理实际上是项目实施成本的管理。

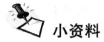 小资料

影响项目成本的因素很多,主要有以下几个因素

(1) 质量对成本的影响。质量总成本由质量故障成本和质量保证成本组成。质量越低,引起的质量不合格损失越大,即故障成本越大;反之,则故障成本就越低。质量保证成本,指为保证和提高质量而采取相关的保证措施而耗用的开支,如购置设备改善检测手段等。这类开支越大,质量保证程度越可靠;反之,质量就越低。

(2) 工期对成本的影响。

(3) 价格对成本的影响。在设计阶段对成本的影响主要反映在施工图预算,而预算要取决于设计方案的价格,价格直接影响到工程造价。因此,在做施工图预算时,应做好价格预测,特别是准确估计由于通货膨胀使建材、设备及人工费的涨价率,以便较准确地把握成本水平。

(4) 管理水平对成本的影响。如:对预算成本估算偏低,例如征地费用或拆迁费用大大超出计划而影响成本。由于资金供应紧张或材料、设备供应发生问题,从而影响工程进度,延长工期,造成建设成本增加。更改设计可能增加或减少成本开支,但又往往会影响施工进度,给成本控制带来不利影响。

11.3.2 项目成本估算的技术路线和方法

1. 项目成本估算的技术路线

在项目进展的不同阶段,项目的工作分解结构的层次可以不同,根据项目成本估算单元在 WBS 中的层次关系,可将成本估算技术路线分为三种:自上而下的估算、自下而上的估

算、自上而下和自下而上相结合的估算。

1）自上而下的估算

自上而下的估算，又称类比估算，通常在项目的初期或信息不足时进行，此时只确定了初步的工作分解结构，分解层次少，很难将项目的基本单元详细列出来。因此，成本估算的基本对象可能就是整个项目或其中的子项目，估算精度较差。自上而下的成本估算实际上是以项目成本总体为估算对象，在收集了上层和中层管理人员的经验判断，以及以往类似项目的历史数据的基础上，将成本从工作分解结构的上部向下部依次分配、传递，直至 WBS 的最底层。

2）自下而上估算

自下而上的成本估算是指先估算各个工作单元的费用，然后自下而上将各个估算结果汇总，算出项目费用总和。采用这种技术路线的前提是确定了详细的工作分解结构（WBS），能做出较准确的估算。当然，这种估算本身要花费较多的费用。

3）自上而下和自下而上相结合的成本估算

采用自上而下的估算路线虽然简便，但估算精度较差；采用自下而上的估算路线，所得结果更为精确，并且项目所涉及活动资源的数量更清楚，但估算工作量大。为此，可将两者结合起来，以取长补短。即采用自上而下与自下而上相结合的路线进行成本估算。

自上而下和自下而上相结合的成本估算针对项目的某一个或几个重要的子项目进行详细具体的分解，从该子项目的最低分解层次开始估算费用，并自下而上汇总，直至得到该子项目的成本估算值；之后，以该子项目的估算值为依据，估算与其同层次的其他子项目的费用；最后，汇总各子项目的费用，得到项目总的成本估算。

2. 项目成本估算的方法

常用的项目成本的估算方法有专家判断法、工料清单法、参数估算法、软件估算法等。

1）专家判断法

专家判断法是以专家为索取信息的对象，组织专家运用其项目管理理论及经验对项目成本进行估算的方法。该方法适用于项目成本估算精度要求不高的情况，通常，专家判断法有两种组织形式，一是成立项目专家小组共同探讨估算；二是专家们互不见面、互不知名而由一名协调者汇集专家意见并整理、编制项目成本估算。它通常比其他技术和方法花费要少一些，但是其准确性也较低。当历史项目与当前的项目不仅在形式上，而且在实质上相同时，专家判断法可能提供更可靠和实用的项目成本估算结果。

2）工料清单法

又称自下而上法，是根据项目的工作分解结构，将较小的相对独立的工作包负责人的估算成本加总计算出整个项目的估算成本的方法。它通常首先估算各个独立工作的费用，然后再从下往上汇总估算出整个项目费用。

工料清单法的优点是在子任务级别上对费用的估算更为精确，并能尽可能精确地对整个项目费用加以确定。比起高层管理人员来讲，直接参与项目建设的人员更清楚项目涉及活动所需要的资源量，因此工料清单法的关键是组织项目最基层的工作负责人参加成本估算并正确地对其估算结果加以汇总。

3）参数估算法

参数估算法又称参数模型法，是根据项目成本重要影响因素的特征参数建立数学模型来估算项目成本的方法。通常是将项目的特征参数作为预测项目费用数学模型的基本参数，模型可能是简单的，也可能是复杂的。无论费用模型还是参数模型，其形式是各种各样的。如果模型依赖于历史信息，模型参数容易数量化。

4）软件估算法

项目管理软件，如项目成本估算软件、计算机工作表、模拟和统计工具，被广泛用来进行费用估算。这些工具可以简化一些费用估算工作量，便于进行各种费用估算方案的快速计算。

5）因素估算法

这是比较科学的一种传统估算方法。它以过去为根据来预测未来，并利用数学知识。它的基本方法是利用规模和成本图。图上的线表示规模和成本的关系，图上的点是根据过去类似项目的资料来描绘的，根据这些点描绘出的线体现了规模和成本之间的基本关系。有时画的是直线，但也有可能是曲线。成本包括不同的组成部分，如材料、人工和运费等，这些都可以有不同的曲线。项目规模知道以后，就可以利用这些线找出成本各个不同组成部分的近似数字。

6）WBS基础上的全面详细估算法

即利用WBS方法先对项目任务进行合理的细分，分到可以确认的程度，如某种材料、某种设备、某一活动单元等。然后估算每个WBS要素的费用。采用这一方法的前提条件或先决步骤是：① 对项目需求做出一个完整的限定；② 制订完成任务所必需的逻辑步骤；③ 编制WBS表。

11.4 项目成本预算

11.4.1 项目成本预算概念

成本估算的目的是估计项目的总成本和误差范围，而成本预算是将项目的总成本分配到各工作项和各阶段上。成本估算的输出结果是成本预算的基础与依据，成本预算则是将已批准的估算（有时因为资金的原因需要砍掉一些工作来满足总预算要求，或因为追求经济利益而缩减成本额）进行分摊。

尽管成本估算与成本预算的目的和任务不同，但两者都以工作分解结构为依据，所运用的工具与方法相同，两者均是项目成本管理中不可或缺的组成部分。

11.4.2 项目成本预算的方法

项目成本预算的方法与成本估算相同。但由于项目成本预算的目的不同于成本估算的目的，所以在具体运用时存在差异。以下对项目成本预算的两种基本方法进行比较。项目成本预算的两种基本方法是自上而下的预算和自下而上的预算。采用哪一种方法，这和项目组织的决策系统有很大关系。

1. 自上而下的预算方法

自上而下的预算方法主要是依据上层、中层项目管理人员的管理经验和判断。首先由上层和中层管理人员对构成项目整体成本的子项目成本进行估计，并把这些估计的结果传递给低一层的管理人员。在此基础上由这一层的管理人员对组成项目的任务和子项目的任务的成本进行估计，然后继续向下一层传递他们的成本估计，直到传递到最低一层。

这种预算方法的优点是总体预算往往比较准确，上中层管理人员的丰富经验往往使得他们能够比较准确地把握项目整体的资源需要，从而保证项目预算能够控制在比较准确的水平上。这种方法的另一个优点是，由于在预算过程中总是将既定的预算在一系列任务之间进行分配，这就避免有些任务被过分重视而获得过多资源。

但是这种预算方法也存在不可避免的缺点。可能会出现下层人员认为不足以完成相应任务，又很难提出与上层管理者不一致的看法，而只能沉默地等待上层管理者自行发现其中的问题并进行纠正的情况，这样就会导致项目在生产进行过程中出现困难，甚至于失败。

2. 自下而上的预算方法

自下而上的预算方法，是管理人员对所有工作的时间和需求进行仔细的考查，以尽可能精确地加以确定。首先预算是针对资源而进行的。意见上的差异可以通过上层和中层管理人员之间的协商来解决，形成了项目整体成本的直接估计。项目经理在此之上加上了适当的间接成本。

与自上而下的预算方法相比，自下而上的预算方法对任务档次的要求更高、更为准确，关键在于要保证把所涉及的所有工作任务都考虑到，为此，这种方法比自上而下的预算方法更为困难。

自下而上的预算方法的优点是，由于预算出自日后要参与实际工作的人员手中，所以可以避免上下层管理人员发生争执和不满情况的出现。

小资料

编制项目施工预算应符合下列规定

（1）以施工方案和管理措施为依据，按照本企业的管理水平、消耗定额、作业效率等进行工料分析，根据市场价格信息，编制施工预算。

（2）当某些环节或部分工程施工条件尚不明确时，可按照类似工程施工经验或招标文件所提供的计量依据计算，暂估费用。

（3）施工预算应在工程开工前编制完成。

11.4.3 项目成本预算的结果

项目成本预算的主要结果是获得基准预算，具体体现在以下几个方面。

1. 基准预算

项目基准预算又称费用基准，它以时段估算成本进一步精确、细化编制而成，通常以 S 形曲线的形式表示，是按时间分段的项目成本预算，是项目管理计划的重要组成部分。许多项目，特别是大项目，可能有多个费用基准或资源基准或消耗品生产基准，来度量项目绩效的不同方面。

成本基准计划对项目成本按时间进行分解，并在此基础上编制成本基准计划。其表示方式有两种：一种是在总体控制时标网络图上表示。另一种是利用时间—成本累计曲线（S形曲线）表示，如图11-4所示。

2. 成本预算表和成本预算单

在编制项目成本预算时要填写预算单，完成成本预算。预算单上需要包括下列内容：劳动力、分包商和顾问、专用设备和工具、原材料等。

以上仅是预算单中所包括的部分内容。实际工作中还需要考虑更多的因素。为了防止遗漏，可以编制项目预算表，如表11-3所示。

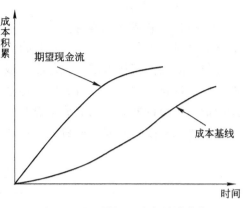

图11-4 时间—成本累计曲线

表11-3 项目预算表

| 项目名称： | 日期： | 自 | 至 | 制表人： |

项目	时间		数量（单位）	预算成本
	开始	结束		
1. 人员 （1）项目团队成员 （2）承包商 （3）咨询商或顾问 ⋮				
2. 原材料 （1） （2） （3） ⋮				
3. 租用器具 （1） （2） （3） ⋮				

3. 成本预算编制案例

【例11-1】 方兴公司生产并安装一台大型机床，项目成本估算的结果是120万元，要求：编制该项目的成本预算。

分析 项目成本预算的编制首先要对成本估算进一步精确、细化并按项目分解结构分配到项目各组织部分直至各工作包，以最终确定项目成本预算；其次还要将预算成本按项目进度计划分解到项目的各个阶段，建立每一时段的项目预算成本，以便在项目实施阶段利用其进行成本控制。故项目成本预算的编制包括两个步骤：① 确定并分摊预算总成本；② 制订累计预算成本。具体操作如下。

1) 分摊预算总成本

分摊预算总成本就是将预算总成本分摊到各成本要素中去，并为每一个阶段建立预算总成本。其具体方法有两种。一种是自上而下法，即在总项目成本（即人工、原材料等）之内按照每个阶段的工作范围，以总项目成本的一定比例分摊到各个阶段中；另一种是自下而上法，它是依据与每一阶段有关的具体活动而进行成本估计的方法。每一阶段的总预算成本就是组成各阶段的所有活动的成本总和。

方兴公司生产并安装一台大型机床，预算总成本分解，如图11-5所示。

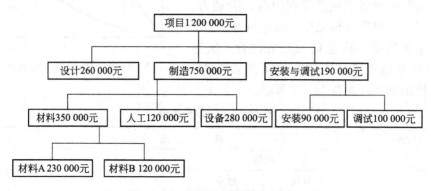

图11-5 预算总成本分解示意图

图11-5表明了把120万元的项目成本分摊到工作分解结构中的设计、制造、安装与调试各个阶段的情况。

那么，分摊到各阶段的数字表示为完成所有与各阶段有关的活动的总预算成本。无论是自上而下法还是自下而上法，都被用来建立每一阶段的总预算成本，所以所有阶段的预算总和不能超过项目总预算成本。

2) 制订累计预算成本

为每一阶段建立了总预算成本，就要把总预算成本分配到各阶段的整个工期中去，每期的成本估计是根据组成该阶段的各个活动进度确定的。当每一阶段的总预算成本分摊到工期的各个区间，就能确定在这一时间内用了多少预算。这个数字用截止到某期的每期预算成本总和表示。这一合计数，称作累计预算成本，将作为分析项目成本绩效的基准。

在制订累计预算成本时，要编制大型机床项目每期预算成本表，如表11-4所示。

对于大型机床项目，表11-4表示了估计工期如何分摊每一阶段的预算总成本到各工期，也表示出了整个项目的每期预算成本及其累计预算成本。

表11-4 机床项目每期预算成本表　　　　　　　　　　　单位：万元

	合计	周											
		1	2	3	4	5	6	7	8	9	10	11	12
设计	26	5	5	8	8								
建造	75					9	9	15	15	14	13		

续表

	合计	周											
		1	2	3	4	5	6	7	8	9	10	11	12
安装与调试	19											10	9
合计	120	5	5	8	8	9	9	15	15	14	13	10	9
累计		5	10	18	26	35	44	59	74	88	101	111	120

根据表 11-4 的数据，可以给出时间—成本累计曲线，如图 11-6 所示。

整个项目的累计预算成本或每一阶段的累计预算成本，在项目的任何时期都能与实际成本和工作绩效作对比。对项目或阶段来说，仅仅将消耗的实际成本与总预算成本进行比较容易引起误解，因为只要实际成本低于总预算成本，成本绩效看起来总是好的。在大型机床的例子中，人们会认为只要实际总成本低于 120 万元，项目成本就得到了控制。但当某一天实

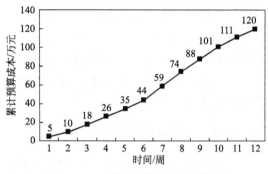

图 11-6 时间—成本累计曲线

际总成本超过了总预算成本 120 万元，而项目还没有完成，那该怎么办呢？到了项目预算已经超出而仍有剩余工作要做的时候，要完成项目就必须增加费用，此时再打算进行成本控制就太晚了。为了避免这样的事情发生，就要利用累计预算成本而不是总预算成本作为标准来与实际成本作比较。如果实际成本超过累计预算成本，就可以在不算太晚的情况下及时采取改正措施。

11.5 项目成本控制

11.5.1 项目成本控制目的

项目成本控制的主要目的是控制项目成本的变更，涉及项目成本的事前、事中、事后控制。项目成本的事前控制指对可能引起项目成本变化因素的控制；事中控制指在项目实施过程中的成本控制；事后控制指当项目成本变动实际发生时对项目成本变化的控制。

11.5.2 项目成本控制的内容

成本控制主要关心的是影响改变费用线的各种因素、确定费用线是否改变及管理和调整实际的改变。成本控制的内容包括：监控成本预算执行情况以确定与计划的偏差，对造成费用基准变更的因素施加影响；确认所有发生的变化都被准确记录在费用线上；避免不正确的、不合适的或者无效的变更反映在费用线上；确保合理的变更请求获得同意，当变更发生时，管理这些实际的变更；保证潜在的费用超支不超过授权的项目阶段成本和项目成本总预算。

成本控制还应包括寻找成本向正反两方面变化的原因，同时还必须考虑与其他控制过程如项目范围控制、进度控制、质量控制等相协调，以防止不合适的费用变更导致质量、进度方面的问题或者导致不可接受的项目风险。

 小资料

进行成本分析可采用下列方法

（1）按照量价分离的原则，用对比法分析影响成本节超的主要因素。包括：实际工程量与预算工程量的对比分析，实际消耗量与计划消耗量的对比分析，实际采用价格与计划价格的对比分析，各种费用实际发生额与计划支出额的对比分析。

（2）在确定施工项目成本各因素对计划成本影响的程度时，可采用连环替代法或差额计算法进行成本分析。

11.5.3 项目成本控制的方法

从成本控制的内容可见，项目成本控制是一个系统工程，因此研究成本控制的方法非常重要。对规模大且内容复杂的项目，通常是借助相关的项目管理软件和电子表格软件来跟踪计划成本、实际成本和预测成本的变化，实施项目成本控制。项目管理实践证明以下一些成本控制方法将使成本控制简便而有效。

1. 项目成本分析表法

项目成本分析表法是利用项目中的各种表格进行成本分析和成本控制的一种方法。应用成本分析表法可以很清晰地进行成本比较研究。常见的成本分析表有月成本分析表、成本日报或周报表、月成本计算及最终成本预测报告表。

每月编制月成本计算及最终成本预测报告表，是项目成本控制的重要内容之一。该报告主要事项包括项目名称、已支出金额、已竣工尚需的预计金额、盈亏预计等。月成本计算及最终成本预测报告要在月末会计账簿截止的同时完成，并随时间推移使精确性不断增加。表11-5显示了工程项目的月成本计算及最终成本预测报告表的格式。

2. 成本累计曲线法

成本累计曲线又叫做时间—累计成本图。它是反映整个项目或项目中某个相对独立部分开支状况的图示。它可以从成本预算计划中直接导出，也可利用网络图、条线图等图示单独建立。

表11-5 月成本计算及最终成本预测报告表

序号	科目编号	名称	支出金额	调整		备注	现在的成本			序号	到竣工尚需金额			最终预算工程成本			合同预算金额			预算比较	
				金额增	金额减		金额	单价	数量		金额	单价	数量	金额	单价	数量	金额	单价	数量	亏	盈

续表

序号	科目编号	名称	支出金额	调整		备注	现在的成本			序号	到竣工尚需金额			最终预算工程成本			合同预算金额			预算比较	
				金额增	金额减		金额	单价	数量		金额	单价	数量	金额	单价	数量	金额	单价	数量	亏	盈

成本累计曲线图上实际支出与理想情况的任何一点偏差，都是一种警告信号，但并不是说工作中一定发生了问题。图上的偏差只反映了现实与理想情况的差别，发现偏差时要查明原因，判定是正常偏差还是不正常偏差，然后采取措施处理。

在成本累计曲线图上，根据实际支出情况的趋势可以对未来的支出进行预测，将预测曲线与理想曲线进行比较，可获得很有价值的成本控制信息。这对项目管理很有帮助。

虽然成本累计曲线可以为项目控制提供重要的信息，但是前提是假定所有工序时间都是固定的。在网络技术中人们知道，大量的非关键工序开始和结束时间是需要调整的。利用工序的最早开始时间和最迟开始时间制作的成本累计曲线称为成本的香蕉曲线，如图11-7所示。顺便指出，香蕉曲线不仅可以用于成本控制，还是进度控制的有效工具。

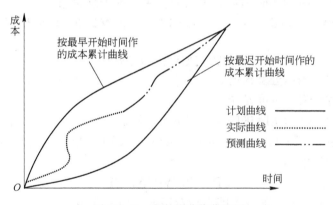

图11-7 成本的香蕉曲线图

香蕉曲线表明了项目成本变化的安全区间，实际发生的成本变化如不超出两条曲线限定的范围，就属于正常变化，可以通过调整开始和结束的时间使成本控制在计划的范围内。如果实际成本超出这一范围，就要引起重视，查清情况，分析出现的原因。如果有必要，应迅速采取纠正措施。

3. 挣值法

挣值（earned value，EV）是一种与速度、技术绩效有关的资源规划管理技术，挣值测量涉及三个关键值，即已安排工作的预算费用、已完成工作的预算费用和完成工作实际费用。通过这三个基本值的对比，可以对项目的实际进展情况做出明确的测定和衡量，有利于对项目进行监控，也可以清楚地反映出项目管理和项目技术水平的高低。

1）挣值法的三个参数

（1）计划工作量的预算费用（budgeted cost for work scheduled，BCWS）。BCWS 是指项目实施过程中某阶段计划要求完成的工作量所需的预算工时（或费用）。计算公式为：

$$BCWS = 计划工作量 \times 预算定额$$

BCWS 主要是反映进度计划应当完成的工作量，而不是反映消耗的工时或费用。

（2）已完成工作量的实际费用（actual cost for work performance，ACWP）。ACWP 是指项目实施过程中某阶段实际完成的工作量所消耗的工时（或费用），ACWP 主要是反映项目执行的实际消耗指标。

（3）已完工作量的预算成本（budgeted cost for work performance，BCWP）。BCWP 是指项目实施过程中某阶段实际完成工作量按预算定额计算出来的工时（或费用），即挣得值（earned value）。BCWP 的计算公式为：

$$BCWP = 已完成工作量 \times 预算定额$$

2）挣值法的四个评价指标

（1）费用偏差 CV（cost variance）。CV 是指检查期间 BCWP 与 ACWP 之间的差异，计算公式为：

$$CV = BCWP - ACWP$$

当 CV 为负值时，表示执行效果不佳，即实际消耗人工（或费用）超过预算值，即超支。

当 CV 为正值时，表示实际消耗人工（或费用）低于预算值，即有结余或效率高。

当 CV 等于零时，表示实际消耗人工（或费用）等于预算值。

（2）进度偏差 SV（schedule variance）。SV 是指检查日期 BCWP 与 BCWS 之间的差异。其计算公式为：

$$SV = BCWP - BCWS$$

当 SV 为正值时，表示进度提前。

当 SV 为负值时，表示进度延误。

当 SV 等于零时，表示实际进度与计划进度一致。

（3）费用执行指标 CPI（cost performed index）。CPI 是指挣得值与实际费用值之比（或工时值之比）。计算公式为：

$$CPI = BCWP/ACWP$$

当 CPI>1 时，表示低于预算，即实际费用低于预算费用。

当 CPI<1 时，表示超出预算，即实际费用高于预算费用。

当 CPI=1 时，表示实际费用与预算费用吻合。

（4）进度执行指标 SPI（schedule performed index）。SPI 是指项目挣得值与计划值之比，即：

$$SPI = BCWP/BCWS$$

当 SPI>1 时，表示进度提前，即实际进度比计划进度快。

当 SPI<1 时，表示进度延误，即实际进度比计划进度慢。

当 SPI=1 时，表示实际进度等于计划进度。

挣值法实际上是一种综合的绩效度量技术，既可用于评估项目成本变化的大小、程度及原因，又可用于对项目的范围、进度进行控制，将项目范围、费用、进度整合在一起，帮助项目管理团队评估项目绩效。该方法在项目成本控制中的运用，可确定偏差产生的原因、偏差的量级和决定是否需要采取行动纠正偏差。

4. 挣值法应用案例

现以案例说明挣值法在成本控制中的具体运用。

某项目共有 10 项任务，在第 20 周结束时有一个检查点。项目经理在该点对项目实施检查时发现，一些任务已经完成，一些任务正在实施，另外一些任务还没有开工，如图 11-8 所示（图中的百分数表示任务的完成程度）。各项任务已完成工作量的实际耗费成本在表 11-6 中的第 3 列给出，假设项目未来情况不会有大的变化，请计算该检查点的 BCWP、BCWS 和 EAC（任务完成时的预算成本），并判断项目在此点费用使用和进度情况。

/	1～8	9～18	19	20	21～24	25～36	37	38	39	40	41	42	43～48
1	100%												
2		80%											
3			20%										
4						10%							
5						10%							
6						10%							
7						0							
8						0							
9						0							
10													0

图 11-8 项目在第 20 周时的进度示意图

表 11-6 项目跟踪表（未完成）

序号	成本预算/万元	ACWP/万元	BCWP/万元	任务完成时的预测成本 EAC/万元	BCWS/万元
1	25	22			
2	45	40			
3	30	6			
4	80	7			
5	75	0			
6	170	0			
7	40	0			
8	80	0			
9	25	0			
10	30	0			
合计	600	75			

分析如下：

在利用挣值法分析项目实施状况时，一定要紧扣有关概念。概念清楚，计算思路才会清晰。以任务2为例，计算如下：

BCWP（已完成工作的预算费用）＝工作预算费用×当前已完成工作量
$$=45\text{万元}\times 80\%=36\text{万元}$$

BCWS（已安排工作的预算费用）＝工作预算费用×当前预计完成工作量
$$=45\text{万元}\times 100\%=45\text{万元}$$

EAC的计算有多种方式，由于未来情况不会发生大的变化，所以采用最简单的计算方式。

$$EAC=40\text{万元}/80\%=50\text{万元}$$

其余任务的有关指标可同理计算，结果如表11-7所示。

表11-7 项目跟踪表（已完成）

序号	成本预算/万元	ACWP/万元	BCWP/万元	任务完成时的预测成本EAC/万元	BCWS/万元
1	25	22	22	22	25
2	45	40	50	50	45
3	30	6	30	30	10
4	80	7	8	70	0
5	75	0	0	75	0
6	170	0	0	170	0
7	40	0	0	40	0
8	80	0	0	80	0
9	25	0	0	25	0
10	30	0	0	30	0
合计	600	75	75	592	80

CV＝BCWP－ACWP＝75－75＝0，故项目既没有超支也没有节约。
SV＝BCWP－BCWS＝75－80＝－5＜0，故项目进度落后了。

本章案例分析

C公司的成本估算

C公司主要致力于为国内教育提供信息化服务，成立业内一流的研发中心，不断研究和推出深受用户欢迎的软件产品，客户遍布中国每个省（市、自治区）。公司创立8年来，通过不断加强和改进技术管理来完善产品和提升服务品质，已成为中国教育软件研发领域首家通过CMM3评估项目的公司。

李工是C公司的项目经理，1个月前刚接手某高校学生管理系统研发项目。完成项目需求调研后，李工开始制定详细的进度和成本计划。表11-8和表11-9分别是李工用两种方法做的项目成本估算，估算货币单位为（元）。

表 11-8 项目成本估算表（一）

WBS	名称	估算值/元	合计值/元	总计值
1	学生管理系统			A
1.1	招生管理		40 000	
1.1.1	招生录入	16 000		
1.1.2	招生审核	12 000		
1.1.3	招生查询	12 000		
1.2	分班管理		81 000	
1.2.1	自动分班	30 000		
1.2.2	手动分班	21 000		
1.3	学生档案管理	30 000		
1.4	学生成绩管理		81 000	
1.4.1	考试信息管理	23 000		
1.4.2	考试成绩输入	30 000		
1.4.3	考试信息统计	28 000		

表 11-9 项目成本估算表（二）

成本参数	单位员工时数	参与人数
项目经理（30元/时）	500	1
分析人员（20元/时）	500	2
编程人员（13元/时）	500	2
一般管理费	21 350	
额外费用（25%）	16 470	
交通费（1 000元/次，4次）	4 000	
计算机费（2台，3 500元/台）	7 000	
打印与复印费	2 000	
总项目费用	B	

[资料来源] 百度文库。

回答问题
1. 请简要说明信息系统项目管理过程进行成本估算的基本方法。
2. 表 11-8 和表 11-9 分别采用了什么估算方法，表中估算成本 A、B 各为多少？
3. 试分析信息系统项目成本估算过程中的主要困难和应该避免的常见错误。

本章习题

一、判断题

1. 项目成本管理是指根据企业的总体目标和项目的具体要求，在项目实施的过程中，对项目成本进行有效的组织、实施、控制、跟踪、分析和考核等管理活动。（　　）

2. 项目成本预算是指在项目的实施过程中，努力将项目的实际成本控制在项目成本预算范围之内的一项成本管理工作。（　　）

3. 项目成本预算的目的是估计项目的总成本和误差范围，而项目成本估算是将项目的总成本分配到各工作项和各阶段上。（　　）

4. 项目成本的事前控制指对可能引起项目成本变化因素的控制；事中控制指在项目实施过程中的成本控制；事后控制指当项目成本变动实际发生时对项目成本变化的控制。（　　）

5. 项目基准预算又称费用基准，它以时段估算成本进一步精确、细化编制而成，通常以 S 曲线的形式表示，是按时间分段的项目成本预算，是项目管理计划的重要组成部分。（　　）

二、选择题

1. 项目成本管理的主要内容包括（　　）。
   A. 项目资源计划　　　　　　B. 项目成本估算
   C. 项目成本预算　　　　　　D. 项目成本控制

2. 项目资源计划编制的主要方法有（　　）。
   A. 专家判断法　　　　　　　B. 统一额定法
   C. 工料测量法　　　　　　　D. 资料统计法

3. 项目资源计划的编制的过程包括（　　）。
   A. 资源需求分析　　　　　　B. 资源供给分析
   C. 资源成本比较与资源组合　D. 资源分配与计划编制

4. 项目成本是指项目形成全过程所耗用的各种费用的总和。项目成本是由一系列的项目成本细目构成的。主要的项目成本科目包括（　　）。
   A. 项目定义与决策成本　　　B. 项目设计和计划成本
   C. 项目采购成本　　　　　　D. 项目实施成本

5. 项目成本控制的常用的方法有（　　）。
   A. 项目成本分析表法　　　　B. 成本累计曲线法

C. 挣值法　　　　　　　　D. 资料统计法

三、思考题

1. 项目成本管理概念与内容是什么？
2. 简述项目资源计划的编制方法和工具。
3. 项目成本预算与估算有什么区别？
4. 简述项目成本控制的方法。

第 12 章 项目质量管理

◇ **学习目标**
1. 了解项目质量管理概念
2. 理解项目质量管理八大原则
3. 了解项目质量计划的内容
4. 了解项目质量保证与审计的概念和内容

◇ **导入案例**

M 项目自实施以来已经过去了一个半月,目前该项目还在"试用—修改—再试用—再修改"的泥沼中苦苦挣扎,4 名开发人员已经人困马乏,疲于应付,但系统的问题清单仍然越来越长,似乎没有尽头。这个项目是要为生产部门开发一个生产线的管理系统。去年,由于生产工艺和流程变化,已经使用了几年的管理系统无法继续使用了,因此生产部门购买了一套外国公司的生产管理软件,花费不菲。试运行的时候却发现系统响应速度非常慢,几乎造成 5 条生产线全部停工,无奈之下只好提前结束合同。当然,首付款也打了水漂。

目前,生产线完全依靠人工管理,生产效率低下,生产部门迫切希望信息部门能够尽快开发出新系统,以缓解生产制造部门的混乱局面。对于系统的上线时间,生产部门的要求近乎苛刻,信息部在接到任务后,只好将项目时间安排紧缩、再紧缩。开发部的工程师非常努力,只用了三个月就完成了需求调研和代码开发,并于一个半月前开始试运行。但是问题很快出现了,本来预计只要两周的系统实施阶段一拖再拖,问题不断,眼看三个两周都过去了,距正式上线仍遥遥无期,对此各方面都非常着急,却搞不清楚为何如此。

[资料来源] http://www.leadge.com/news_list/Details.aspx? id=99424&page=1。

12.1 项目质量管理概念与原则

12.1.1 质量管理

2015 版 ISO 9000 标准对质量管理的定义是"在质量方面指挥和控制组织的协调活动"。

与质量有关的活动,通常包括质量方针和质量目标的建立,质量策划、质量控制、质量保证和质量改进。因此,质量管理可进一步解释为确定和建立质量方针、目标和职责,并在质量体系中通过诸如质量策划、质量控制、质量保证和质量改进等手段来实施的全部管理职能的所有活动。

 小提示

对于一个劳动密集型项目，管理支持性活动所使用费用一般应为整个项目人工费用的 12%～15%，3%～5%要分配到质量管理上。因此项目办公室 20%～30%的劳动要分配到质量管理中。

12.1.2 项目质量管理

项目质量是指项目管理和项目成果的质量，它不仅包括项目的成果，即产品或服务的质量，也包括项目管理的质量，良好的项目管理过程是取得令人满意的产品或服务和其他成果的保证，项目管理各个过程的质量决定了项目成果的质量。也就是说，项目作为一项最终产品来看，项目质量体现在其性能或者使用价值上，是指项目的产品质量。从项目作为一次性活动来看，项目质量由 WBS 反映出的项目范围内所有的阶段、子项目、项目工作单元的质量所构成，也即项目的工作质量。一个项目成功与否，主要看项目的质量是否符合要求，一个质量没有达到客户要求的项目是失败的项目。要使质量符合要求或标准，必须对质量进行有效的管理，它包括质量策划、质量控制、质量保证三部分，有时也将质量审核单独列出。

12.1.3 项目质量管理的原则

项目质量管理八项原则是 2015 版 ISO 9000 质量管理和质量保证系列标准的理论基础，是企业开展质量管理工作必须遵循的基本准则。它充分融合当代国际质量管理理论和实践发展成果的八项原则，涵盖了一个领导人在成功运作企业时应关注的重点、应具备的思想方法和工作方法，以及正确处理各种关系时的准则和正确态度。其意义已远超出质量管理的领域和范畴，它将为企业整体化管理提供一条正确的思路。下面具体介绍这八项原则。

1. 以顾客为关注焦点

企业的质量管理应关注顾客的需求，并在质量方针中加以体现，将顾客明确的、隐含的要求转换为产品的设计和质量控制要求，在企业的组织结构中传达和实施，并且通过各种措施和手段予以保证和实现。

2. 领导作用

领导者要为职工创造能参与实现规定目标和质量改进的环境，并积极改革企业体制、机构和运行机制，通过身体力行、强烈的质量意识和示范作用，调动职工提高质量的热情，形成推动企业进一步发展的合力。

3. 全员参与

只有全员参与，才能使产品实现的所有活动（过程）处于受控状态，使顾客需求贯穿于产品实现的全过程，从而使顾客的期望得到实现。

4. 过程方法

过程是管理的基础。过程方法即系统地识别企业的各个活动（过程）、相关资源及其运行接口和相互作用，并把相关资源和活动作为过程进行管理，以获得高效和期望的结果。

5. 管理的系统方法

管理的系统方法与传统方法的区别在于它采用系统工程方法，它从整体出发，协调系统和要素之间、要素和要素之间的相互作用，达到以最佳处理问题为目标的科学方法。

6. 持续改进

持续改进作为一种追求更高目标的活动，体现着当今国际上质量管理的精髓及其理念。它使质量管理的思想从单纯的管理发展到创新，从追求符合发展到追求最佳化，反映着质量管理理论的实践与发展。

7. 基于事实的决策方法

基于事实的决策方法，即从实际出发，以事实为依据，将事实分析的结果用于决策。它解决的是事件本身的不确定性。

8. 与供方互利的关系

与供方建立互利关系，首先要建立评价和选择供方的程序，正确识别关键供方，并与供方建立良好的互惠关系。必要时与供方建立长期合作伙伴关系，共享专门技术和资源，鼓励和承认供方的质量改进及其对企业质量管理和质量经营的成果，实现双赢。

12.2 项目质量计划

12.2.1 项目质量计划的概念

项目质量计划是针对具体项目的要求，以及应重点控制的环节所编制的对设计、采购、项目实施、检验等质量环节的质量控制方案。质量计划并不是一个单独的文件，而是由一系列文件组成的。项目质量管理是从项目质量的计划安排开始的，是通过对于项目质量计划的实施实现的。项目质量管理通过这一过程，努力控制和杜绝返工和质量失败等消极后果的出现，最终使项目达到质量要求。

质量计划的目的主要是确保项目的质量标准能够满意地实现，其关键是在项目的计划期内确保项目按期完成，同时处理好与其他项目计划之间的关系。

12.2.2 项目质量计划的内容

质量计划应明确指出所开展的质量活动，并直接或间接地指出如何实施所要求的活动。其内容如下。

1. 质量政策

质量政策是由顶层管理部门提出的关于质量的意图和方针。此政策应包括质量目标、能够被组织所接受的质量层次、执行政策和保证质量的组织成员的责任，还应该将高层管理者支持此政策的保证包括在内。

2. 质量目标

质量目标由一些特殊的目标组成，且对完成已描述目标有时间限制。必须认真制订质量目标，选择不切实际的质量目标会导致挫折和失败。

3. 界定说明

指项目立项时将项目的交付件（产品/工程的最后成果）的状态记录下来的项目目标文件。随着项目的进展，应该说明可能需要进行修订或细化。

4. 项目描述

以项目立项时确定的产品（工程）说明为基础，按照项目发展阶段而逐渐深化、细化，直至包含技术问题的细节和影响质量的其他问题。

5. 标准和条款

即要考虑其他领域中可能对本项目产生影响的专用标准或条款。

12.2.3 项目质量计划的方法

1. 质量功能展开（quality function deployment, QFD）

它的基本工具是质量屋，它的核心思想是：产品从开始的可行性分析研究到产品的生产都是以市场、顾客的需求为驱动，强调将市场顾客的需求明确地转变为参与产品开发人员能理解执行的各种具体信息，从而保证企业最终能生产出符合市场、顾客需求的产品。采用质量屋形式，通过建立质量屋的基本框架，输入信息，再根据分析评价得到的输出信息，从而实现一种需求转换。

 小资料

目前咨询公司或者认证公司在对企业进行 QFD 培训时主要针对以下几个内容。

（1）质量屋：是 QFD 的图示技术，是研究如何将顾客信息转化为供方生产信息的方法。

（2）客户声音：利用亲和图了解顾客的声音。

（3）狩模式：分析客户需求为令人兴奋、明定和基本要求。

（4）关系矩阵：研究客户需求和供方手段间的关系。

（5）竞争分析：分析客户和自己对产品的看法。

（6）QFD 的 4 个阶段：将产品规格逐步转换成设计、生产、制造、操作等要求。

2. 成本效益分析

质量计划必须综合考虑利益/成本的交换，满足质量需求的主要利益是减少重复性工作，这就意味着高的产出、低的支出及提高投资者的满意度。满足质量要求的基本费用是辅助项目质量管理活动的付出。质量管理的基本原则是利益与成本之比尽可能地大。

3. 基准比较

基准比较主要是通过比较实际或计划项目的实施与其他同类项目的实施过程，为改进项目实施过程提供一个思路和实施的标准。

4. 流程图

流程图是一个由箭线联系的若干因素关系图，流程图在质量管理中的应用主要包括如下几个方面：① 原因结果图主要用来分析和说明各种因素和原因如何导致或者产生各种潜在的问题和后果。② 系统流程图或处理流程图主要用来说明系统各种要素之间存在的相互关系，通过流程图可以帮助项目组提出解决所遇质量问题的相关方法。流程图能帮助项目组预测可能发生哪些质量问题,在哪个环节发生,因而有助于使解决问题的手段更为高明。系统流程图见图 12-1。③实验设计。实验设计用于分析和确定对整个项目输出结果最具有影响的因素,主要用于项目产品或服务问题。该方法的应用存在费用与进度交换的问题。

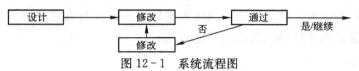

图 12-1 系统流程图

三峡工程的质量管理

为实现制度化和规范化的严格管理,三峡工程质量管理委员会颁布实施了《三峡工程质量管理办法》,该办法明确了参建各方的主要职责和权限,对原材料及设备的采购供应、工程施工质量的监督控制、工程质量事故的处理等做了具体规定。为做好三峡工程的验收工作,三峡工程质量管理委员会颁布实施了《三峡合同项目工程验收暂行规定》,并正在积极组织制订三峡工程蓄水、发电的阶段性验收及枢纽工程竣工验收的有关规定。

施工承包单位参照《三峡工程质量管理办法》,结合自身特点,制订了适合本单位的质量管理办法,如质量管理责任制、质量检查验收办法、质量奖惩办法等。监理单位根据工程进展需要,对质量检查验收的工作程序、验收办法及具体实施细则进行了逐步完善、补充,形成了一套较为系统的监理工作实施细则。监理细则对监理质量监督控制的内容、程序、标准等作了具体规定。长江委设计院编制实施了《质量保证手册》《质量体系程序文件》《质量体系程序作业文件》等一系列质量管理文件,对专业会签程序、会签责任、会签内容等做了详细规定。

12.3 项目质量控制

12.3.1 项目质量控制的内容

从不同角度分析,质量控制有不同的内容,下面分别从因素和过程两个角度来看质量控制的具体内容。

1. 因素控制

影响项目质量的因素主要有人、材料、设备工具、方法和环境五个方面。

(1) 人的控制。人是直接参与施工的组织者,指挥者和操作者,作为控制对象,要避免产生失误,作为控制动力,要充分调动人的积极性,发挥人的主导作用。

(2) 材料的控制。材料质量是项目质量的基础,所以加强材料的质量控制是提高项目质量的重要保障。

(3) 设备工具的控制。对设备工具的控制,应根据项目的不同特点,合理选择,正确使用、管理和保养。

(4) 方法的控制。方法包括项目实施方案、工艺、组织设计、技术措施等。对方法的控制,主要通过合理选择、动态管理等环节加以实现。

(5) 环境的控制。环境因素主要有项目技术环境,如地质、水文、气象等;劳动环境,如劳动组合、作业场所等。根据项目特点和具体条件,应采取有效措施对影响质量的环境因素进行控制。

 小提示

在项目实施中也可以依据几个方面进行质量控制:工作结果(包括实施结果和产品结果)、质量管理计划、操作描述、检查表格。

2. 过程控制

(1) 项目决策阶段的质量控制。首先,在项目的可行性研究中,提出对项目质量的总体要求,使项目的质量要求和标准符合项目所有者的意图。其次,项目决策的结果应能充分反映项目所有者对质量的要求和意愿。

(2) 项目设计阶段的质量控制。在项目设计过程中,应针对项目的特点,根据决策阶段已确定的质量目标和目标水平,使其具体化。

(3) 项目实施阶段的质量控制。根据项目实施的不同时间阶段,可以将项目实施阶段的质量控制分为事前控制、事中控制和事后控制。

 小提示

习惯与自然

一根小小的柱子,一截细细的链子,拴得住一头千斤重的大象,这不荒谬吗?可这荒谬的场景在印度和泰国随处可见。那些驯象人,在大象还是小象的时候,就用一条铁链将它绑在水泥柱或钢柱上,无论小象怎么挣扎都无法挣脱。小象渐渐地习惯了不挣扎,直到长成了大象,可以轻而易举地挣脱链子时,也不挣扎。驯虎人本来也像驯象人一样成功,他让小虎从小吃素,直到小虎长大。老虎不知肉味,自然不会伤人。驯虎人的致命错误在于他摔了跤之后让老虎舔净他流在地上的血,老虎一舔不可收拾,终于将驯虎人吃了。小象是被链子绑住,而大象则是被习惯绑住。虎曾经被习惯绑住,而驯虎人则死于习惯(他已经习惯于他的老虎不吃人)。

启示:习惯几乎可以绑住一切,只是不能绑住偶然。比如那只偶然尝了鲜血的老虎。

12.3.2 项目质量控制的方法

1. 检查

包括度量、考察和测试。

2. 控制图

可以用来监控任何形式的输出变量,可用于监控进度和费用的变化,范围变化的量度和频率,项目说明中的错误,以及其他管理结果。

3. 统计样本

对项目实际执行情况的统计值是项目质量控制的基础，统计样本涉及了样本选择的代表性，合适的样本通常可以减少项目控制的费用，当然这需要一些样本统计方面的知识，项目管理组有必要熟悉样本变化的技术。

4. 流程图

流程图通常被用于项目质量控制过程中，其主要目的是确定及分析问题产生的原因。

5. 鱼刺图

通过产生问题原因和结果的分析进一步剖析产生质量问题的根源，从而从深层次进行改进和完善。其图示见图12-2。

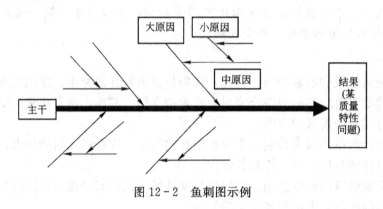

图12-2 鱼刺图示例

6. PDCA 循环

PDCA 循环是质量管理与质量控制的基本思路和方法，通过计划、执行、检查和分析不断地对质量问题进行持续改进。

7. 趋势分析

趋势分析是应用数学的技术，根据历史的数据预测项目未来的发展，趋势分析通常被用来监控：① 技术参数。多少错误或缺点已被识别和纠正，多少错误仍然未被校正。② 费用和进度参数。多少工作在规定的时间内被按期完成。

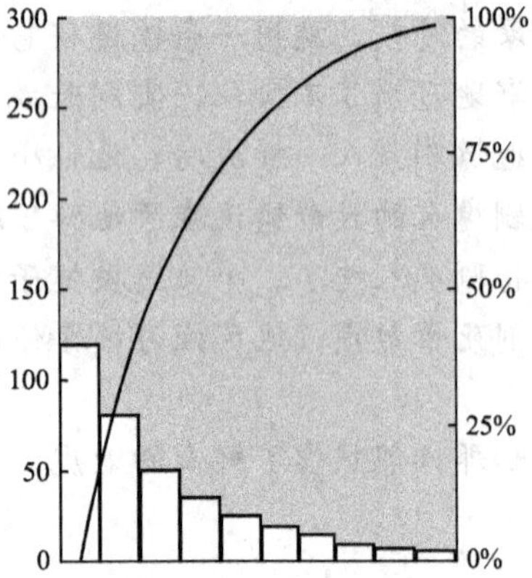

8. 帕累托图

又叫排列图、主次图，是按照发生频率大小顺序绘制的直方图，表示有多少结果是由已确认类型或范畴的原因所造成。它是将出现的质量问题和质量改进项目按照重要程度依次排列而采用的一种图表。可以用来分析质量问题，确定产生质量问题的主要因素。见图12-3。

图12-3 质量控制的帕累托图

帕累托图用双直角坐标系表示，左边纵坐标表示频数，右边纵坐标表示频率。分析线表示累积频率，横坐标表示影响质量的各项因素，按影响程度的大小（即出现频数多少）从左到右排列，通过对排列图的观察分析可以抓住影响质量的主要因素。

12.4 项目质量保证

项目最终交付的产品质量的好坏直接关系到项目的成败。质量保证就是项目组对客户在产品质量方面的担保,是提前采取的用来增加获得优质产品的可能性的步骤。质量保证是所有计划和系统工作实施达到质量计划要求的基础,应该贯穿于项目实施的全过程当中。

12.4.1 质量保证的分类

根据质量保证活动的目的和提供的"证据"对象的不同,质量保证可以分为内部质量保证和外部质量保证。对项目执行组织领导提供"信任"的活动,称为内部质量保证。项目的一系列质量活动都是由项目经理或项目团队进行的,虽然明确了职责分工,也有相应的质量控制方法和程序,但是,这些方法和程序是否确实有效,企业领导需要组织一部分独立的人员对直接影响项目质量的活动实施监督、检查和质量审核活动,以便及时发现质量控制中的薄弱环节,提出改进措施,促使质量控制能更有效地实施,从而使企业领导放心。对客户提供"信任"的活动,称为外部质量保证。这种信任是在签订合同前建立起来的,如果客户对企业没有这种信任,则不会与之签订合同。外部质量保证的基础是建立质量管理体系。

12.4.2 质量保证应做的工作

要保证产品的质量,应该做好如下几个方面的工作。

(1) 做好质量计划,明晰产品的规格说明。如果对项目的最终产品没有清晰的规格要求,也就很难保证产品的质量。

(2) 使用完善的标准和合格的资源。好的业界标准、合格的项目人员、物资及有效的信息资源是保证产品质量的重要因素。

(3) 公平的质量审核。质量审核是确定质量活动及其有关结果是否符合计划安排,以及这些安排是否有利于达到项目目标的、独立的审核。质量审核可以由专门的审计师或第三方质量系统注册组织来完成,以公正地评价项目现状、发现质量问题并采取改进或纠正措施,从而保证项目质量、管理过程符合规定要求,保证质量体系有效运行并不断完善,提高质量管理的水平。

 小资料

秀才赶考

有位秀才第三次进京赶考,住在一个经常住的店里。考试前两天他做了三个梦,第一个梦是梦到自己在墙上种白菜,第二个梦是下雨天,他戴了斗笠还打伞,第三个梦是梦到跟心爱的表妹躺在一起,但是背靠着背。这三个梦似乎有些深意,秀才第二天就赶紧去找算命的解梦。算命的一听,连拍大腿说:"你还是回家吧。你想想,高墙上种菜不是白费劲吗?戴斗笠打雨伞不是多此一举吗?跟表妹都躺在一张床上了,却背靠背,不是没戏吗?"

秀才一听,心灰意冷,回店收拾包袱准备回家。店老板非常奇怪,问:"不是明天才考

试吗,今天你怎么就回乡了?"秀才如此这般说了一番,店老板乐了:"哟,我也会解梦的。我倒觉得,你这次一定要留下来。你想想,墙上种菜不是高种(中)吗?戴斗笠打伞不是说明你这次有备无患吗?跟你表妹背靠背躺在床上,不是说明你翻身的时候就要到了吗?"秀才一听,觉得更有道理,于是精神振奋地参加考试,居然中了个探花。

启示:积极的人,像太阳,照到哪里哪里亮;消极的人,像月亮,初一十五不一样。想法决定我们的生活,有什么样的想法,就有什么样的未来。

12.4.3 项目质量保证的方法

1. 质量审核

质量审核,又称质量审计,是质量保证的主要工具和技术。质量审核的目标在于识别项目中使用低效率和低效力的政策、过程和程序。质量审核可以事先安排,也可以随机进行,可以由组织内经过恰当培训的审核人员或第三方进行。质量审核用以确认已实施批准的变更请求、纠正措施及缺陷补救。

2. 质量成本分析

项目实施中的质量成本可以分为以下四类。① 内部故障成本。在客户接受产品之前纠正缺陷所产生的成本。主要包括过程中的返工、返修、浪费及报废等。② 外部故障成本。在产品交付客户之后,由于产品不满足要求而进行处理所引发的成本。主要包括维修、保养、换货、退货、赔偿损失及投诉等。③ 预防成本。为确保项目质量而采取预防措施所引发的成本。主要包括制订质量计划、培训、供应商评价、质量保证活动、质量控制活动等。④ 鉴定成本。指用于检验产品或过程,并确认产品或过程符合要求而发生的成本。主要包括检验、测量、试验及检查等相关成本。

3. 质量管理体系

质量管理体系是指"在质量方面指挥和控制组织的管理体系"。质量管理体系是由相应的机构、成员、职责、程序、方法及具体的质量保证活动等共同组成的一个完整的系统。它的各组成部分是相互关联的。质量管理体系的内容要以满足质量目标的需要为准,质量管理体系是实施质量方针和目标的管理体系。质量管理体系在项目的内外发挥着不同的作用,对内实施内部质量管理,对外实施外部质量保证。质量管理体系是质量管理的基础,项目团队只有建立了有效的质量管理体系才能全面地开展项目的质量管理活动,实现项目的质量目标。

12.5 项目质量审核

12.5.1 项目质量审核的定义和目的

质量审核是确定质量活动及其有关结果是否符合计划安排,以及这些安排是否有效贯彻并已达到目标的系统的、独立的审查。通过质量审核,评价审核对象的现状对规定要求的符合性,并确定是否需要采取改进纠正措施,从而达到保证项目质量符合规定要求;保证设计、实施与组织过程符合规定要求;保证质量体系有效运行并不断完善,提高质量管理水平。

12.5.2 项目质量审核的内容

质量审核可以按不同的标准进行分类，通常有三种分类方法，即：审核对象分类法、审核方分类法、审核范围分类法。

1. 审核对象分类法

审核对象分为产品质量审核、过程质量审核和质量管理体系审核三种。

（1）产品质量审核。指为了获得出厂产品质量信息所进行的质量审核活动。即对已检验入库或进入流通领域的产品实物质量进行抽查、试验，审核产品是否符合有关标准和满足用户需要。

（2）过程质量审核。过程质量审核可从输入、资源、活动、输出着眼，涉及人员、设备、材料、方法、环境、时间、信息及成本八个要素，可以对质量控制计划的可行性、可信性和可靠性进行评价。

（3）质量管理体系审核。质量管理体系审核通过对质量管理体系中的各个场所、各个部门、各个过程的审核和综合，得出质量管理体系符合性、有效性、达标性的评价结论。

2. 审核方分类法

按审核方分为第一方（内部）审核、第二方审核、第三方审核三种。

（1）第一方（内部）审核。它是企业内部自己组织建立的具有独立性的审核小组，对企业自己的质量体系的有效性，质量职能分配、落实和质量活动的符合性，以及质量体系文件、各种规范和企业标准的适用性进行检查、分析、评价、建议和咨询，从而达到不断提高和完善质量体系功能的目的。

（2）第二方审核。指顾客对供应商开展的审核。在市场经济中，供应商总是不断寻找新的市场和顾客，顾客在众多可选择的供应商中，要选出合格的供应商，就要对其进行审核。这种由顾客派出审核人员或外部代理机构对供应商的质量管理体系进行审核评定的方法，对供应商来说这是第二方审核。

（3）第三方审核。第三方是指独立于第一方和第二方之外的一方。由第三方具有一定资格并经一定程序认可的审核机构派出审核人员对组织的质量管理体系进行审核。第三方审核是需要给审核机构付费的。

 学习误区

一个企业应该选择哪种审核方式呢？这主要取决于企业的行业特点、供应商种类和企业的自身责任感等因素，三种审核方式本身没有优劣之分。然而很多企业的内部审核制度流于形式，因此，一些大型企业会对自己的供应商，采取第二方审核。第二方审核的结果只对特定的供应商有效。第三方审核其实更像是一种向全球范围内的自我声明，凡是通过第三方审核的企业，都会获得一张证书，表明该企业通过了某个机构的某项认证。

3. 审核范围分类法

按审核范围分有全部审核、部分审核和跟踪审核三种。

（1）全部审核。组织质量管理体系审核，不管是组织自己进行，还是由第二方进行，如果这种审核覆盖了组织产品质量形成的各个过程、各个方面，都属于全部审核。

（2）部分审核。对组织质量管理体系过程有选择性的审核。对组织某类产品、某个过程的审核，均属于部分审核。这种审核仅覆盖了组织产品质量形成的某个过程、某个部门和某个场所。体系或产品质量认证后所进行的监督审核或监督检查一般都采用部分审核。

（3）跟踪审核。这也是一种部分审核。不同点是这种审核主要是用以验证以前审核后的纠正措施是否实施并有效，不合格项是否得到消除。

 小提示

企业达到了 ISO 9000 标准，并不意味着它成功实现了全面质量管理。因为 ISO 9000 标准具有一致性，在一定时期内保持相对稳定，是企业质量管理的基本要求；而全面质量管理则始终不断地寻求改进的机会，是更高的要求。

本章案例分析

电动工具开发项目的经历

我的一个朋友负责一个电动工具的开发项目，经历了如下的过程。

在开发初期，确定了电动工具开发各个阶段的质量目标。例如，通过内部试验来判断其可靠性，并以得出的综合分值为目标；在生产线上小批量的目标是综合值 2.8，批量起步的目标是综合值 2.4。当然这其中还有很多阶段，各自有自己的目标值。确立各个阶段目标值的依据是用户调查的数据，而且测量的手段和方法也是以在公司内部从用户角度如何看待产品的方式进行的。这些没有人怀疑，而且以前开发新车型时，一直采用这些方法，内部测量的结果与外部的结果差异很小。

在项目运行中，基本正常，偶尔有几个阶段的测量值超过目标值，但经过评审，质量经理及其他相关人员都认为，已经制定了措施，可以进入下一阶段。总之，过程进展顺利。项目进行到最后阶段，即批量起步阶段，连续两批的结果小于 2.4，第三批的结果达到 2.7，第四批的结果又小于 2.4，达到了目标。在这样的情况下，质量经理、项目经理等多人经过评审，认为开发达到预期目标，可以结束批量起步阶段，进入大批量生产阶段。项目结束数月后，产品开始销售，并进行了用户质量调查。

项目启动时下的质量目标是根据用户质量调查的方法制定的，也就是说，批量起步阶段结束时的目标是 2.4，用户调查的结果也应是 2.4。

但出人意外的是，调查结果是 5.1，出奇的差，与当初项目阶段过程中良好的质量状况形成了鲜明的对比。

［资料来源］http://www.mypm.net/。

回答问题

1. 项目开发过程中质量控制的很好，但用户的质量调查结果却表明产品的质量相当的差，是什么原因呢？

2. 用户的质量调查结果受什么影响？如何界定？

本章习题

一、判断题

1. 项目质量管理是从项目质量计划实施开始的,是通过对于项目质量计划的制定实现的。（ ）

2. 项目的设备工具的质量是项目质量的基础,所以加强设备工具的的质量控制是提高项目质量的重要保障。（ ）

3. 项目质量是指项目管理和项目成果的质量,它不仅包括项目的成果,即产品或服务的质量,也包括项目管理的质量,项目管理各个过程的质量决定了项目成果的质量。（ ）

4. 项目质量保证就是项目组对客户在产品质量方面的担保,是提前采取的用来增加获得优质产品的可能性的步骤。项目质量保证是所有计划和系统工作实施达到质量计划要求的基础,应该贯穿于项目实施的全过程当中。（ ）

5. 项目质量审核是确定质量活动及其有关结果是否符合计划安排,以及这些安排是否有效贯彻并已达到目标的有系统的、独立的审查。（ ）

二、选择题

1. 项目质量计划的主要内容是（   ）。
   A. 质量政策   B. 质量目标
   C. 界定说明   D. 项目描述
   E. 标准和条款

2. 项目质量计划的主要方法是（   ）。
   A. 质量功能展开   B. 成本效益分析
   C. 基准比较   D. 流程图

3. 从不同角度分析,质量控制有不同的内容,可以分别从因素和过程两个角度来看质量控制的具体内容。其中过程视角的质量控制内容是（   ）。
   A. 项目维护阶段的质量控制   B. 项目决策阶段的质量控制
   C. 项目设计阶段的质量控制   D. 项目实施阶段的质量控制

4. 实现项目质量保证的方法有（   ）。
   A. 质量审核   B. 质量成本分析
   C. 质量管理体系   D. 质量目标

5. 项目质量审核可以按不同的标准进行分类,通常的几种分类方法是（   ）。
   A. 审核对象分类法   B. 审核方分类法
   C. 审核管理体系分类法   D. 审核范围分类法

三、思考题

1. 项目质量管理概念是什么？
2. 项目质量计划方法是什么？
3. 项目质量控制的方法是什么？
4. 项目质量保证有哪些方法？

第 13 章 项目时间管理

◇ **学习目标**

1. 了解项目活动的概念
2. 了解项目时间估算的概念和方法
3. 重点掌握项目网络图绘制、网络计划技术及如何寻找关键路线
4. 掌握时间进度计划编制的概念与进度如何控制的原理
5. 了解项目网络优化的方法

◇ **导入案例**

项目延期到底是谁的责任

A 是研发部项目经理,但是他的项目基本都是延期完成的,最长的都已经做了两年了。A 总结了以下原因。

1. 市场部的原因

(1) 市场部有了产品的想法,就交给项目部来做产品规格,但是这个想法往往很模糊,经常处于变化中。

(2) 公司有个流程,要求产品规格必须提交给市场部批准后,才能继续下面的工作,可市场部好像在"地球的另一边",项目部提交后,市场部却迟迟不予反馈,项目无法继续。

2. 采购部的原因

项目部填了采购单,交给采购部后,就如泥牛入海,没了踪影。当时的采购周期是采购部认可的,甚至拍胸脯保证没问题,可是需要的采购件却是一拖再拖。项目部主管又对采购部的人没有管理权力。

[资料来源] http://www.mypm.net/。

13.1 项目活动定义

13.1.1 项目活动定义概述

项目活动定义是项目时间管理的首要工作,它是一项对于在项目活动管理中给出的项目工作分解结构进一步分解细化和确认的工作。项目活动定义是指识别并确认实现项目目标所必须开展的项目活动这样一项特定的项目时间管理工作。

13.1.2 项目活动定义的方法

项目活动定义可以采用很多不同的方法，对于较小的项目可以采用"头脑风暴法"，由项目团队成员通过集思广益生成一份项目活动清单。但是对于大型和较复杂的项目则需要使用如下的方法去定义项目活动的清单。

1. 项目活动分解法

项目活动分解法是指根据项目工作分解结构，通过进一步分解和细化项目工作任务，从而得到全部项目具体活动的一种结构化、层次化的项目活动分解方法。这种方法将项目任务按照一定的层次结构，逐层分解成详细、具体和容易管理控制的一系列具体的项目活动，从而更好地进行项目管理工作。

2. 平台法

平台法也叫原型法，它使用一个已经完成项目的活动清单作为新项目活动分解和界定的一个平台，然后根据新项目的各种具体要求、限制条件和假设前提条件，通过选定项目活动平台上增减项目活动的方法，定义出新项目的全部活动，从而得到新项目的活动清单。这种方法的优点是简单、快捷、明了，但是具有一定的局限性和可能漏掉或额外增加不必要项目活动的风险。

项目活动定义完成后可以形成项目活动清单和更新后的工作分解结构。

13.2 项目活动排序

项目活动排序是项目时间计划的前期工作，它给出了项目各项活动的前后顺序和并行顺序的连接关系的安排。

13.2.1 项目活动排序的定义

项目活动排序是通过识别项目活动清单中各项活动的相互关联和依赖关系，并据此对项目各项活动的先后顺序进行科学合理安排与确定项目时间管理的工作。为了制订项目时间计划，必须准确合理地安排项目活动的顺序并依据这些活动的顺序确定各种活动的路径，以及由这些项目活动路径构成的项目活动网络。

13.2.2 项目活动排序的方法

项目活动排序需要根据活动之间的各种关系、项目活动清单和项目活动产出物的描述、项目的各种描述及项目的各种约束和假设条件，通过反复实验和优化编排出项目活动的顺序。通过项目活动顺序确定出项目活动关系，需要通过网络图或文字描述的方式给出。通常计划安排和描述项目活动顺序关系有下述几种方法。

1. 网络模板法

在某些情况下，新项目的许多活动可能包含与历史项目活动相同的逻辑关系安排，因此人们有可能用过去完成的项目网络图作为新项目网络图的模板，通过增删项目活动去修订这种模板，从而获得新项目的活动网络图。这种网络模板法有助于尽快生成项目的网络图，它可以用于整个项目或项目的某个局部的活动排序和网络图的编制。对于有些专业的项目甚至可以有标准的网络模板，而且是非常有效的。

2. 顺序图法

顺序图法也叫节点网络图法，这是一种通过编制项目网络图给出项目活动顺序安排的一种方法，它用节点表示一项活动，节点之间的箭线表示项目活动之间的相互关系。图13-1是一份使用顺序图法给出的一个简单项目活动排序结果的节点网络图。这种项目活动排序和描述的方法是大多数项目管理中使用的方法，它既可以用人工方法实现也可以用计算机软件系统实现。对于这种方法13.6节有一些说明，更详细的内容可参见有关的专业书籍和资料。

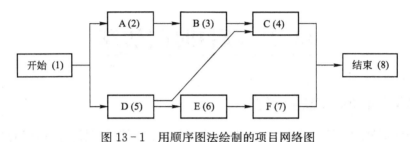

图13-1　用顺序图法绘制的项目网络图

3. 箭线图法

箭线图法也是一种描述项目活动顺序的网络图法。这一方法用箭线代表活动，而用节点代表活动之间的联系和相互依赖关系。图13-2是用箭线图法绘制的一个简单项目网络图。这种方法虽然没有顺序图法流行，但是在一些领域中仍不失为一项可供选择的项目活动顺序关系描述方法。在箭线图法中，通常只描述项目活动的"结束—开始"的关系。当需要给出项目活动的其他逻辑关系时，就需要借用"虚活动"来描述了。箭线图法同样可以由人工完成，也可以由计算机专用软件系统完成。这种方法的详细说明参见13.6节或相关的书籍与资料。

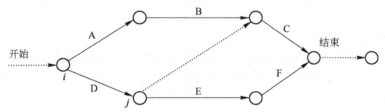

图13-2　用箭线图法绘制的项目网络图

根据上述项目活动清单等信息和网络图法，人们就可以安排项目活动的顺序并绘制出项目活动的网络图了。这一项目时间管理工作的具体步骤是：首先选择使用顺序图法还是使用箭线图法来描述项目活动顺序的安排；然后按项目活动的客观规律顺序和人为确定的优先次序安排项目活动的顺序；最后使用网络图法绘制出项目活动顺序的网络图。

在决定以何种顺序安排活动时，需要对每一个项目活动明确回答三个方面的问题：第一，在该项目活动可以开始之前有哪些活动必须已经完成？第二，哪些活动可以与该活动同时开始？第三，哪些活动只有在该活动完成以后才能开始？通过明确这三个问题，就可以安排项目活动的顺序并绘制出项目的网络图，从而全面描述项目所需各项活动之间的相互关系和顺序。

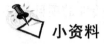 小资料

设立项目里程碑

这是排序工作中很重要的一部分。里程碑是项目中关键的事件及关键的目标时间，是项目成功的重要因素。里程碑事件是确保完成项目需求的活动序列中不可或缺的一部分。比如在开发项目中可以将需求的最终确认、产品移交等关键任务作为项目的里程碑。

项目活动排序完成后可以形成项目网络图和更新后的项目活动清单。

13.3 项目时间估算

13.3.1 项目时间估算的概念

项目时间估算是对项目中已确定的各项活动所做出的可能时间长度的估算工作，这包括对每一项独立的项目活动所用时间的估算和对于整个项目所用的时间的估算。这项工作通常应由项目团队中对项目各种活动的特点熟悉的人来完成，也可由计算机进行模拟和估算，再由专家审查确认这种估算。对一项时间的估算，通常要考虑项目活动的作业时间和延误时间。

13.3.2 项目时间估算的方法

熟悉业务的项目管理人员可以获得比较准确的估计，而缺乏经验的项目管理人员的准确性就差些。项目管理人员在项目进行的过程中，得到更多的经验从而获得更准的时间估算时，就要重新计划和安排剩余工作，项目时间估算的方法主要有以下几种，可以根据具体情况决定采取哪种方法。

1. 专家评估法

这是由项目时间管理专家运用他们的经验和专业特长对项目活动时间做出估计和评价的方法。由于项目活动受许多因素的影响，所以要借助专家的经验，因此可以使用此法。

2. 相似类比法

这是以过去相似项目活动的实际工期为基础，通过类比的方法估算新项目活动时间的一种方法。这种方法的估算结果比较粗糙，一般用于初始的项目活动时间估计。

3. 模拟仿真法

这是以一定的假设条件为前提进行项目时间仿真模拟估算的一种方法，常见的包括蒙特卡罗模拟、三角模拟等。这种方法可以用来对不确定性项目活动的工期进行估算。

4. 德尔菲法

德尔菲法在难以获得专家意见的情况下是一种有效的替代方法。运用德尔菲法的过程是：首先对项目和估算活动向群体介绍，要让群体中每个人给出最好的估计，第一轮结果以列表和直方图的形式反馈给群体，请估计值和平均值较大的人讲理由，然后每个人进行下一次推测，得到第二轮结果。再次讨论后进入第三轮估计。在第三轮结果的基础上进行最后调整，得到的平均值就是德尔菲法的结果。如果对结果不满意还可以继续讨论。一般经过多轮

估计和反馈过程，人们的意见会逐步统一，最终得到综合各方面意见的准确结果。

5. 定量分析法

这是使用工程测量或定额套用的方法。按照项目活动的要素分析估算出项目活动时间的方法。由于这种方法比较科学，所以，大多数项目时间的估算可以使用这种方法。

13.3.3 项目时间估算的结果

项目时间估计的结果就是给出各种项目活动的时间估算和项目总工期的时间估算。

1. 项目活动的时间估算

对于相对确定的新项目时间的估算，一般使用定量分析的方法给出项目时间的估算结果，而对项目活动时间相对不确定的项目活动就需要按照模拟仿真法、专家评估法或德尔菲法去给出项目活动的三个估计时间，即乐观时间、最可能时间和悲观时间，并给出这些活动时间所对应的发生概率，然后估算出项目时间的期望值。按照项目计划评审法（PERT）的规定，这种项目活动时间的期望值可按照经验公式计算：$t_e = (t_0 + 4t_m + t_p)/6$。

2. 项目总工期的时间估算

对于确定性的项目而言，项目的总工期也是确定的，它只是项目关键路线上各活动时间的总和。对于不确定性的项目而言，在项目实施的过程中有一些项目活动花费的时间会比它们期望的时间少，而另一些则会比期望的时间多。所以对于整个项目而言，这些活动时间的不确定性造成的全部项目活动期望时间和实际时间之间的总体差异符合正态分布的规律，这也意味着在项目的关键路线上所有的项目活动的总工期的概率分布也是一种正态分布，而且其均值就等于各项目活动的期望值之和（方差也等于各项活动的方差之和），据此人们就可以估算出不确定性项目的时间期望值。

13.4 项目进度计划的制订

13.4.1 项目进度计划的概念

项目进度计划制订是根据项目活动定义、项目活动排序、项目活动时间估算和所需资源所进行的分析而对项目进度计划的编制与安排。制订项目进度计划要定义出项目的起止时间和具体的实施方案和措施。在制订项目进度计划之前必须同时考虑这一计划所涉及的其他方面的问题和因素，尤其是必须考虑项目时间估算和项目成本预算的集成问题。

小资料

保存比较基准

所谓保存比较基准，就是指将整个项目计划保存为一个只读的项目计划文件，在需要的时候，可以将基准与目前的项目计划作一个比较，得出一些需要的数据。因此，这个过程实际上就是复制一份项目计划的问题，而由于比较基准中的任务是不能够修改的，因此，比较基准中的任务相互间不存在计算的问题，因此，可以把任务的开始时间、结束时间、历时、进度等属性简单地复制一份保存起来，以便以后使用。

13.4.2 项目进度计划制订的方法

项目进度计划是项目专项计划中最重要的计划之一，这种计划的编制涉及很多的因素，所以需要反复试算和综合平衡。这种计划会直接影响到项目集成计划和其他专项计划。所以这种计划的编制比较复杂，使用的主要方法有如下几种。

1. 系统分析法

系统分析法是通过所有项目活动的最早开始和结束时间、最晚开始和结束时间，然后统一安排项目活动，获得项目进度计划的方法。这些项目系统时间的计算要反映出项目工期计划对于资源限制和其他约束条件的考虑，以及对于各种不确定因素的综合考虑。由于这种方法考虑了多种因素，所以在项目进度计划编制中运用得比较多。

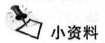小资料

处理项目进度中人的问题

根据项目规模的大小，许多项目经理有一个或多个项目成员负责协调其他许多人的输入，来创建并更新项目进度计划。将项目进度计划的细节授权下属去处理，会使项目经理将精力集中于大的方面，并且领导整个项目按既定计划进行。授权、激励、谈判是很好的领导技能，可以帮助项目经理控制项目进度的变更。

2. 关键路线法（CPM）与计划评审技术（PERT）

它们是 20 世纪 50 年代后期几乎同时出现、分别发展的两种计划方法，其基本原理都是用网络图表达项目活动的相互关系和进度，在此基础上进行网络分析、计算网络中各参数，确定关键活动和关键路线，利用时差调整与优化网络，求得最短工期。同时，还要考虑成本与资源问题，求得项目进度计划的优化。因这两种方法都是通过网络图的计算反映整个项目，所以又叫网络计划技术。

3. 甘特图法

甘特图把项目工期和实施进度安排职能组合在一起。项目活动纵向排列在图的左侧，横向则表示工期时间。每一项活动预计的时间用线段或横棒表示。另外，在图中也可以加入一些表明每项活动由谁负责等方面的信息。

小资料

项目进度目标的分解

任何项目可按进展阶段分解为多个层次，项目则可按此层次分解为不同的进度目标，由此构成一个项目的进度目标系统。某个项目分解为若干个不同的层次，则第一层次的进度分目标受第二层次的进度分目标的制约，也就是说下级目标必须具备上级目标的必要条件和充分条件。进度目标间的关系可以用进度目标分解图表示。

4. 资源水平法

使用系统分析法制订项目进度计划的前提是项目资源比较充足，但实际中很多项目都存

在资源的限制，因此有时需要使用资源水平法去编制项目的进度计划。这种方法的基本指导思想是"将稀缺资源优先分配给关键路线上的项目活动"。这种方法制订出的项目进度计划常常比使用系统分析法编制出的项目进度计划的工期要长些，但是更经济实用。这种方法又叫作"基于资源的项目进度计划方法"。

 小资料

项目日历处理

一般来说，每一个项目都有自己的一个项目日历，在这个项目日历中，项目经理可以自行定义哪一天是工作日，哪一天是非工作日。通常，人们会规定周一至周五为工作日，周六与周日为非工作日；然后，规定一些假期，例如"十一""春节"长假；最后，再根据实际情况，规定一些特殊的日子，比如将某个周末规定为工作日，或将某个周一规定为非工作日等。这样，人们就有了一个完整的工作日历，只要查这个工作日历，就能查到这一天是不是工作日。

13.5 项目进度控制

13.5.1 项目进度控制的概念

编制项目进度计划的目的就是指导项目的实施，以保证实现项目的工期目标。但在进度计划实施的过程中，由于主客观条件的不断变化，计划亦需随之改变。凭借一个最优计划而一劳永逸是不可能的。因此，在项目的进行过程中，必须不断监控项目的进程以确保每项工作都能按计划进度进行；同时必须不断掌握计划的实施状况，并将实际情况与计划进行对比分析，必要时应采取有效的对策，使项目按照预定的进度目标进行，避免工期的拖延。这一过程称之为进度控制。

 小资料

计划在执行过程中呈现出的特点

（1）计划的被动性。由于施工主要是按照设计要求进行的，施工进度计划必须满足项目总进度计划的要求，这就使得施工进度计划具有被动性。

（2）进度计划的多变性。项目具有一次性的特点，且受外界自然条件影响较大，加之协作配合单位多，不可预见因素复杂，因此，施工进度计划的相对稳定性较小，具有复杂的多变性。

（3）进度计划的不均衡性。项目的进展受许多因素的影响，各阶段的投资额度不均衡，自然导致进度计划的不均衡。施工阶段，项目经理进度控制的总任务就是在满足项目总进度计划要求的条件下，编制或审核不同种类的施工进度计划并在执行过程中加以控制，以保证项目按期竣工。

13.5.2　项目进度控制的方法

项目进度控制的方法多种多样,最常用的方法如下。

1. 项目进度计划变更的控制方法

项目进度计划变更的控制方法是针对项目工期计划变更的各种请求,按照一定的程序对项目进度计划变更进行全面控制的方法。这包括:项目工期变更的申请程序、项目进度变更的批准程序和项目进度变更的实施程序等一系列的控制程序及相应的方法。

有效地进行进度控制的主要干扰因素

(1) 错误估计了项目的特点及项目实现的条件。其中包括低估了项目实现在技术上的困难;没有考虑到某些设计和施工问题的解决必须进行科研和实验,而这既需要资金,又需要时间;低估了多个单位参加项目建设将产生工作协调的困难;对环境因素了解不够;对物资供应的条件、市场价格的变化趋势了解不够等。

(2) 项目参加者的工作错误。其中包括设计者拖延设计进度;建设单位没有及时做必要的决策;总包施工单位将任务分包给不合格的分包施工单位;国家、地方建设管理部门、监督机构拖延审批时间等。

(3) 不可预见的事件发生。不可预见的事件包括罢工、事故、企业倒闭,以及恶劣气候和政变、战争等天灾人祸事件的发生。这种不确定的因素往往会对项目进度造成极大的影响。

2. 项目进度实施情况的度量法

项目进度实施的度量方法是一种测定和评估项目进度实施情况,确定项目工期计划完成程度的项目进度管理控制方法。这包括:定期收集项目实施情况的数据,将实际情况与项目计划要求进行比较,报告项目进度计划实施情况存在的偏差和是否需要采取纠偏的措施。

3. 追加计划法

这种方法可以根据出现的项目进度变化情况,去补充或者附加需要追加的项目活动作为整个项目进度计划的一部分。该方法包括:分析找出问题,确定应采取的措施,制订项目进度追加计划。

进度计划的实际检查

据调研发现,部分项目经理在制订项目计划过程中,屈服于高层或诸如市场营销等组织的压力,造成进度的错估。因此有专家建议项目经理在计划项目资源时,应该使每种资源的使用度不超过75%。因此建立现实的项目进度计划并在项目生命周期内留出一些应急储备是非常重要的。

13.6 网络计划技术

13.6.1 网络计划技术的概述

网络计划技术是运筹学的分支。网络计划是用网络分析的方法编制的计划，它是20世纪50年代后期在美国产生和发展起来的，是一种应用于组织大型工程项目或生产计划安排的科学的计划管理方法。它以网络图的形式，反映组成一项生产任务或一项工程中各项作业的先后顺序及相互关系，并通过相应计算方法找出影响整项生产任务或项目的关键作业和关键路线，对生产任务或项目进行统筹规划和控制，是一种能缩短工期、降低成本、用最高的速度完成工作的有效方法。

1956年，美国杜邦公司在制定企业不同业务部门的系统规划时，制订了各个项目的全套网络计划。这种计划借助于网络表示工作与所需的时间，以及各项工作之间的相互关系，通过网络计划充分地应用于分析研究工程费用与工期的相互关系，并找出在编制时及计划执行过程中的关键路线，这种方法称为关键路线法（critical path method，CPM）。

1958年，美国海军武器部，在制订研制"北极星"导弹计划时，就应用了网络分析方法与网络计划。它注重于各项工作安排的评价和审查。这种计划称为计划评审方法（plan evaluation and rivew technique，PERT）。

世界上各个发达国家都非常重视网络计划技术的实际应用，被许多国家公认为最行之有效的现代项目管理方法。实践证明，应用网络计划技术组织与管理生产，能够抓住关键，突出重点，合理确定工期，大幅度降低成本，并能组织均衡生产，尤其是在劳动力相对缺乏的欧洲发达国家，这种方法的作用尤其明显。

20世纪60年代中国开始应用CPM和PERT，并根据基本原理与计划的表达形式，称它们为网络技术或网络方法，又由于网络计划的主要特点是统筹安排，故把这些方法称为统筹法。目前，它已广泛应用于世界各国的工业、国防、建筑、运输和科研等领域，已成为发达国家盛行的一种现代生产管理的科学方法。

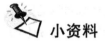 小资料

项目管理软件

Microsoft Office Project 2007、邦永PMZ、集成化项目管理系统Future都是目前非常优秀的项目管理软件。在目前数百种不同的项目管理软件中，Microsoft office Project是桌面项目管理应用软件中的佼佼者，并且其在桌面项目管理软件中处于霸主地位。Future是一款国产的项目管理系统软件，其最大的特点就是基于Web。

13.6.2 网络计划技术的基本原理

网络计划技术的基本原理，首先是把所要做的工作——哪项工作先做，哪项工作后

做，各占用多少时间，以及各项工作之间的相互关系等，运用网络图的形式表达出来。利用这种图解模型和有关的计算方法，可以看清计划任务的全局，分析其规律，以便揭示矛盾，抓住关键，并用科学的方法调整计划安排，找出最好的计划方案。最后是组织计划的实施，并且根据变化了的情况，搜集有关资料，对计划及时进行调整，重新计算和优化，以保证计划执行过程中自始至终能够最合理地使用人力、物力，保证保质量按时地完成任务。

经国内外应用网络计划的实践表明，网络计划技术具有以下一系列优点。

(1) 它能充分反映工作之间的相互联系和相互制约关系，也就是说，工作之间的逻辑关系非常严格。

(2) 它能告诉人们各项工作的最早可能开始、最早可能结束、最迟必须开始、最迟必须结束、总时差、局部时差等时间参数，它所提供的是动态的计划概念；而甘特图只能表示出工作的开始时间和结束时间，只提供一种静态的计划概念。

(3) 应用网络计划技术，可以区分关键工作和非关键工作。在通常的情况下，当计划内有10项工作时，关键工作只有3~4项，占30%~40%；有100项工作时，关键工作只有12~15项，占12%~15%；有1 000项工作时，关键工作只有70~80项，占7%~8%；有5 000项工作时，关键工作也只不过150~160项，占3%~4%；据说世界上曾经有过10 000项工作的计划，其中关键工作只占1%~2%。因此，项目负责人和领导只要集中精力抓住关键工作，就能对计划的实施进行有效的控制和监督。

(4) 应用网络计划技术可以对计划方案进行优化，即根据所要追求的目标，得到最优的计划方案。

(5) 网络计划技术是控制工期的有效工具。工程施工条件是千变万化的，网络计划技术能适应这种变化。采用网络计划技术，在不改变工作之间的逻辑关系，也不必重新绘图的情况下，只要收集有关变化的情报，修改原有的数据，经过重新计算和优化，就可以得到变化以后的新计划方案。这就改变了使用甘特图计划遇到施工条件变化就束手无策、无法控制进度的状况。

(6) 随着经济管理改革的发展，建设工程实行投资包干和招标承包制，在施工过程中对进度管理、工期控制和成本监督的要求也愈益严格。网络计划技术在这些方面将成为有效的手段；同时，网络计划可作为预付工程价款的依据。

(7) 网络计划这种计划的新形式能够和先进的计算机技术结合起来，从计划的编制、优化到执行过程中的调整和控制，都可借助计算机来进行，从而为计划管理现代化提供了基础。

13.6.3 网络图的组成

网络图是一种图解模型，形状如同网络，故称为网络图。网络图是由作业、事件和路线三个因素组成的。下面以图13-2为例，解释网络图的三要素。

1. 作业

作业，是指一项工作或一道工序，需要消耗人力、物力和时间的具体活动过程。在网络图中作业用箭线表示，箭尾 i 表示作业开始，箭头 j 表示作业结束。

作业的名称标注在箭线的上面，该作业的持续时间（或工时）T_{ij} 标注在箭线的下面。有些作业或工序不消耗资源也不占用时间，称为虚作业，用虚箭线表示。在网络图中设立虚作业主要是表明一项事件与另一项事件之间的相互依存、相互依赖的关系，是属于逻辑性的联系。

2. 事件

事件，是指某项作业的开始或结束，它不消耗任何资源和时间，在网络图中用"○"表示，"○"是两条或两条以上箭线的交结点，又称为结点。网络图中第一个事件（即○）称网络的起始事件，表示一项计划或工程的开始；网络图中最后一个事件称网络的终点事件，表示一项计划或工程的完成；介于始点与终点之间的事件叫做中间事件，它既表示前一项作业的完成，又表示后一项作业的开始。为了便于识别、检查和计算，在网络图中往往对事件编号，编号应标在"○"内，由小到大，可连续或间断数字编号。编号原则是：每一项事件都有固定编号，号码不能重复，箭尾的号码小于箭头号码（即 $i<j$，编号从左到右，从上到下进行）。

3. 路线

路线，是指自网络始点开始，顺着箭线的方向，经过一系列连续不断的作业和事件直至网络终点的通道。一条路线上各项作业的时间之和是该路线的总长度（路长）。在一个网络图中有很多条路线，其中总长度最长的路线称为"关键路线"，关键路线上的各事件为关键事件，关键时间的周期等于整个工程的总工期。有时一个网络图中的关键路线不止一条，即若干条路线长度相等。除关键路线外，其他的路线统称为非关键路线。关键路线并不是一成不变的，在一定的条件下，关键路线与非关键路线可以相互转化。例如，当采取一定的技术组织措施，缩短了关键路线上的作业时间，就有可能使关键路线发生转移，即原来的关键路线变成非关键路线，与此同时，原来的非关键路线却变成关键路线。

13.6.4 网络图绘制的步骤

1. 网络图绘制的基本原则

1) 方向、时序与节点编号

网络图是有向图，按照工艺流程的顺序，规定工序从左向右排列。网络图中的各个节点都有一个时间某一个或若干个工序开始或结束的时间，一般按各个节点的时间顺序编号。为了便于修改编号及调整计划，可以在编号过程中留出一些编号。始点编号可以从0开始，也可以从1开始。

2) 紧前工序与紧后工序

紧后工序只有在紧前工序结束后才能开始。

3) 虚工序

为了用来表达相邻工序之间的衔接关系，而实际上并不存在而虚设的工序。虚工序不需要人力、物力等资源和时间。只表示某工序必须在另外一个工序结束后才能开始。

4) 网络图中不能有缺口和回路

在网络图中，除始点和终点外，其他各个节点的前后都应有箭线相连接，即图中不能有缺口，使网络图从始点经任何路线都可到达终点；否则，将使某些工序失去与其紧后或紧前工序应有的联系。

5) 始点和终点

为表示工程的开始和结束，在网络图中只能有一个始点和一个终点。当工程开始时有几个工序平行作业，或在几个工序结束后完工，用一个始点、一个终点表示。若这些工序不能用一个始点或一个终点表示时，可用虚工序把它们与始点或终点连起来。

6) 网络图的分解与综合

根据网络图的不同需要，一个工序所包括的工作内容可以多一些，即工序综合程度较高。也可以在一个工序中所包括的工作内容少一些，即工序综合程度较低。一般情况下，工程总指挥部制订的网络计划是工序综合程度较高的网络图（母网络图），而下一级部门，根据综合程度高的网络图的要求，制定本部门的工序综合程度低的网络图（子网络图）。将母网络分解为若干个子网络，称为网络图的分解；将若干个子网络综合为一个母网络，则称为网络图的综合。

7) 网络图的布局

在网络图中，尽可能将关键路线布置在中心位置，并尽量将联系紧密的工作布置在相近的位置。为使网络图清楚和便于在图上填写有关的时间数据与其他数据，箭线尽量用水平线或具有一段水平线的折线。网络图也可以附有时间进度。必要时也可以按完成各工序的工作单位布置网络图。

2. 网络图绘制的步骤

1) 确定作业项

对一些简单的工程或任务计划，人们也许能直接将其分解，列出作业项目。但是对于复杂的情况，直接列出作业项目较困难，可以采取逐级逐层分解的办法将复杂项目的情况加以细化，也就是说，将大型的复杂项目看作一个总项目，然后将总项目分解成几个子项目，对于子项目再将其分解成几个三级子项目，由此分下去，直至下一级子项目的情况较简单最后形成一棵树形的项目细分图。

2) 确定作业之间的逻辑关系

作业项确定后，必须确定这些作业的逻辑关系，即确定该作业的紧前作业和紧后作业是哪些。一般来说，首先从工艺要求上确定作业的工艺关系，然后从组织关系上由时间、工程的资金和设备等方面来考虑该作业的安排，合理确定其紧后作业。

3) 确定作业的持续时间

在确定作业的持续时间时，始终要按正常速度进行估计，绝不要因规定完成期限的影响而少估，也不要由于作业的重要性而多考虑时间。若作业的持续时间定得多，造成时间上的浪费；反之，造成人为的紧张局面，两者都可能影响全局任务的完成。

4) 列出作业明细表

把调查研究的结果列成作业明细表。作业明细表包括以下几项内容：作业代号、作业名称、紧前作业、紧后作业、持续时间。

5) 绘制网络图

在绘制网络图时，首先根据作业明细表，从起点节点出发将作业的逻辑关系正确地表示出来，接着检查一下网络草图是否正确反映作业的逻辑关系，纠正错误。在确认草图的正确性后，进行整理，尽可能地消除那些不必要的交叉线，将曲线形状的箭线改为直的或折的箭线，删去多余的虚作业和节点。最后，对整理后的草图给节点编号，找出关键路线，进行整体布局，从而确定网络图。

13.6.5 网络时间参数计算

双代号网络计划的时间参数既可以采用工作计算法,也可以采用节点计算法。

1. 按工作计算法

所谓按工作计算法,就是以网络计划中的工作为对象,直接计算各项工作的时间参数。这些时间参数包括:工作的最早开始时间和最早完成时间、工作的最迟开始时间和最迟完成时间、工作的总时差和自由时差。此外,还应计算网络计划的计算工期。

为了简化计算,网络计划时间参数中的开始时间和完成时间都应以时间单位的终了时刻为标准。如第3天开始即是指第3天终了(下班)时刻开始,实际上是第4天上班时刻才开始;第5天完成即是指第5天终了(下班)时刻完成。

下面是按工作计算法计算时间参数的过程。

1)计算工作的最早开始时间和最早完成时间

工作最早开始时间和最早完成时间的计算应从网络计划的起点节点开始,顺着箭线方向依次进行。其计算步骤如下。

(1)以网络计划起始节点为开始节点的工作,当未规定其最早开始时间时,其最早开始时间为零。

(2)工作的最早完成时间可利用公式(13-1)进行计算。

$$EF_{i-j} = ES_{i-j} + D_{i-j} \qquad (13-1)$$

(3)其他工作的最早开始时间应等于其紧前工作最早完成时间的最大值。

(4)网络计划的计算工期应等于以网络计划终点节点为完成节点的工作的最早完成时间的最大值。

2)确定网络计划的计划工期

网络计划的计划工期应按公式(13-2)或公式(13-3)确定。

(1)当已规定了要求工期时,计划工期不应超过要求工期,即:

$$T_p \leqslant T_r \qquad (13-2)$$

(2)当未规定要求工期时,可令计划工期等于计算工期,即:

$$T_p = T_c \qquad (13-3)$$

3)计算工作的最迟完成时间和最迟开始时间

工作最迟完成时间和最迟开始时间的计算应从网络计划的终点节点开始,逆着箭线方向依次进行。其计算步骤如下。

(1)以网络计划终点节点为完成节点的工作,其最迟完成时间等于网络计划的计划工期。

$$LF_{i-n} = T_p \qquad (13-4)$$

(2)工作的最迟开始时间可利用公式(13-5)进行计算。

$$LS_{i-j} = LF_{i-j} - D_{i-j} \qquad (13-5)$$

(3)其他工作的最迟完成时间应等于其紧后工作最迟开始时间的最小值。

4)计算工作的总时差

工作的总时差等于该工作最迟完成时间与最早完成时间之差,或该工作最迟开始时间与最早开始时间之差。

5) 计算工作的自由时差

工作自由时差的计算应按以下两种情况分别考虑。

(1) 对于有紧后工作的工作，其自由时差等于本工作之紧后工作最早开始时间减本工作最早完成时间所得之差的最小值。

(2) 对于无紧后工作的工作，也就是以网络计划终点节点为完成节点的工作，其自由时差等于计划工期与本工作最早完成时间之差。

需要指出的是，对于网络计划中以终点节点为完成节点的工作，其自由时差与总时差相等。此外，由于工作的自由时差是其总时差的构成部分，所以，当工作的总时差为零时，其自由时差必然为零，可不必进行专门计算。

在上述计算过程中，是将每项工作的六个时间参数均标注在图中，故称为六时标注法。为使网络计划的图面更加简洁，在双代号网络计划中，除各项工作的持续时间以外，通常只需标注两个最基本的时间参数——各项工作的最早开始时间和最迟开始时间即可，而工作的其他四个时间参数均可根据工作的最早开始时间、最迟开始时间及持续时间导出。这种方法称为二时标注法。

2. 按节点计算法

所谓按节点计算法，就是先计算网络计划中各个节点的最早时间和最迟时间，然后再据此计算各项工作的时间参数和网络计划的计算工期。

下面是按节点计算法计算时间参数的过程。

1) 计算节点的最早时间和最迟时间

节点最早时间的计算应从网络计划的起点节点开始，顺着箭线方向依次进行。其计算步骤如下。

(1) 网络计划起始节点，如未规定最早时间，其值等于零。

(2) 其他节点的最早时间应按公式（13-6）进行计算。

$$ET_j = \max\{ET_i + D_{i-j}\} \tag{13-6}$$

(3) 网络计划的计算工期等于网络计划终点节点的最早时间，即

$$T_c = ET_n \tag{13-7}$$

式中：ET_n——网络计划终点节点 n 的最早时间。

2) 确定网络计划的计划工期

网络计划的计划工期应按公式（13-2）或公式（13-3）确定。

3) 计算节点的最迟时间

节点最迟时间的计算应从网络计划的终点节点开始，逆着箭线方向依次进行。其计算步骤如下。

(1) 网络计划终点节点的最迟时间等于网络计划的计划工期，即

$$LT_n = T_p \tag{13-8}$$

(2) 其他节点的最迟时间应按公式（13-9）进行计算。

$$LT_i = \min\{LT_j - D_{i-j}\} \tag{13-9}$$

4) 根据节点的最早时间和最迟时间判定工作的六个时间参数

(1) 工作的最早开始时间等于该工作开始节点的最早时间。

(2) 工作的最早完成时间等于该工作开始节点的最早时间与其持续时间之和。
(3) 工作的最迟完成时间等于该工作完成节点的最迟时间。即
$$LF_{i-j}=LT_j \qquad (13-10)$$
(4) 工作的最迟开始时间等于该工作完成节点的最迟时间与其持续时间之差，即
$$LS_{i-j}=LT_j-D_{i-j} \qquad (13-11)$$
(5) 工作的总时差为：
$$TF_{i-j}=LF_{i-j}-EF_{i-j}=LT_j-(ET_i+D_{i-j})=LT_j-ET_i-D_{i-j} \qquad (13-12)$$
由公式（13-12）可知，工作的总时差等于该工作完成节点的最迟时间减去该工作开始节点的最早时间所得差值再减其持续时间。

(6) 工作的自由时差等于该工作完成节点的最早时间减去该工作开始节点的最早时间所得差值再减其持续时间。

特别需要注意的是，如果本工作与其各紧后工作之间存在虚工作时，其中的 ET_j 应为本工作紧后工作开始节点的最早时间，而不是本工作完成节点的最早时间。

13.6.6 关键工作及关键路线的确定

1. 关键工作确定

关键工作是网络计划中总时差最小的工作。若按计算工期计算网络参数，则关键工作的总时差为 0。若按计划工期计算网络参数，则

$T_p > T_c$ 时，关键工作的总时差为 0；
$T_p = T_c$ 时，关键工作的总时差最小，但大于 0；
$T_p < T_c$ 时，关键工作的总时差最大，但小于 0。

2. 关键路线确定方法

(1) 根据关键工作确定关键路线。首先确定关键工作，由关键工作所组成的路线就是关键路线。

(2) 根据关键节点确定关键路线。凡节点的最早时间与最迟时间相等，或者最迟时间与最早时间的差值等于计划工期与计算工期的差值，该节点就称为关键节点。关键路线上的节点一定是关键节点，但关键节点做成的线路不一定是关键路线。因此，仅凭关键节点还不能确定关键路线。当一个关键节点与多个关键节点相连时，对其连接箭线需根据最大路径的原则一一加以判别。

(3) 根据自由时差确定关键路线。关键工作的自由时差一定最小，但自由时差的工作不一定是关键工作。若从起始节点开始，沿着箭头的方向到终止节点为止，所有工作的自由时差都最小，则该路线是关键路线，否则就是非关键路线。

13.6.7 网络的优化

绘制网络图、计算网络时间和确定关键路线，得到一个初始计划方案。但通常还要对初始计划方案进行调整和完善。根据计划的要求，综合地考虑进度、资源利用和降低费用等目标，即进行网络优化，确定最优的计划方案。

1. 时间—资源优化

在编制网络计划安排工程进度的同时，要考虑尽量合理地利用现有资源，并缩短工

程工期。但是，由于一项工程所包括的工序繁多，涉及的资源利用情况比较复杂，往往不可能在编制网络计划时，一次性对进度和资源利用做出统筹合理的安排，常常需要进行几次综合平衡以后，才能得到在时间及资源利用方面都比较合理的计划方案，具体的要求和做法如下。

(1) 先安排关键工序所需要的资源。

(2) 利用非关键工序的总时差，错开各工序的开始时间，拉平资源需要量的高峰。

(3) 在确实受到资源限制，或者在考虑综合经济效益的条件下，也可以适当地推迟工程完工时间。

2. 时间—费用优化

在编制网络计划过程中，研究如何使得工程完工时间短、费用少或者在保证既定的工程完工时间的条件下，所需要的费用最少或者在限制费用的条件下，工程完工时间最短就是时间—费用优化所要研究和解决的问题。为完成一项工程，所需要的费用可分为两大类。

1) 直接费用

包括直接生产工人的工资及附加费，设备、能源、工具及材料等直接与完成工序有关的费用。为缩短工序的作业时间，需要采取一定的技术组织措施，相应地增加一部分直接费用。在一定条件下和一定范围内，工序的作业时间越短，直接费用就越多。

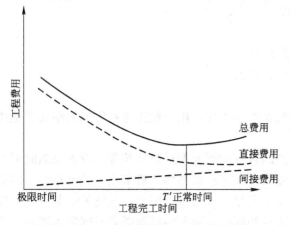

图 13-3 工程费用与完工时间关系图

2) 间接费用

包括管理人员的工资、办公费等。间接费用，通常按照施工时间的长短分摊，在一定的生产规模内，工序的作业时间越短，分摊的间接费用越少。完成工程项目的直接费用、间接费用、总费用与工程完工时间的关系，一般情况下，如图 13-3 所示。

图 13-3 中的正常时间，是在现有的生产技术条件下，由各工序的作业时间所构成的工程完工时间。极限时间是为了缩短各工序的作业时间而采取一切可能的技术组织措施之后，可能达到的最短的作业时间和完成工程项目的最短时间。

在进行时间—费用优化时，需要计算在采取技术组织措施之后，工程项目的不同的完工时间对应的工序总费用和工程项目所需要的总费用。使得工程费用最低的工程完工时间称为最低成本日程，编制网络计划，无论是以降低费用为主要目标，还是以尽量缩短工程完工时间为主要目标，都要计算最低成本日程，从而提出时间—费用的优化方案。

3. 时间优化

(1) 根据对计划进度的要求，缩短工程完工时间。

(2) 采取技术措施，缩短工程完工时间。

(3) 采取组织措施，充分利用非关键工序的总时差，合理调配技术力量及人、财、物等资源，缩短关键工序的作业时间。

本章案例分析

希赛信息技术有限公司（CSAI）承担一项信息网络工程项目的实施，公司员工小丁担任该项目的项目经理，在接到任务后，小丁分析了项目的任务，开始对此进行手动排序。

其中完成任务 A 所需时间为 5 天，完成任务 B 所需时间为 6 天，完成任务 C 所需时间为 5 天，完成任务 D 所需时间为 4 天，任务 C、D 必须在任务 A 完成后才能开工。完成任务 E 所需时间为 5 天，在任务 B、C 完成后开工。任务 F 在任务 E 之后才能开始，完成任务所需时间为 8 天。当任务 B、C、D 完成后，才能开始任务 G、H，所需时间分别为 12 天、6 天。任务 F、H 完成后才能开始任务 I、K，所需完成时间分别为 2 天、5 天。任务 J 所需时间为 4 天，只有当任务 G 和 I 完成后才能进行。

项目经理据此画出了如图 13-4 所示的工程施工进度网络图。

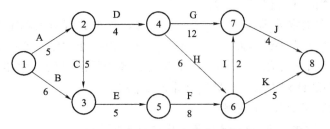

图 13-4 工程施工进度网络图

[资料来源] 孙军，张英奎. 项目管理. 北京：机械工业出版社，2015.

回答问题

1. 该项目经理在制定进度计划中有哪些错误？同时，请计算相关任务时间的六个基本参数。

2. 项目经理于第 12 天检查时，任务 D 完成一半的工作任务，E 完成 2 天的工作，以最早时间参数为准判断 D、E 的进度是否正常？

3. 由于 D、E、I 使用同一台设备施工，以最早时间参数为准，计算设备在现场的闲置时间。

本章习题

一、判断题

1. 网络图是一种图解模型，形状如同网络，故称为网络图。网络图是由作业、事件和路线三个因素组成的。   （   ）

2. 完成一项工程，所需要的费用可分为直接费用和间接费用两大类。直接费用通常按照施工时间的长短分摊，在一定的生产规模内，工序的作业时间越短，分摊的直接费用越少。
（   ）

3. 项目活动的三个估计时间法，即乐观时间、最可能时间和悲观时间，并给出这些活动时间所对应的发生概率，然后估算出项目时间的期望值。（　　）

4. 对于确定性的项目而言，项目的总工期也是确定的，它只是项目关键路径上各活动时间的总和。（　　）

5. 项目活动定义可以采用很多不同的方法，其中平台法是指根据项目工作分解结构，通过进一步分解和细化项目工作任务，从而得到全部项目具体活动的一种结构化、层次化的项目活动分解方法。（　　）

二、选择题

1. 网络图绘制步骤是（　　）。
   A. 确定作业项　　　　　　　　　　B. 确定作业之间的逻辑关系
   C. 确定作业的持续时间　　　　　　D. 列出作业明细表
   E. 绘制网络图

2. 确定关键线路的方法有（　　）。
   A. 根据关键工作确定关键线路　　　B. 根据关键节点确定关键线路
   C. 根据自由时差确定关键线路　　　D. 根据非关键工作确定关键线路

3. 对时间—资源进行优化，常常需要进行几次综合平衡以后，才能得到在时间及资源利用方面都比较合理的计划方案，具体的要求和做法是（　　）。
   A. 先安排关键工序所需要的资源
   B. 利用非关键工序的总时差，错开各工序的开始时间
   C. 利用非关键工序的总时差，拉平资源需要量的高峰
   D. 在确实受到资源限制，或者在考虑综合经济效益的条件下，也可以适当地推迟工程完工时间

4. 项目进度控制的方法多种多样，但是最常用的方法有（　　）。
   A. 项目进度计划变更的控制方法　　B. 项目进度实施情况的度量法
   C. 关键路径法　　　　　　　　　　D. 追加计划法

5. 项目进度计划是项目专项计划中最重要的计划之一，编制这种计划使用的主要方法有（　　）。
   A. 系统分析法
   B. 关键路线法（CPM）与计划评审技术（PERT）
   C. 甘特图法
   D. 资源水平法

三、思考题

1. 讨论项目时间管理中涉及的主要问题。
2. 比较各种项目进度计划编制的方法的区别。
3. 关键路线是什么？项目经理为何应当关心它？

第 14 章 项目沟通与冲突管理

◇ **学习目标**
1. 了解项目沟通管理的概念
2. 了解项目沟通管理的形式
3. 了解项目冲突产生的原因
4. 了解项目冲突常用的解决策略

◇ **导入案例**

老张是某个系统集成公司的项目经理,他身边的员工始终在抱怨公司的工作氛围不好,沟通不足。老张非常希望能够通过自己的努力来改善这一状况,因此他要求项目组成员无论如何每周都必须参加例会并发言,但对例会具体应该如何进行,老张却不知如何规定。很快项目组成员就开始抱怨例会目的不明,时间太长,效率太低,缺乏效果等,而且由于在例会上意见相左,很多组员开始互相争吵,甚至影响到了人际关系的融洽。为此,老张非常苦恼。

[资料来源] 道客巴巴。

14.1 项目沟通管理的定义及特征

14.1.1 项目沟通管理特征

项目沟通管理就是为了确保项目信息合理收集和传输,以及最终处理所需实施的一系列过程。项目沟通管理具有以下特征。

1. 复杂性

每一个项目的建立都与大量的公司、企业、居民、政府机构等密切相关。另外,大部分项目都是由特意为其建立的项目班子实施的,具有临时性。因此,项目沟通管理必须协调各部门与部门之间的关系,以确保项目顺利实施。

2. 系统性

项目是开放的复杂系统。项目的确立将或全部或局部地涉及社会政治、经济、文化等诸多方面,对生态环境、能源将产生或大或小的影响,这就决定了项目沟通管理应从整体利益出发,运用系统的思想和分析方法,全过程、全方位地进行有效的管理。

14.1.2 项目沟通的法则

彼得·德鲁克提出了项目团队在沟通过程中的四个基本法则。

1. 沟通是一种感知

沟通一定是双向的,必须保证信息被接收者收到了。所有的沟通方式,必须有回馈机制,保证接收者接收到。比如:电子邮件进行沟通,无论是接收者简单回复"已收到""OK"等,还是电话回答收到,都必须保证接收者收到信息,并回应信息已经接收到。收到信息必须保证理解是正确的。很多信息被对方收到了,但却被错误地理解了。

2. 沟通是一种期望

在项目管理中,项目不同干系人是有不同的沟通需要的。

项目组成员在具体的工作安排中想明白那个职位是否符合他的意愿等,上级要了解接收者的期望,向下属传达工作安排的同时还要了解他的意愿取向的问题,再采取相应的方法,调动起其在工作上的热情,从而促使其在工作中高效付出。在项目管理中如让下属产生反抗情绪或者低效的工作,则是一个项目经理在沟通上不得法的一个失败实例。因此制订一个协调的沟通计划就更为重要了。

3. 沟通产生要求

沟通是双向的,沟通必须能够符合接收者的利益,那样才有说服力。这就要求双方都要有良好的沟通方式,特别是良好的沟通又能达到双赢的目的,一致的沟通有助于组织促进项目更新。

口头的沟通能力同时似乎又是职位提升的关键因素。于是,沟通又必然地产生要求,比如:职位上成功,项目的早日完成,对问题做出恰当的回应,小到假期薪金等都要通过沟通来达到目的。

4. 信息不是沟通

当前是信息时代,必须分清哪些是沟通哪些是信息,对于用于沟通的信息必须明确简练、醒目,避免沉没于信息之海中。

信息也可用于沟通,但信息过于生搬硬套,一个文字性的文件是并不能起到沟通作用的,在项目中,项目经理并不是想把精力集中于信息中,而是想了解项目里工作的人员,并与之建立起相互信任的关系。而有效地发送信息,只能是依赖于项目经理和项目组成员的良好的沟通技能。

14.1.3 项目沟通方式

1. 沟通方式

1) 正式沟通与非正式沟通

正式沟通是通过项目组织明文规定的渠道进行信息传递和交流的方式。它的优点是沟通效果好,有较强的约束力,缺点是沟通速度慢。主要形式有例会制度、报告制度、组织间的正式沟通、文字交流等。非正式沟通指在正式沟通渠道之外进行的信息传递和交流。这种沟通的优点是沟通方便,沟通速度快,且能提供一些正式沟通中难以获得的信息;缺点是容易失真。主要形式有私下交谈、打招呼、小道消息等。

2）上行沟通、下行沟通和平行沟通

上行沟通是指下级的意见向上级反映，即自下而上的沟通。下行沟通是指领导者对员工进行的自上而下的信息沟通。平行沟通是指组织中各平行部门之间的信息交流。在项目实施过程中，经常可以看到各部门之间发生矛盾和冲突，除其他因素外，部门之间互不通气是重要原因之一。保证平行部门之间沟通渠道畅通，是减少部门之间冲突的一项重要措施。

3）单向沟通与双向沟通

单向沟通是指发送者和接受者两者之间的地位不变（单向传递），一方只发送信息，另一方只接受信息的方式。这种方式信息传递速度快，但准确性较差，有时还容易使接受者产生抗拒心理。双向沟通中，发送者和接受者两者之间的位置不断交换，且发送者是以协商和讨论的姿态面对接受者，信息发出以后还需及时听取反馈意见，必要时双方可进行多次重复商谈，直到双方共同明确和满意为止，如交谈、协商等。其优点是沟通信息准确性较高，接受者有反馈意见的机会，产生平等感和参与感，增加自信心和责任心，有助于建立双方的感情。

此外，还有书面沟通和口头沟通、言语沟通和体语沟通等方式。

2. 提高与改善项目沟通管理的方法

1）改善有效沟通的方法

首先，要重视双向沟通，双向沟通伴随反馈过程，使发送者可以及时了解到信息在实际中如何被理解，使受讯者能表达接受时的困难，从而得到帮助和解决。其次，要充分利用多种沟通渠道，一个项目组织，往往是综合运用多种方式进行沟通，只有这样，才能提高沟通的整体效应。最后，要正确运用文字语言。

2）提高有效沟通的方法

提高有效沟通的方法主要包括以下内容。

(1) 沟通前先澄清概念，经理人员事先要系统地思考、分析和明确沟通信息，同时掌握接受者及可能受到该项沟通之影响者的情况。

(2) 只沟通必要的信息。

(3) 明确沟通的目的，经理人员必须弄清楚，沟通的真正目的是什么？要下级人员理解什么？明确了沟通的目标，则沟通内容就容易规划了。

(4) 考虑沟通时的环境情况，包括沟通的背景、社会环境、人的环境及过去沟通的情况等，以便沟通的信息得以配合环境情况。

(5) 计划沟通内容时应尽可能取得他人的意见。

(6) 要使用精确的表达，要把经理人员的想法用语言和非语言精确地表达出来，而且要使接受者从沟通的语言或非语言中得出所期望的理解。

(7) 要进行信息的追踪和反馈，信息沟通后必须同时设法取得反馈信息，以弄清下属是否真正了解，是否愿意遵循，是否采取了相应的行动等。

(8) 沟通要做到言行一致。

(9) 沟通时不仅要着眼于现在，还应该着眼于未来。

(10) 应该成为一个"好听众"，这样才能明确对方说些什么。

学习误区

不要片面地认为沟通就是要将自己的意思表达清楚。松下电器的创始人松下幸之助把自己经营成功的全部秘诀归结为一句话："首先细心倾听别人的意见。"每次商品批量生产之前,他都先征求多方意见和建议,而且总是以听为主。由于他经常听取各个层次的意见,所以处理问题总是胸有成竹。畅销书《亚科卡传》中,记载亚科卡善于倾听,他曾说过"我只希望能找到一所能够教导人们怎样听别人讲话的学院,毕竟一位优秀的管理人员需要听到的与他所需要说的一样多,许多人不能理解沟通是双方的。"

14.2 项目沟通管理的过程

沟通管理的目标是及时并适当地创建、收集、发送、储存和处理项目的信息,标准的项目沟通包含沟通计划编制、信息分发、绩效报告和项目收尾(见第 8 章内容)四个过程。

14.2.1 制订沟通计划

1. 沟通计划内容

沟通计划应包括以下内容。

(1) 与谁沟通?

(2) 为什么沟通?动机是什么?

(3) 确定和明确需要沟通的是什么信息?

(4) 选择最佳时间。

(5) 使用接受者能理解的语言。

(6) 选择沟通地点。

2. 文件保存方式

在沟通计划中首先明确信息保存方式、信息读写的权限,明确用户信件、会议记录、工作报告、项目文档(需求、设计、编码、发布程序等)、辅助文档等的存放位置及相应的读写权利。这样便于收集和保存不同类型的信息。另外,还有必要制订和遵循一个规定好了的统一的规章制度,将与项目有关的重要工作建档。

3. 联系方式

应该编制一个专用于项目管理中所有相关人员的手册,包括项目组成员、项目组上级领导、行政部人员、技术支持人员、出差订房订票等系统中相关的人员的座机、手机、职能等项,最好能有特殊人员的一些细小的标注,能够做到在一打开小册子的同时就能将所有的相关人员的资料了然于胸,正所谓知己知彼,这样一来,很多在平时大费周章的事,就能在养成的良好的习惯中,轻松做到。

4. 工作汇报方式

明确表达项目组成员对项目经理或项目经理对上级和相关人员的工作汇报方式,明确时间和形式。比如项目组成员对项目经理通过 E-mail 发送周报;项目经理对直接客户和上级通过 E-mail 发送月报;紧急汇报通过电话及时沟通;每两周项目组进行一次当前工作沟通会议；每周同客户和上级进行一次口头汇报等。

5. 统一项目文件格式

项目本身统一的文件模板，是正规管理的一部分，所以必须统一各种文件模板，并提供编写指南。

6. 沟通计划维护人

明确本计划在发生变化时，由谁进行修订，并通知相关人员。

由于沟通计划与很多人员相关，必须保证计划是由相关干系人参与制订，并且保证沟通计划是相关人员已经正式接收及理解的。计划是用来执行的，而不是为计划而计划。

14.2.2 信息分发

项目管理的信息正确传达到相应的人员是相当重要并有一定困难的，经常发生的事情是信息发送人感到自己把信息正确传达了，但实际的结果却是信息没有传达到或是被错误地理解了。太多的人还是不太习惯成堆的文件或者 E-mail 传送的邮件，如果能利用非正式的方式或者是双方会谈的方式来听取重要的信息，就来得又快又准确，更能让人接受，就像传统里的一纸书信在某些场合还是比任一现代化的联系方式来得好一样，价值取向不同，沟通的方式也就在使用效果上全然不一样了。

14.2.3 绩效报告

绩效报告一般有三种形式：定期报告，阶段评审，紧急报告。

1. 定期报告

指在某一特定的时间内将所完成的工作量向上级汇报。在实际的项目管理中，项目人员对项目经理按周报告，对客户和项目经理的直接上级按阶段或月进行统一的进展报告。从项目管理上讲，项目定期报告的主要内容包括：当前是什么状态？在什么阶段？进度完成情况？当前有什么问题请上级（用户）协助解决？下周（下阶段或下月）的计划是什么等。

2. 阶段评审

在项目进行到重要的阶段或里程碑式的项目发展阶段，就要进行阶段评审。阶段评审的意义就在于评审当前的项目情况，迫使人们对其工作负责；阶段评审可以提前发现问题，提前将问题解决在初期阶段。不过阶段评审也是最容易产生争执的地方，这主要是针对于问题严重性的定级，项目经理或项目管理委员会必须在全面了解项目发展进程的情况下及时找到问题的重点，从而就事论事地找出问题的真正症结所在，并进行后面的项目。

3. 紧急报告

在出现意外情况下，需要进行紧急报告。紧急报告包括以下内容：当前发现的问题，相关影响，需如何解决（动用什么资源），问题紧迫性（必须在什么时间内进行反馈）。

 小提示

对于某些项目的管理，由于牵涉面较多，建立详细的沟通计划、采用恰当的沟通方法与技巧，肯定可以大大提高整个项目的效率。项目管理是一项复杂的系统工程，决定项目成功与否的因素很多，但在这些因素中沟通管理对于复杂的项目来说显得尤为重要。特别是作为一名项目经理，要努力做到学以致用，将所学到的项目管理理论与方法灵活应用到实际工作中，为提高项目的整体效率尽绵薄之力。

14.3 项目冲突管理概述

冲突是双方感知到矛盾与对立，是一方感觉到另一方对自己关心的事情产生或将要产生消极影响，因而与另一方产生互动的过程。项目冲突是组织冲突的一种特定表现形态，是项目内部或外部某些关系难以协调而导致的矛盾激化和行为对抗。

14.3.1 项目冲突的几种类型

1. 人力资源的冲突

对有来自其他职能部门或参谋部门人员的项目团队而言，围绕着用人问题，会产生冲突。当人员支配权在职能部门或参谋部门的领导手中时，双方会在如何使用这些人员上存在冲突。

2. 成本费用冲突

指在费用如何分配上产生的冲突。例如，项目经理分配给各职能部门的资金总被认为相对于支持要求是不足的，工作包1的负责人认为该工作包中预算过小，而工作包2的预算过大。

3. 技术冲突

在面向技术的项目中，在技术质量、技术性能要求、技术权衡及实现性能的手段上都会发生冲突，如客户认为应该采用最先进的技术方案，而项目团队则认为采用成熟的技术更为稳妥。

4. 管理程序上的冲突

许多冲突来源于项目应如何管理，在项目经理的报告关系、责任、界面等方面都会发生冲突。如项目工作范围、运行要求、实施的计划、与其他组织协商的工作协议，以及管理支持程序等方面，在项目管理时都会不同程度地产生冲突。

5. 项目优先权的冲突

项目参加者经常对实现项目目标应该执行的工作活动和任务的次序关系有不同的看法。优先权冲突不仅发生在项目班子与其他合作队伍之间，在项目班子内部也会经常发生。

6. 项目进度的冲突

围绕项目工作任务（或工作活动）的时间确定次序和进度计划会产生冲突。

7. 项目成员个性冲突

这种冲突经常集中于个人的价值观、判断事物的标准等差别上，这并非是技术上的问题。冲突往往源于团队队员经常的"以自我为中心"。

14.3.2 项目冲突产生的原因

冲突不会在真空中形成，它的出现总是有理由的。如何进行冲突管理在很大程度上取决于对冲突产生原因的判断，项目中冲突产生原因主要有以下几种。

1. 沟通与知觉差异

沟通不畅容易造成双方的误解，引发冲突。另外，人们看待事物存在"知觉差异"，即根据主观的心智体验来解释事物，而不是根据客观存在的事实来看待它，比如人们对"半杯水"的不同态度，并由此激发冲突。

2. 角色混淆

项目中的每一个成员都被赋予特定的角色，并给予一定的期望。但项目中常存在"在其位不谋其政，不在其位却越俎代庖"等角色混淆、定位错误的情况。

3. 项目中资源分配及利益格局的变化

如目前在项目中普遍开展的竞聘上岗活动，就会引起项目中原有利益格局的变化，导致既得利益者与潜在利益者的矛盾，项目中某些成员由于掌控了各种资源、优势、好处而想维持现状，另一些人则希望通过变革改变现状，因此产生对抗和冲突。

4. 目标差异

不同价值理念及成长经历的项目成员有着各自不同的奋斗目标，而且往往与项目目标不一致。同时，由于所处部门及管理层面的局限，成员在看待问题及如何实现项目目标上，也有很大差异，存在"屁股决定脑袋"的现象，并由此产生冲突。

 小提示

美国项目管理专家戴维·威尔蒙的分析结论如下。
（1）决策人员对项目目标理解越不一致时，发生冲突的可能性越大。
（2）项目团队成员的专业技能差异越大，发生冲突的可能性越大。
（3）项目团队成员的职责越不明确，发生冲突的可能性越大。
（4）项目经理的权限越小、威信越低，发生冲突的可能性越大。
（5）项目经理班子对上级目标越趋于一致，项目中有害冲突越小。
（6）项目组织中，管理层次越高，由于某些积怨而产生冲突的可能性越大。

14.3.3 项目冲突常用的解决策略

布莱克、穆顿、基尔曼和托马斯这些研究人员描绘了五个处理冲突的模式，即回避或撤退、逼迫或强制、圆滑、妥协、面对。除此之外，仲裁或裁决、沟通和协调、发泄等都是解决冲突的有效模式。

 学习误区

冲突一定是坏事吗？组织中的冲突不仅在所难免，而且是一个组织健康发展的标志，冲突与合作可以并存。冲突绝不是件好事，但未必就是坏事。冲突能将问题明朗化，迫使项目团队寻求解决问题的新办法。冲突在所难免，但并不可怕，可怕的是处理不当。

1. 回避或撤退

使项目经理卷入冲突的其他成员从冲突情况中撤退或让步，以避免发生实际或潜在的争端。例如，如果某个人与另一个人意见不同，那么第二个人只需沉默就可以了，但是这种方法会使得冲突积聚起来，并且在后来逐步升级以至造成更大的冲突，因此这种方法是最不令人满意的冲突处理模式。

2. 逼迫或强制

逼迫或强制也就是采用非输即赢的方法来解决冲突。这种方法认为，在冲突中获胜要比成员之间的关系更有价值。在这种情况下，项目经理往往使用权力来处理冲突，肯定自己的观点而否定他人的观点，这种方式是一种具有独裁性的方式。用这种方法处理冲突，会导致成员的怨恨心理，使工作气氛紧张。例如，项目经理强制性地要求团队成员按自己的方法做，作为下属，成员也许会按命令去做，但是其内心却会产生不满及抵触情绪。

3. 圆滑

尽力在冲突中找出意见一致的方面，最大可能地淡化或避开有分歧的领域，不讨论有可能伤害感情的话题。这种方法认为，成员之间的相互关系要比解决问题本身更重要。这一方法能对冲突形势起缓和作用，但不能彻底解决问题。

4. 妥协

团队成员通过协商，分散异议，寻求一个调和折中的解决冲突的方法，使冲突各方都能得到某种程度的满意。但是，这种方法并不是一个很可行的方法。例如，在预计项目任务的完成时间时，有的成员认为需要十几天，而有的成员却认为只要五六天就行了，这时，如果采用妥协模式，取折中值，认为项目可在十天内完成，这样的预计也许并不是最好的预计。

5. 面对

在这种模式中，项目经理将直接面对冲突，既要正视问题的结果，也要非常重视成员之间的关系。拥有一个良好的项目环境是使这种方法有效的前提，在这种环境中，成员之间相互以诚相待，他们之间的关系是开放和友善的，他们以积极的态度对待冲突，并愿意就面临的冲突进行沟通，广泛交换意见，每个成员都以解决问题为目的，努力理解别人的观点和想法，在必要时愿意放弃或重新界定自己的观点，从而消除相互间的分歧以得到最好、最全面的解决方案。在面对模式中，可以采取相应的措施来避免或缩小某些不必要的冲突，如让项目团队参与制订计划的过程；明确每个成员在项目中的角色和职责；进行开放、坦诚和及时的项目沟通；明确工作规程等。

调查研究发现，在上述的五种处理冲突的模式中，"面对"是项目经理最喜欢和最经常使用的解决问题方法，该模式注重双赢的策略，冲突各方一起努力寻找解决冲突的最佳方法，因此也是项目经理在解决与上级冲突时青睐的方法；其次是以权衡和互让为特征的"妥协"模式，这种方式则更多地用来解决与职能部门的冲突；排在第三位的是"圆滑"模式，"逼迫或强制"排在第四位，"回避或撤退"则是项目经理最不愿意采用的方法，排在第五位。然而这种排位并不是绝对的，因此在项目冲突的处理过程中，项目经理可根据实际需要对各种方式进行组合，使用整套的冲突解决方式。例如，如果采用"妥协"和"圆滑"模式不会严重影响项目的整体目标，项目经理就可能把它们当作有效策略；虽然"撤退"是项目经理最不喜欢的方式，但用在解决与职能经理之间的冲突上却很有效；在应付上级时，项目经理更愿意采取立即妥协的模式。另外从某种程度上说，面对模式实际上有可能包含了所有的冲突处理方法，因为面对的目标是找到解决问题的方法，因此在解决某个冲突时可以采用撤退、妥协、强制或圆滑模式以使冲突最终得到有效的解决。

6. 仲裁或裁决

在项目冲突无法界定的情况下，冲突双方可能争执不下，这时可以由领导或权威机构经过调查研究，判断孰是孰非，仲裁解决冲突；有时对冲突双方很难立即做出对错判断，但又急需解决冲突，这时一般需要专门的机构或专家做出并不代表对错的裁决，但裁决者应承担起必要的责任。这种方式的长处是简单、省力；要求权威者必须是一个熟悉情况、公正、明了事理的人，否则会挫伤团队成员的积极性，降低效率，影响项目目标的实现。这种解决问题的方法常常很奏效，其中有两个原因：一是把冲突双方召集在一起，能够使各方了解并不是只有他们自己才面临问题；二是仲裁或裁决的会议可以作为冲突各方的一个发泄场所，防止产生其他冲突。

7. 沟通和协调

信息的来源不一，得到的信息不全面是项目冲突产生的主要原因之一。针对这种情况，应该加强信息的沟通和交流，了解并掌握全部情况，在此基础上进行谈判、协调和沟通。这种方式要求冲突双方采取积极态度，消除消极因素。惠普公司在1970年由于美国经济不景气，订单低于生产能力，需要裁员10%，但是一旦订单恢复其生产能力就不够了。惠普公司采取了每两周工作9天，降低工资标准的办法，缓和了矛盾；所有的人都承担了经济萧条的压力；为一年后经济复苏、订单恢复储备了熟练的劳动力。

8. 发泄

上面所列的项目冲突管理的方式，在很大程度上并没有从根本上消除已有的冲突，其冲突只不过是得到一定程度的缓解，原有的冲突在新的环境条件下可能会死灰复燃，使冲突越来越深，甚至导致新的冲突。针对以上方式的不彻底性、消极看待和处理冲突的缺陷，德国社会学家齐美尔提出了"宣泄"理论，有利于彻底地解决冲突。采取发泄的项目冲突管理方式要求项目负责人或管理者创造一定的条件和环境，使不满情绪通过一定的渠道、途径和方式发泄出来，使项目的运行稳定有序。

在项目冲突中，项目经理可以扮演以下三种角色：参与者、裁决者、协调者。作为项目的管理者，要防止卷入纷争和冲突中去，不要陷入参与者的角色。若作为裁决者，项目经理不得不权衡利弊并对问题的最终解决做出结论性判断，冲突一方必然产生对立、怨恨，最终以生成管理者与员工间新的冲突而告终。

在项目对抗性冲突中，协调者才是项目经理应该扮演的角色。项目经理解决冲突的破坏性影响的关键环节是防止冲突各方在坚持自己观点上走得太极端，他应该为冲突双方的争论提供基本的原则，帮助他们分清和定义产生冲突的核心问题；向双方询问大量"如果……怎样？"的问题，不直接提供答案，而是帮助推进达成两方满意的解决方法，促使他们自己解决冲突。

如前所述，冲突的强度在项目的不同阶段有不同表现，项目经理如果能够预见冲突的出现并了解它们的组成及其重要程度，对冲突管理的理论及实践经验有深刻的了解，形成自己的冲突管理思想体系和方法体系，并在管理项目冲突的过程中综合地加以运用，就有可能避免或减少潜在冲突的破坏性影响，增加冲突的建设性的有利影响。冲突的阶段性告诉我们：冲突发生前是有过程的，而且在发生之前是可以被感知的，应该及早发现及早解决。项目的冲突属性告诉我们：项目的冲突比其他作业更多，项目经理的天职就是解决矛盾和冲突。冲突结局的输赢特性告诉我们：冲突过后还有工作要做。

本章案例分析

小杨的困惑

小杨在一家小型家族企业上班,她的上级主要负责公司产品的研发工作,没有人力资源管理理念。小杨认为这有利于自己发挥能力,因此在到公司上班的第五天便走进上级办公室。

"王经理,我有一些想法想和您谈谈,您有时间吗?"

"来来来,小杨,本来早就应该和你谈谈了。"

"王经理,我认为公司在人事管理上的主要问题在于职责界定不清;雇员的自主权力太小使员工觉得公司对他们缺乏信任;对员工薪酬结构和水平的制定随意性较强,薪酬的公平性和激励性都较低。"

王经理微微皱了一下眉头说:"你说的这些问题我们公司也确实存在,但是你必须承认一个事实——我们公司在赢利,这就说明我们公司目前实行的体制有它的合理性。"

"可是,眼前的发展并不等于将来也可以发展,许多家族企业都是败在管理上。"

"好了,那你有具体方案吗?"

"目前还没有,这些还只是我的一点想法而已,但是如果得到了您的支持,我想方案只是时间问题。"

"那你先回去做方案,把你的材料放这儿,我先看看然后给你答复。"说完王经理的注意力又回到了研究报告上。

小杨似乎已经预测到了自己第一次提建议的结局。果然,她的建议书石沉大海,小杨陷入了困惑之中,她不知道自己是应该继续和上级沟通还是干脆放弃这份工作。

[资料来源] 馆档网。

回答问题

1. 为什么小杨之前满腔热情的提出建议,之后又备受挫败感?产生这一问题的原因是什么?

2. 请你给王经理提出一些改进上下级之间沟通的建议。

本章习题

一、判断题

1. 非正式沟通是通过项目组织明文规定的渠道进行信息传递和交流的方式。（　　）

2. 沟通管理的目标是及时并适当地创建、收集、发送、储存和处理项目的信息,标准的项目沟通包含沟通计划编制、信息分发、绩效报告和管理收尾共四个过程。（　　）

3. 双向沟通是指发送者和接受者两者之间的地位不变(单向传递),一方只发送信息,另一方只接受信息方式。（　　）

4. 沟通是双向的,沟通必须能够符合接收者的利益,那样才有说服力。这就要求双方

都要有良好的沟通方式，特别是良好的沟通又能达到双赢的目的，一致的沟通有助于组织促进项目更新。（ ）

5. 项目冲突有很多种类型。其中项目优先权的冲突是指：围绕项目工作任务（或工作活动）的时间确定次序安排和进度计划而产生冲突。（ ）

二、选择题

1. 项目沟通管理具有（   ）特征。
   A. 简捷性　　　　　B. 复杂性　　　　　C. 系统性　　　　　D. 全面性

2. 项目团队在沟通过程中应当遵循的基本法则是（   ）。
   A. 沟通是一种感知　　B. 沟通是一种期望　　C. 沟通产生要求　　D. 信息不是沟通

3. 常见的项目沟通方式为（   ）。
   A. 正式沟通与非正式沟通　　　　　B. 上行沟通、下行沟通和平行沟通
   C. 单向沟通与双向沟通　　　　　　D. 书面沟通和口头沟通
   E. 言语沟通和体语沟通

4. 项目沟通管理过程的绩效报告的形式一般有（   ）。
   A. 定期报告　　　　B. 阶段审查　　　　C. 紧急报告　　　　D. 电子邮件

5. 项目中冲突产生的原因主要有（   ）。
   A. 沟通与知觉差异　　　　　　　　B. 角色混淆
   C. 项目中资源分配及利益格局的变化　　D. 目标差异

三、思考题

1. 沟通对项目管理有什么意义？
2. 沟通有哪些方式？
3. 如何实现沟通的技巧？
4. 项目产生冲突的原因有哪些？
5. 如何进行冲突管理？

第 15 章 项目采购管理

◇ **学习目标**
1. 了解项目采购管理的重要性
2. 了解项目采购管理的过程
3. 了解项目采购计划内容
4. 了解项目询价与供应商选择的原则
5. 了解项目合同管理概念

◇ **导入案例**

分包商合同更改,谈判如何进行

Z 集团承接了海外的一个交钥匙工程,甲方先支付了 20% 的预付款,在与甲方的合同中规定剩余 80% 的款项在完成 GAC 测试后进行支付。根据合同,该 GAC 测试除了包括相应数量的进口材料验货和测试(Z 集团提供)以外,还必须准备完毕相对应数量的本地辅材(当地一次性采购),并通过甲方检查才算通过 GAC 测试。

Z 集团在本地找了四家分包商(A、B、C、D)合作进行承建。在与分包商签订合同时,Z 集团将服务与本地辅材一起包给了分包商,并分别给出了服务价格和本地辅材价格。但是合同中没有明确规定要求分包商按照对应数量一次性采购完毕本地辅材,只模糊地写明"如有必要"就进行采购。

目前,Z 集团已经通过了进口材料验货及测试,但是分包商不愿意一次性采购所有数量的辅材,本地辅材采购不到位,导致 Z 集团迟迟拿不到 80% 的回款。

[资料来源] http://www.mypm.net/。

15.1 项目采购管理概述

项目采购管理是项目管理的重要组成部分。项目采购管理几乎贯穿整个项目生命周期,项目采购管理模式直接影响项目管理的模式和项目合同类型。同时,一个项目的采购支出一般要占项目投资的 50%~60%,可见项目采购管理对于整个项目管理起着举足轻重的作用。项目采购就是从项目组织外部获得项目所需的产品和服务。

15.1.1 项目采购的概念及方式

1. 项目采购概念

采购就是努力获得、设法得到或采办的意思。PMBOK 将项目采购定义为:"为达到项目范围而从执行组织外部获取货物和服务所需的过程。"通常把货物和服务称为"产品"。这里的所谓"执行组织"一般可称为业主或者业主代表,是业主方管理机构。

2. 项目采购方式

(1) 按其采购对象可分为货物采购、土建工程采购和咨询服务采购。货物采购属于有形采购,是指购买项目建设所需的投入物,如机械、设备、建筑材料等。土建工程采购,也是有形采购,是指通过招标或其他商定的方式选择工程承包单位,即选定合格的承包商承担项目工程施工任务。如小浪底的土建工程等,以及与之有关的服务,如人员培训、维修等也包括在内;咨询服务采购不同于一般的货物或工程采购,它属于无形采购。一般包括聘请咨询公司或单个咨询专家。

(2) 按其采购方式可以分为招标采购和非招标采购。招标采购主要包括公开竞争性招标和有限竞争性招标;非招标采购主要包括询价采购、直接签订合同、自制或自己提供服务等。

① 公开竞争性招标。公开竞争招标的方式可以给一切合格的投标者以平等的竞争机会,能够吸引众多的投标者,故称为无限竞争性招标。

② 有限竞争性招标,又称为邀请招标或选择招标。此种招标方式是由招标单位向已具有意向性的合格单位(三家以上)发出邀请,应邀单位须在规定时间内提交投标意向并购买投标文件进行投标。

③ 询价采购。即比价方式,一般习惯称作"货比三家"。询价采购是对几家供应商(至少 3 家)所提供的报价进行比较的一种采购方式。

④ 直接签订合同。对于有些不能或不便进行竞争性招标或不存在竞争性招标优势的项目采购,可采用直接签订合同的采购方法。

⑤ 自制或自己提供服务。有时由于项目有一些特殊的要求,或是项目组织经过成本效益原则分析的结果认为所需的产品或服务无须从组织外部进行采购,而是可以利用项目自身的人力、物力和财力,自己制造或提供所需的产品或服务。

15.1.2 项目采购的业务范围

(1) 确定采购需求,如货物的种类、规模、品种、数量等。

(2) 调查分析市场供求现状。

(3) 确定采购的方式是招标还是非招标方式,若用招标方式,采用哪种具体方式,是公开竞争还是有限竞争,或是其他采购方式。

(4) 招标采购要组织进行招标、评标、合同谈判和签订合同;而非招标采购方式则要制订采购计划、采购认证、订单认证等。

(5) 合同的实施与监督。

(6) 合同管理。

15.1.3 项目采购管理的过程

许多利用外界资源的成功项目，无不得益于好的项目采购管理。项目采购管理包括从项目组织外部购买该项目所需的产品或服务的全过程。下面将以询价采购方式为例，介绍项目采购管理的过程。

（1）项目采购的准备工作。进行市场调查和市场分析，选定项目技术水平。

（2）项目采购计划编制。决定采购什么，何时采购。

（3）询价计划编制与询价。拟定所需产品的相关文件和识别潜在的供应商，确定合同签订的评判标准及取得报价单、标书或合适的建议书。

（4）供应商的选择。从潜在的卖主中做出选择。

（5）合同签署。选出最佳供应商后，下一步的工作就是进行合同谈判及签署。

（6）合同管理。管理与卖主的关系。

（7）合同收尾。合同的执行和清算，包括赊销的清偿。

项目采购管理过程就是按照这样一个清晰的、有逻辑性的顺序进行的。如果项目能从采购产品或服务中受益，那么项目经理和项目团队成员就必须按照好的项目采购管理开展工作。

学习误区

我们这里所说的采购，不仅指传统意义上的采购，也包括现代化的采购——网上采购。随着网络时代的到来，网上采购的发展趋势是不可避免的。与传统的采购相比，最主要的区别就是网上采购采取现代计算机网络的技术，特别是以因特网的应用为工具，把采购项目的信息公告、发标、投标报价、定标等过程放在计算机网络上来进行，使采购实现了电子化。这种方式能够更加规范采购程序的操作和监督，大大减少采购过程中的人为干扰因素；更加符合信息时代对政府采购的要求，促进政府采购与电子商务相结合。

15.2　项目采购计划的制订

15.2.1　项目采购计划制订的前提条件

项目采购是一项很复杂的工作，在编制采购计划清单和采购计划之前，必须做好充分的准备工作。采购准备工作的重要内容之一是进行广泛的市场调查和市场分析，从而熟悉市场情况，掌握有关项目所需要的产品及服务的市场信息。

1. 对货物采购而言

必须清楚地知道所需采购货物或服务的各种类目、性能规格、质量要求、数量等，必须了解并熟悉国内、国际市场的价格和供求情况、所需货物或服务的供求来源、外汇市场情况、国际贸易支付办法、保险、损失赔偿惯例等有关国内、国际贸易知识和商务方面的情报和知识。上述几个方面，都必须在采购准备及实施采购过程中细致而妥善地做好。稍有不慎，就可能导致采购工作的拖延、采购预算超支、不能采购到满意的或适用的货物或服务，而造成项目的损失，影响项目的顺利完成。

2. 对工程采购和咨询服务而言

需掌握相关行业的承包商和咨询公司的业绩、技术力量及声誉方面的信息，建材市场与施工机械市场的行情及国内外咨询专家工资水平的变化等。此外，还应考虑到项目的技术和劳动力密集程度。

15.2.2 项目采购计划的概念

项目采购计划是在考虑了买卖双方之间关系之后，采购者（买者）从方便项目实施的角度出发所制订的采购计划，这是采购的第一步。采购计划一般要对下列事项做出决策。

（1）通过一家总承包商采购所有或大部分所需要的货物和服务（例如，选择一家设计施工公司来完成一项基本设施建设；选择一家系统集成公司来研制某一计算机软件系统；成立一家合资企业承担一项工程项目），在这种情况下，从询价到合同终止的各个过程都只要实施一次。

（2）向多家承包商采购大量需要的货物和服务，在这种情况下，从询价直至合同终止的各个采购过程都要在采购进行过程中的某个时候为每一个采购活动实施一次。这种方法一般都要有订货和采购专家的支持才能进行。

（3）采购小部分需要的货物和服务。这时，从询价直到合同终止的各个采购过程也要在采购进行过程中的某个时候为每一采购活动实施一次，这个方法在使用时会受到有没有订货的限制。

15.2.3 编制采购计划需考虑的因素

（1）采购的规模和数量。指采购设备、工程或服务的规模和数量，以及具体的技术规范与参数规格，使用性能要求。

（2）采购的时机。对于贷款项目，过早过迟都会影响项目执行。因此，要权衡利弊，确定最佳时机。

（3）采购的顺序。采购时分几个阶段或步骤进行，哪些安排在前，哪些安排在后，要有先后顺序，并根据实际情况定期予以修订。

（4）采购的捆包。全部产品采购如何分别捆包，每个捆包应包括哪些具体货物品目，每个捆包从开始采购到货物运达需要多少时间，从而制订出每个捆包采购过程各阶段的时间表，并根据每个捆包采购时间表制订出项目全部采购的时间表。

（5）所采购的每一种产品间彼此的联系。

（6）对整个采购过程的协调管理。

15.2.4 制订采购计划的方法

1. 自制和外购决策分析

如果项目组织能够以较低成本生产出所需的某种产品，那么它就不应该从外部购买；如果项目组织自己制造某种所需产品的成本高于外部采购的成本，那么它就应该从外部供应商或分包商采购获得该产品，这是一种普遍采用的管理技术。自制或是外购分析都包括间接成本和直接成本。例如，在外购分析时，应包括采购产品的直接成本和管理购买过程的间接费用。

2. 向专家咨询

采购专家是具有采购专门知识或经过训练的团体和个人，如咨询专家、专业技术团体、实业集团、有发展前景的承包商及项目实施组织内部专门从事采购的职能部门（如合同部）等，都具备采购的专业知识，能够提供一些有关采购方面的有价值的判断。因此，项目组织在编制采购计划时可聘请他们作为顾问，或直接邀请他们参与采购过程。

3. 经济订货量分析

经济订货量分析是通过建立经济订货量模型，对要采购的产品进行分析，确定采购的批量和采购的时间，使订购成本和库存成本之和最小，此批量即为经济采购订货量。有了经济采购订货量就可以找出最适宜的进货时间，从而便于制订出项目全部采购的时间表。

4. 合同类型的选择

不同类型的采购应采用适合其特点的不同的合同类型。

15.3 项目询价与供应商的选择

15.3.1 项目询价计划编制

项目询价计划编制包括拟定询价所需产品的相关文件，称为采购单证文件，以及确定合同签订的评判标准。

1. 采购单证文件

最常见的两种采购单证文件是建议邀请书（RFP）和报价邀请书（RFQ）。建议邀请书是一种用于征求潜在供应商建议书的文件。许多组织向可能的供应商发布建议邀请书，以便供应商能够提交建议书。报价邀请书是一种用于征求潜在供应商报价的文件，项目组织常常在涉及特定产品的询价中使用报价邀请书。项目采购管理的一个关键组成部分就是要撰写一份好的建议邀请书。撰写一份优秀的建议邀请书需要拥有专门的知识，需要向一些有关这方面的专家进行咨询，并且应尽量从卖方角度着想，确保建议邀请书中包括了获得一份好的建议书所需的足够的信息。询价计划编制过程中还会用到其他的采购单证文件，如投标邀请函（invitation for bid）、意见请求书（request for proposal）、磋商邀请函（invitation for negotiation）、报价单请求书（request for quotation）及合同方回函（contractor initial response）等。所有的采购单证文件应使用合理的结构，这样做能便于从卖方得到明确和完整的答复。采购单证文件应包括相关的工作明细表、对卖方答复形式的规定和必要的合同条款。同时所撰写的采购单证文件也要有一定的灵活性，以便卖方提出满足需求的更好的建议。进行大量采购的项目组织应使大部分单证文件标准化。

2. 评价标准

为了公正客观地评价供应商提交的建议书，项目组织往往需要在发出正式采购单证文件之前准备一些评价标准，用于给建议书评级或打分。这些评价标准需要考虑到卖方对需求的理解、卖方的历史绩效、卖方是否拥有确保项目成功的技术水平和管理程序、卖方的成本是否最低且合理、卖方是否拥有所需的资金等。标准要定得具体明确、客观公正，如果落选的投标方认为买方没有执行公平合理、标准一致的评价程序，那么他就可以追究买方的法律责任。卖方过去的经营绩效是项目组织（买方）在评价投标方时考虑的一个非常关键的因素。一般地，为了降低选择纪录不良卖方的风险，在撰写建议邀请书时应当要求投标者列出他们曾做过的其他类似项目，并附上这些项目的客户，这样买方就可以通过了解卖方历史绩效纪录及其客户的意见来对卖方做进一步的了解，同时也要求卖方向买方展示他们对买方需求的了解，展示他们的技术水平和资金实力、他们的项目管理方法及他们交付的所需求产品和服务的价格。

15.3.2 询价

1. 询价概念

询价就是从潜在的卖方那里获得项目需求的信息，本过程绝大部分实际工作由潜在的卖方支持，一般对项目没有成本发生。一般包括获得报价、标书、出价和合适的建议书或标书。该过程通常包括采购文件的最后形成、广告、投标会的召开及获得工作建议书或标书。

2. 询价依据

询价的依据是采购单证文件与合格卖方名单。作为买方一般需付出很大的努力通过各种可能的渠道来获得有关卖方相关经验和其他特点的信息，从而拥有一组合格卖方信息的名单，这样就有利于将采购单证文件发送给全部或一部分或个别的潜在合格卖方。

3. 询价方法

询价采用的常用方法有广告和投标者会议。项目组织可以通过多种途径为采购产品或服务做广告，从而使现有的潜在卖方信息名单得到扩充，这意味着买方将会从更多符合条件的卖方那里收到提供产品和服务的标书，形成一种更为激烈的竞争性环境，采用这种竞标战略的结果就是买方以更低的价格获得更好的产品和服务。投标者会议，也被称为供应商大会，是指在提出建议前与潜在卖方召开的会议。投标者会议旨在确保所有潜在卖方对采购有一个清晰、共同的理解（技术要求，合同要求等）。对问题的答复有可能作为修订条款包含到采购单证文件里去。询价的结果就是最终由卖方准备的建议书，在建议书中说明卖方提供所需产品能力和意愿。建议书内容应该同相关的采购单证文件一致。

15.3.3 供应商的概念

供应商，即为项目的承约商提供原材料、设备、工具等物资设备的商人。为了确保项目目标的顺利实现，项目承约商一般都有自己相对稳定的供应商渠道，保持长期的协作关系，使得承约商和供应商之间有良好的信誉，这使承约商能有效地配置资源，供应商也能获得自己所期望的收益。在买方市场条件下，大宗原材料的供应商也可以采用招投标方式，提高竞争性。

 小资料

供应商的选择

决定和某个供应商进行大量业务往来通常需要一系列合理的标准。良好的采购技术是决

策背后尽可能合理的论证推理过程。通常情况下，采购方对供应商能否满足自己质量、数量、交付、价格、服务目标等的观察将支配决策结果。与这些基本采购目标相关的还有一些更重要的供应商品质，包括历史记录、设备与技术力量、财务状况、组织与管理、声誉、系统、程序柔性、通信、劳资关系、位置等。

15.3.4　供应商选择的方法

1. 合同磋商

合同签订前的步骤，包括对合同结构和要求的澄清和最终一致意见的达成。合同的内容涵盖责任和权利，适用的条款和法律，技术和商业管理方案，合同融资及价格。

2. 加权分析法

为减少供应商选择中的人为偏见影响而对供应商的定性数据所做的定量分析方法。具体的做法是：给每一评估标准设立权重，按每一标准为供应商打分，加权求和得到一个总分数。

3. 独立评估法

独立评估法常被称为采购成本估计。对很多采购项目，采购组织要自己评估价格。如果评估结果与供应商的报价有明显的差别，则可能意味着卖方对采购单证文件有误解或者没有能够完整地答复采购单证文件。

4. 筛选法

为一个或多个评价标准确定最低限度履行要求。如最低价格法。

15.3.5　供应商选择的结果

在通过供应商选择程序选择出最佳供应商之后，下一步的工作就是进行合同谈判。供方选择的最终结果就是一份规定了卖方有提供特定产品或服务的义务及买方有到期付款义务的合同。对于由谁代表组织签订合同，大多数组织都有成文的政策和程序。

15.4　项目合同管理

15.4.1　项目合同的定义与类型

1. 项目合同定义

项目合同是指项目业主与承包商之间为完成一定的目标，明确双方之间的权利义务关系而达成的协议。

项目采购合同的内容主要包括以下方面：① 当事人的名称、姓名、地址；② 采购产品的名称、技术性能和质量要求、数量、时间要求；③ 合同价格、计价方法和补偿条件；④ 双方的责任和权利；⑤ 双方的违约责任；⑥ 合同变更的控制方法。

项目合同的签订应满足以下几个条件：① 项目合同必须建立在双方认可的基础上；② 要有一个统一的计算和支付酬金的方式；③ 要有一个合同规章作为承包商工作的依据，这样他们既可受到合同的约束也可享受合同的保护；④ 合同的标的物必须合法；⑤ 项目合同要反映双方的权利和义务,合同类型须依据法律来确定。

2. 项目合同类型

项目合同按项目的规模、复杂程度、项目承包方式及范围的不同可分为不同的类型。

1) 按签约各方的关系分类

(1) 项目总承包合同。指项目公司与施工承包人之间签订的合同,其范围包括项目执行的全过程。

(2) 项目分包合同。指总承包商可将中标项目的一部分内容包给分包商,由此而在总承包商与分承包商之间签订的合同。一般不允许将项目的全部内容分包出去,对于允许分包的内容,在合同条件中应有规定,在签订分包合同后,总承包商仍应全部履行与项目组织签订的合同中所规定的责任和义务。

(3) 转包合同。指在承包商之间签订,是一种承包权的转让。在合同中明确原承包商与项目组织签订的合同所规定的权利、义务和风险由另一承包商来承担,而原承包商则在转包合同中获取一定的报酬。

(4) 融资合同。指项目公司与银行、金融机构等进行的资金借贷运行的合同。内容包括借贷额度、利息、抵押、担保和时间等,明确双方的责任和义务,确保项目资金供应的安全性。

(5) 营运合同。指项目公司与营运商之间签订的合同,内容包括项目交付后对项目营运活动的要求。

(6) 劳务分包合同。即包工不包料合同或包清工合同。分包商在合同实施过程中,不承担材料涨价的风险。

(7) 劳务合同。指施工承包人或分承包商雇佣劳务所签订的合同。提供劳务一方不承担任何风险,但也难获得较大的利润。

(8) 联合承包合同。指两个或两个以上合作单位之间,以承包人的名义,为共同承担项目的全部工作而签订的合同。

(9) 采购合同。指项目组织为从组织外部获得产品或服务而与供应商签订的合同。

2) 按计价方式分类

(1) 固定总价合同。这类合同对一个明确定义的产品或服务采用一个固定的总价格,如果该产品或服务不是各方面都有明确定义,则卖方买方可能得不到想要的产品或服务,而卖方和买方都会面临风险,必须支付额外的费用才能提供该产品或服务。固定价格合同也包括对达到或超过既定项目目标的奖励。

(2) 成本补偿合同。这类合同包括支付给卖方的直接和间接实际成本。成本补偿合同经常包括某些激励措施,以便满足或超过某些预定的项目目标。这类合同常用于涉及新技术产品或服务采购的项目。成本补偿合同在实践中有三种具体做法,按照买方承担风险的大小,从最高到最低依次排列为:成本加成本百分比酬金合同、成本加固定酬金合同、成本加浮动酬金合同。

15.4.2 项目合同的履行与违约责任

1. 项目合同的履行

所谓项目合同的履行是指项目合同的双方当事人根据项目合同的规定,在相应的时间、地点，以适当的方法，在合同履行的期限内全面完成自己所承担的义务，因此，合同当事人必须共同按计划履行合同，实现合同所要达到的预定目标。

2. 违约责任

违约责任的确定也是合同管理程序中非常重要的一部分。违约是由于合同当事人中的某一方没有按照合同规定中的内容履行自己的责任和义务。既然违反了合同，就必须承担责任，这是合同法规中规定的一项重要的法律制度。因此，当一方当事人不履行合同时，另一方当事人有权请求他方履行合同。对于不履行合同的行为，法律只要求行为人对其故意和过失行为造成不履行合同负赔偿责任；而对于无法预知或防止的事故（如不可抗力）致使合同不能履行时，则不能要求合同当事人承担责任。对违约惩罚的方式主要有以下几种：① 违约金；② 罚款；③ 终止合同；④ 重新招标；⑤ 取消承包资格。

15.4.3 项目合同的变更、解除与终止

1. 项目合同的变更

项目合同的变更通常是指由于一定的法律事实而改变合同的内容和标的的法律行为。大部分项目均涉及变更，而这些变更必须根据合同的条款适当地加以控制，这是项目管理过程的一个重要部分。从合同变更的内容和范围上看，主要包括增减项目工作内容、项目实施条件的变更等；从对项目合同变更的管理上看，主要有正常和必要的合同变更与失控的合同变更两大类。正常和必要的合同变更是为了保证项目的正常实施，合同签订双方根据项目目标的需要，对项目设计进行必要的变更或对项目工作范围进行调整，并在充分协商的基础上对原定合同条款做适当的修正，或补充新的条款，这种变更是有利于实现项目目标的积极的变更。失控的合同变更是在迫不得已的情况下，未经双方充分协商一致而做出的变更，往往会导致项目利益的损失及合同执行的困难。

2. 项目合同的解除

项目合同的解除是指消灭合同效率的法律行为，即消灭原合同关系，不再建立新的法律关系。对于合同的解除，合同当事人必须协调一致。

3. 项目合同变更或解除的条件

项目合同变更或解除需要有相应的条件。一般发生下列情况之一，就可变更或解除项目合同。① 由于不可抗力致使项目合同的全部义务不能履行；② 当事人双方经协商同意，且不会损害国家利益和社会公共利益；③ 由于合同一方在合同约定的期限内没有履行合同，且在被允许推迟履行的合同期限内仍未履行；④ 由于一方违约，以致严重影响订立项目合同时所期望实现的目标或致使项目合同的履行成为不必要；⑤ 项目合同约定的解除合同的条件已经出现。

4. 项目合同的终止

项目合同签订以后，因一方的法律事实的出现而终止合同关系即合同关系的终止。项目合同经正式签订以后，是不允许随便终止的，但是如果发现以下的情况，则合同的法律关系可终止：① 合同因当事人已履行合同规定的全部义务而自行终止；② 当事人双方混同为一人，使原有的合同已无履行的必要，因而自行终止；③ 合同因不可抗力致使合同义务不能履行而终止；④ 合同因当事人双方协商同意而终止；⑤ 仲裁机构裁决或者法院判决终止合同。

15.4.4 项目合同纠纷的处置

1. 合同纠纷产生的原因

项目合同的争端和纠纷是不可避免的,诱发合同纠纷的因素很多,归结起来有以下三个方面。① 合同本身的原因。虽然合同的条款一般都经过了认真的审查且制订的条款详细具体,但不可避免会出现一些缺陷,这就有可能成为日后争端的导火线。② 不可预见的原因。这主要是因为在执行合同过程中发生的不可抗力和不可预见的自然灾害和社会政治变动等给项目的实施造成实质性的损害。③ 人为的原因。主要是执行合同过程中发生错误或组织管理不力而产生争议,这种因素最常见于合同的变更。

2. 处置合同纠纷的主要方式

合同纠纷的发生比较常见,发生合同纠纷如何处置对双方当事人来说极为重要。处置合同纠纷的主要方式有:友好协商、调解、仲裁和诉讼。

(1) 友好协商。指双方当事人愿意就发生的纠纷进行友好磋商,愿意做出一些有利于纠纷实际解决的有原则的让步,并在彼此都认为可以接受、继续合作的基础上达成和解协议,以使合同能够得到正常的履行。友好协商不仅可以促进双方在相互谅解的基础上修复关系,也为今后双方经济往来的继续与发展打下基础,而且采用这种方式解决纠纷的气氛比较友好,双方协商的灵活性较大,无须经过仲裁或司法程序,省去了仲裁和诉讼的麻烦和费用,因此,当双方当事人遇有纠纷时一般都愿意先以协商的方式进行解决。然而,如果争议所涉及的金额较大,当事人双方都不愿或不可能做太大的让步,或者经过反复协商却无法达成一致的协议,或者某一方没有协商的诚意等,这时就必须通过其他的方式来解决。

(2) 调解。当纠纷发生时由第三者从中调解,促使双方当事人和解。调解的过程是查清事实、分清是非的过程,也是协调双方关系、更好地履行合同的过程。调解可以在交付仲裁和诉讼前进行,也可以在仲裁和诉讼中进行。调解成功后,即可不再求助于仲裁和诉讼。

(3) 仲裁。对于通过友好协商与调解不能有效解决的纠纷可求助于仲裁和诉讼来解决。所谓仲裁是指双方当事人根据合同中的仲裁条款或者事后双方达成的书面协议,自愿把争议提交由双方同意的第三者(各类仲裁机构)按照一定的程序进行裁决,仲裁机构做出裁决后,由仲裁机构制作仲裁裁决书。当事人应当履行仲裁机构的仲裁裁决,另一方可以申请法院强制执行。

(4) 诉讼。指司法机关和当事人在其他诉讼参与人的陪同下,为解决合同争议或纠纷依法定诉讼程序所进行的全部活动。项目合同中的诉讼一般分为民事诉讼和经济诉讼,由各级法院的经济审判庭受理提起的诉讼并判决。有时根据某些合同的特殊情况,还必须由专业的法院进行审理。在提起诉讼以前,当事人应该为诉讼做好充分的准备,如收集有关对方违约的各类证据,整理双方往来的所有财务凭证、信函、电报等,同时,还应向律师咨询或聘请律师帮助自己进行诉讼活动。另一方面,诉讼当事人还应注意诉讼管辖地和诉讼时效问题。

15.4.5 索赔

索赔也是项目合同管理的重要一项。所谓索赔,是经济合同履行过程中,合同当事人的一方由于非己原因而造成额外费用支出，于是通过一定的合法途径和程序向另一方要求予以某种形式的补偿的活动。

1. 索赔类型

按索赔的对象不同，可将索赔分为施工索赔和商务索赔。施工索赔是针对于工程项目而言，主要是由于业主方面的过失和责任，使承包商在工程施工中增加了额外费用，此时承包商就可依据合同条款的有关规定，以合法的程序要求业主赔偿所遭受的损失。商务赔偿常发生在一些采购项目中，如买方由于卖方在产品数量、质量、损坏及延期交货等方面不符合合同规定而提出的索赔。

按索赔的依据不同可将索赔分为合约索赔、合约外索赔和优惠补偿。合约索赔是在合同中可以找到索赔内容依据的索赔。合约外索赔是难以在合同条款中找到索赔内容和权利的依据，但权利可以来自普通法律的索赔。优惠补偿是承包商对其损失寻求某些优惠性付款。

2. 索赔程序

提起索赔方要想获得索赔成功，必须遵循的索赔程序如下。

（1）递交索赔通知。有索赔要求的一方应在引起索赔的事件第一次发生后的 28 天内，将索赔意向通知对方，同时呈交一份副本。

（2）同期记录。索赔事件发生时，有索赔要求的一方应有同期记录。这种记录可作为已经发出索赔通知的补充材料，对方在收到索赔通知后，应对此类同期记录进行审查。

（3）提供索赔证明。在索赔通知发出后 28 天内，提出索赔的一方应向对方递交一份说明索赔及提供索赔依据的详细材料。

（4）报送索赔通知书。索赔方为获得额外款项的支付，还需向对方提供索赔报告，在报告中详细说明有权要求支付额外费用的事实和理由，并明确说明上述事实和理由所导致的索赔费用的计算依据，最后还应附上相关文件的复印件作为证据。

15.4.6　合同收尾

合同收尾是项目采购与合同管理的最后一个过程。合同收尾即合同的完成和结算，包括任何未决事宜的解决。这个过程通常包括：① 产品审核。验证所有工作是否被正确地、令人满意地完成；② 管理收尾。更新记录以反映最终成果和将信息立卷以备将来使用；③ 正式验收和收尾。负责合同管理的个人或组织应向卖方提供合同已完成的正式书面通知；④ 合同审计。对整个采购和合同管理过程的一种结构性复查。

一般地说，所订立合同条款本身就为合同收尾规定了特定的程序，提前终止合同是合同收尾的一种特殊情形。合同收尾工作的依据是相应的合同文件资料，包括合同本身及项目合同变更、卖方的技术资料、卖方的执行报告、相关金融证件（如发票和支付记录等）及与合同有关的检验结果等。

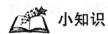 小知识

战 略 采 购

大多数的企业都面临一个共性的难题——采购控制。理想的境界是"花最少的钱买到最

好的东西",同时"有效遏制采购腐败"。"究竟什么样的采购才是符合企业利益的?""到底采购价格为多少才是合理的?""在普遍存在采购阴影的大环境中怎样实施有效的监督检查?""怎样才能事前控制而不是亡羊补牢?"等问题每天都在困扰着管理者。其根本原因在于没有找到一个有效的工具进行采购的跟踪、评估、分析和科学决策。而战略采购是一种有别于常规采购的思考方法,它与普遍意义上的采购的区别是:前者注重要素是"最低总成本",而后者注重要素是"单一最低采购价格"。简单地说,战略采购是以最低总成本建立服务供给渠道的过程,一般采购是以最低采购价格获得当前所需资源的简单交易。战略采购是企业采购的发展方向和必然趋势。在企业创业之初由于采购量和种类的限制,战略采购的优势并不明显,但在企业向更高层次和更大规模发展的过程中优势会日益明显,有远见的企业应该在发轫之初就有组织地构建战略采购框架,实施战略采购。

本章案例分析

招标采购是成本控制和利润的中心

A供应商接到B公司上海分公司打来的电话,说要购买10台笔记本电脑,不久又接到B公司总部电话询问100台电脑的价格,其中有10台是笔记本电脑,他们分别咨询了型号和配置的详细情况。A供应商了解到这家公司最近有大规模的采购项目,频频添置新设备,于是就立即派人到B公司总部。A供应商感觉到B公司整体的采购力被分散和浪费了,价格五花八门,没有任何优势。并且B公司的电脑牌子杂多,需要经常维修、升级,采购价格无优势,服务水平低,管理混乱,舞弊成风,形象受损。

当B公司了解到分散的采购力已经造成较为重大的损失时,便开始整合公司的采购部门,进行了采购流程的合理设计与规划,并在采购过程中采用招标采购。

最后B公司的采购费用得到了最大程度的利用,这时B公司认识到招标采购不仅有效地降低了采购成本,还把采购部门变成了成本控制和利润的中心。

[资料来源]孙军,张英奎. 项目管理. 北京:机械工业出版社,2015.

回答问题

1. 怎样解决B公司的采购力分散及采购浪费的现象?请简述解决流程。
2. 简述一个良好的采购计划会给公司带来的好处。

本章习题

一、判断题

1. 项目采购是指:为达到项目范围而从执行组织外部获取货物和服务所需的过程。
（   ）

2. 项目采购是一项很复杂的工作,在编制采购计划清单和采购计划之前,必须做好充分的准备工作。采购准备的重要内容之一是进行广泛的市场调查和市场分析,从而熟悉市场情况,掌握有关项目所需要的产品及服务的市场信息。
（   ）

3. 项目采购方式的货物采购属于有形采购，是指通过招标或其他商定的方式选择工程承包单位，即选定合格的承包商承担项目工程施工任务的过程。（　　）

4. 供应商选择的最终结果就是一份规定了卖方有提供特定产品或服务的义务以及买方有到期付款义务的合同。（　　）

5. 项目合同按项目的规模、复杂程度、项目承包方式及范围的不同可分为不同的类型。其中项目分包合同的含义是：项目公司与施工承包人之间签订的合同，其范围包括项目执行的全过程。（　　）

二、选择题

1. 项目采购计划制定的方法有（　　）。
   A. 自制和外购决策分析　　　　　　B. 向专家咨询
   C. 经济订货量分析　　　　　　　　D. 合同类型的选择

2. 供应商选择常用的方法有（　　）。
   A. 合同磋商　　B. 加权分析法　　C. 独立评估法　　D. 筛选法

3. 项目合同出现纠纷后，其处置的主要方式有（　　）。
   A. 友好协商　　B. 调解　　　　C. 仲裁　　　　D. 诉讼

4. 合同收尾是项目采购与合同管理的最后一个过程。合同收尾即合同的完成和结算，包括任何未决事宜的解决。这个过程通常包括（　　）。
   A. 产品审核　　　　　　　　　　　B. 管理收尾
   C. 正式验收和收尾　　　　　　　　D. 合同审计

5. 项目合同变更或解除需要有相应的条件。一般发生下列情况之一，就可变更或解除项目的合同。（　　）
   A. 由于不可抗力致使项目合同的全部义务不能履行
   B. 当事人双方经协商同意，切不会损害国家利益和社会公共利益
   C. 由于合同一方在合同约定的期限内没有履行合同，且在被允许推迟履行的合同期限内仍未履行
   D. 由于一方违约，以致严重影响订立项目合同时所期望实现的目标或致使项目合同的履行成为不必要
   E. 项目合同约定的解除合同的条件已经出现

三、思考题

1. 项目采购的方式有哪些？
2. 描述项目采购管理的主要过程。
3. 项目采购计划包括哪些因素？
4. 处理合同纠纷有哪几种方式？
5. 谈谈项目采购管理未来的发展趋势。

第 16 章 项目风险管理

◇ **学习目标**
1. 了解项目风险和项目风险管理的概念
2. 理解项目风险管理的重要性
3. 掌握项目风险识别的方法
4. 了解项目风险处理的应对措施

◇ **导入案例**

项目的风险到底出现在哪里

某公司让 Z 开发一个软件,要求用手机短信和广播信道实现高速上网。这个项目比较新,该公司的软件工程师都不知道从何着手。Z 提出了系统架构,设计了服务器端和客户端软件。并且,合同一开始就明确规定,产品化的工作由该公司自己来完成,Z 只负责技术攻关。

开发工作一波三折,开始的链路层方案,把 IP/ICMP/IGMP 都做通了,可是短信的信道无法支持,于是又改用应用层方案。应用层方案需要也做通时,却被要求和该公司的其他应用绑在一起。最后该公司又要求不使用手机通信,由该公司自己的软件来做,否则就会有冲突。然而当初调试时浪费时间最多的就是和手机做接口。

需求变来变去,每次都挺急,Z 一般第二天就可以做个报告出来,长的一周也能出来。可是,该公司还觉得 Z 在拖进度。他们对网络一窍不通,Z 在调试的时候,多次给他们的开发人员讲课,并且告诉他们正确的思路和调试方法。后来,有一次正在调试,他们叫 Z 去开会。会议结束后,Z 发现有一个程序员正在 Z 的笔记本电脑前翻阅 Z 的源代码。会议有一个多小时的时间,足够程序员把 Z 的代码复制了。然而该公司却说他们是大企业,不会赖 Z 的账。

现在,该公司以时间紧为借口,开发了一个自己的客户端程序,调通了上网流程,再也不调 Z 的程序了,而且声称不准备继续签合同。从 10 月 1 日到春节前,3 个多月的时间,Z 先后实现了无线路由器和无线代理服务器的功能。因为 Z 是兼职,所以经常加班到深夜,还在公司附近租了房子,常常半夜去上电视塔调试,但结果仅仅是获得了 1 万元的预付款。

[资料来源] 孙军,张英奎. 项目管理. 北京:机械工业出版社,2015.

16.1 项目风险管理概述

任何项目都是有风险的,而且风险贯穿项目的始终,失败的风险管理可能导致项目的全盘失败。

16.1.1 项目风险的概念及产生的原因

1. 项目风险概念

风险管理专家对项目风险定义为:"项目风险是所有影响项目目标实现的不确定因素的集合。"然而,从理论上说,项目的风险可以通过风险管理而降低,但是却无法完全消除。这是因为项目风险主要是由于不确定性事件造成的,而不确定事件又是信息不完备造成的,即由于当事者对事物有关影响因素和未来发展变化情况缺乏足够和准确的信息而出现决策失误或错误造成的。

2. 项目风险产生的原因

从理论上说,项目的信息不完备情况能够通过人们的努力而降低,但是却无法完全解除。主要原因如下。

(1) 人们的认识能力有限。世界上的任何事物都有各自的属性,这些属性是由各种数据和信息加以描述的;项目也一样。但由于人类认识世界事物的能力有限,所以人们至今对于世界上许多事物属性的认识仍然存在着很大的局限性。这种局限性的根本原因是由于人们获取数据和信息能力的有限性和客观事物发展变化的无限性这一对矛盾造成的,这一矛盾使得人们无法获得事物的完备信息。

(2) 项目环境的变化。

(3) 信息本身的滞后性。世上所有事物的属性都是用数据加以描述的,但是人们只有在事物发生后才能收集到描述事物的实际数据,然后人们对数据进行加工后才能得到有用的信息。正因为如此,一个事物的信息总是会比该事物的发生有一个滞后时间,这就形成了信息的滞后。信息的这种滞后性便影响了人们正确地认识项目,所以项目中的不确定性事件是不可避免的。

(4) 项目信息资源管理和沟通管理方面的问题。项目信息资源管理方面的问题主要包括项目信息资源的收集、加工处理和合理使用问题。项目沟通管理方面的问题主要包括项目相关利益主体的知识分享问题和共同分享信息去开展项目风险控制的问题。同时,项目沟通管理涉及诸多项目相关利益主体之间的利益协调和跨组织管理,所以项目沟通及其管理中存在沟通不足或信息不对称等问题,这些都是形成项目风险的主要原因。

16.1.2 项目风险的分类

从不同的角度,按不同的标准可以将项目风险分为不同的类型。

1. 按后果分类

(1) 纯粹风险。纯粹风险是指当风险发生时,仅仅会造成损害的风险。且造成的损害是绝对的损害,不仅主体蒙受损失,而且全社会也跟着蒙受损失。纯粹风险可细分为人为风险、财产风险和责任风险。

(2) 投机风险。投机风险是可能带来收益也可能带来损失的风险。投机风险使活动主体蒙受损失,但全社会却不一定因之而遭受损失。相反,某些人还有可能获利。投机风险可细分为市场风险、经营风险和投资风险等。

2. 按来源分类

(1) 自然风险。由于自然力的作用，造成财产损失或人员伤亡的风险属于自然风险。如洪水、地震等自然灾害造成的损失。

(2) 社会风险。社会风险是由于个人的行为反常或团体的不可预料行为所导致的风险。

(3) 经济风险。经济风险是指人们在从事经济活动中，由于经营不善、经营决策失误、市场竞争、供求关系发生变化等导致损失的风险。

(4) 政治风险。政治风险是指由于政局的变化、政权更迭、战争等政治原因所引起的风险。

(5) 技术风险。技术风险是指伴随科学技术的发展而带来的风险。如酸雨、化工排放物的污染等。

3. 按项目管理的过程和要素分类

(1) 决策风险。项目的决策一般属于风险型决策，在项目的立项决策、方案决策等决策过程中都存在不确定性，它也是项目最大的风险，项目决策失误造成的损失往往是不可挽回的。

(2) 通货膨胀风险。指当通货膨胀发生而使本国货币价值降低时，项目业主持有的以本国货币衡量的资本价值成本加大或收入价值受到侵蚀的可能性。

(3) 存货风险。指当项目进行存货投资时，由于发生该类商品的价格变动，或该类商品逐渐过时，或存货自然损失大和维护费增大而发生的存货实际价值减少的可能性。

(4) 流动性风险。指由于市场交易不旺盛，项目的产品和证券不能以足够快的速度或足够大的规模加以卖出而造成损失的可能性。

(5) 利率风险。指由于市场利率的下降，项目的固定利率债务凭证发生价值升值和还本付息负担加重的可能性。

(6) 信用风险。指项目在贸易和融资活动中，由于为项目提供商业或货币信息的保证人的信用危机而对项目造成的信用风险。

(7) 项目实施控制中的风险。

(8) 项目营运管理风险。

4. 按对目标的影响分类

(1) 工期风险。导致项目活动或整个项目工程延长的风险。

(2) 费用风险。导致成本超支、收入减少、投资回收期延长、回报率降低等损失的风险。

(3) 质量风险。导致项目产出物不能通过验收的风险。

(4) 生产能力风险。导致项目建成后达不到设计生产能力的风险。

(5) 市场风险。导致项目建成后达不到预期的市场份额，不具备市场竞争力的风险。

(6) 信誉风险。造成项目组织信誉受到损失的风险。

16.1.3 项目风险管理的概念及重要性

1. 项目风险管理的概念

项目风险管理是项目管理的重要内容，通过项目风险的识别、估测、评价，运用各种风险管理技术，对项目风险实施有效的控制和妥善处理风险所致损失的后果，期望以最小的成本实现最大的项目目标。项目风险管理包括风险识别、风险分析与评估、风险应对计划的制订、风险控制这些过程。

2. 项目风险管理的重要性

其重要性主要体现在以下两个方面。一方面，项目风险管理有助于确定项目范围及最优项目。项目风险管理可对可供选择的项目集合所具有的风险特征进行综合评价，如对于项目风险特征的聚类分析，使得项目组织者可在不同的临界值范围内选择项目群体；对于项目风险收入的有效性评价，使得项目组织者可以有意识地去选择项目投入产出效率较高的项目，等等。项目风险管理从风险的周期性、规律性、预控性等多个角度，对于项目风险的识别机制、分散机制、分摊机制、转移机制等进行全面的分析，从而在项目选择范围内选择出最优项目。另一方面，项目风险管理有助于改进已选项目的效益与效率。项目风险管理是一个动态反复、适时修正、持续改进的过程，因此当风险伴随着项目的推进而出现时，项目风险管理能够不断跟踪风险影响项目运行的轨迹，并通过有效的程序或手段进行纠偏。比如，通过风险识别策略对于风险征兆或信号进行有效识别，防患于未然；发挥风险分散机制，对于多个风险项目进行协调控制，充分利用项目间的协同效应；运用风险分摊策略，在项目的合作各方之间，通过资源共享、要素互补等方式有效分摊风险；运用风险转移机制，在必要的时候通过转让、出售等方式退出项目运作以转移风险。

 小资料

"过去摧毁一座金融帝国可能需要一个很漫长的过程，但是现在，即使是经营了上百年的金融帝国也可以在一夜之间倾塌。"汇丰集团主席庞约翰爵士说。金融风险无处不在，无论是市场、信用还是公司声誉，所有这些领域暗藏的风险都可以给金融服务机构造成致命的打击。不久前，普华永道联合EIU（《经济学家》信息中心）在全球范围对金融服务机构的高层管理者进行了一项有关风险管理的调查，调查结果显示，82%的被调查对象表示，在最近两年中，风险管理意识在本公司的普及程度已经有很大幅度的提高，但是有大约31%的被调查对象表示，当企业确定风险管理的重点领域时，最重要的驱动力并不是来源于企业，而是来自监管领域的压力。而当被问及哪些领域的风险对公司利润的影响最大时，得出的结果便是信用风险和市场风险。因此，作为项目的负责人，做好风险管理工作是保证项目成功的关键。

16.2　项目风险识别

项目风险识别是一项贯穿项目实施全过程的项目风险管理工作。这项工作的目标是识别和确定项目究竟有哪些风险，这些项目风险究竟有哪些基本特性，这些风险可能会影响项目哪些方面等。

16.2.1　项目风险识别的任务

项目风险识别的任务就是辨识和确定项目存在的风险、项目风险的特性及项目风险的影响。

1. 项目潜在风险的识别

这是项目风险识别的第一步,主要是识别项目风险的来源,并将识别出的潜在风险整理汇总成项目风险的清单。由于一个项目包括了各种计划层次,复杂的纵、横向关系及一系列问题,所以必须对项目的各个方面的信息用系统的方法加以分析。风险识别的工具和技术包括系统分解法、流程图与风险因素问询法。

2. 项目风险影响因素的识别

这是项目风险识别的第二步。为了把握项目风险发展变化的规律,进一步度量项目风险的大小,作出风险决策,就必须找出项目风险的影响因素,而且要识别这些因素来源于项目的内部还是外部。如果项目风险因素来源于项目所能控制的范围之内,那么这种风险就由决策者自己承担。可以通过在项目内部调整资源,运用专业知识和精心计划来直接控制。如果项目风险因素来源于项目外部环境,例如来源于政府行为、天气或项目组织不得不打交道的某些部门等,因决策者无法直接对天气、通货膨胀或税率等有关方面的变化施加影响,所以只能采用适当的风险应对措施来降低风险程度。例如,规避风险和转移风险等。

3. 项目风险后果的识别

这是项目风险识别的第三步。在识别出项目风险和项目风险的主要影响因素以后,还必须全面分析项目风险可能带来的后果和这种后果发生的概率。一方面,要分析项目风险带来的威胁。也就是分析出项目风险对项目投资、工期、质量等造成损失的概率有多大。若发生损失,需要付出多大的代价;如果出现最不利的情况,最大损失是多少等。另一方面,要分析风险所带来的机遇。没有潜在收益的风险称为纯风险,亏损和获利并存的风险称为投机风险。在项目风险识别的过程中,要识别项目风险可能带来的机遇,并分析项目风险的威胁与机遇相互转化的条件和影响转化的因素,以便制订出尽可能地降低威胁、赢得机会的风险应对决策方案。

16.2.2 项目风险识别的方法

项目风险识别的方法有很多,既有结构化方法也有非结构化方法,既有经验性方法也有系统性方法,但是使用最多的是以下几种方法。

1. 头脑风暴法

使用这种方法时,组织者要善于提问并能及时整理项目风险分析的结果,并促使与会者不断发现和识别项目的各种风险和风险影响因素。

2. 流程图法

这也是一种常用的结构化风险分析的方法。项目流程图是给出一个项目的工作流程,项目各部分之间的相互关系等信息的图表,具体包括项目系统流程图、项目实施流程图和项目作业流程图等各种形式的和不同详细程度的项目流程图。运用这种方法得出的项目风险识别结果还可以为后面项目实施中的风险控制提供依据。

3. 层次分析法

项目风险识别中最常用的一种方法是利用系统分解的原理,将一个复杂的项目分解成比较简单和容易认识的子系统或系统元素,从而识别各子系统或系统要素造成的风险的方法。例如,在投资建造一个化肥厂项目时,项目分析评估人员可以首先根据项目本身的特性,将项目风险分解成为以下几个方面：市场风险、投资风险、经营风险、技术风险、资源及原材料供应风险、环境污染风险等。然后还可以对这些项目风险再做进一步的分解，如项目的市场风险又可以分解成三个方面：竞争风险、替代风险、需求风险。

16.3 项目风险分析与评估

16.3.1 项目风险分析与评估的任务

项目风险分析与评估是在项目风险识别的基础上，对项目风险的影响和后果进行综合分析，并依据风险对项目目标的影响程度进行项目风险分级排序的过程。它主要是估计项目风险损失发生的概率和损失程度。

项目风险损失发生的概率一般用历史资料统计计算出的频率来近似地代替。在精度要求不高时也可定性地加以描述，分为：概率为零的风险（风险事故几乎没有发生的可能性）；轻微的风险（风险事故过去和现在均未发生，将来可能发生）；中等的风险（偶尔可能发生）；一定的风险（此类风险事故时常发生）。一般通过风险管理者的直接判断、排序、比较等定性分析来完成。

项目风险损失程度就是项目风险后果的严重程度，即项目风险可能带来损失的大小。估测损失程度时要同时考虑以下几个方面的因素。① 同一风险所导致的各种损失形态，兼有直接损失和间接损失；② 风险损失所涉及的范围，即使一个项目风险发生的概率和严重程度都不大，但是如果它的影响范围很大，那么它的损失度也很大；③ 项目风险发生的时间效应，对发生早的项目风险要优先控制，对发生晚的项目风险，可以先通过不断跟踪、监视和观察它们的各种征兆，从而进一步识别、度量这些风险。

16.3.2 项目风险分析与评估的流程

一般的项目风险分析与评估流程如下。
(1) 系统研究项目风险背景信息。
(2) 确定风险评估标准。风险评估标准就是项目主体针对每一种风险后果确定的可接受水平。单个风险和整体风险都要确定评估标准，可分别称为单个评估标准和整体评估标准。风险的可接受水平可以是绝对的，也可以是相对的。
(3) 确定项目风险水平。包括确定单个项目风险水平和整体项目风险水平。项目风险整体水平是综合了所有单个风险之后确定的。

在确定项目的整体风险水平时，有必要弄清各单个风险之间的关系、相互作用及转化因素对这些相互作用的影响。风险的可预见性、发生概率和后果大小三个方面会以多种方式组合，常使项目的整体风险评估变得十分复杂。

16.3.3 项目风险分析与评估的基本方法

项目风险分析与评估的基本方法有决策分析法，包括决策树、程序算法等；计划评审技术；层次分析法；模糊分析法；主观概率；敏感性分析等。

1. 决策分析法

决策分析研究的是决策的过程。它是一种支持在不确定环境下进行决策的技术，这种方法综合考虑了不同决策方案的各种可能的结果和决策者在面临风险时的不同态度。决策树法是决策分析中的一种常用方法，是指把某一决策问题的各种供选择方案、可能出现的状态、概率及其后果等一系列因素，按它们之间的相互关系用树形图表示出来，然后按网络决策的原则和程序进行选优和决策。在决策树中树根表示项目的初步决策，用方框表示，称为决策点。从树根向右画出若干条树枝，每一条树枝表示一个行动方案，称为方案枝。方案枝右端称状态节点，用圆圈表示。状态节点的右端又绘出若干小树枝，表示各种方案的可能结果，每条小树枝下注明了结果出现的概率，因此又称为概率枝，概率枝的右端注明相应结果的大小。

例如某光学仪器厂生产照相机，现有两种方案可供选择：一种方案是继续生产原有的全自动型产品，另一种方案是生产一种新产品。据分析测算，如果市场需求量大，生产老产品可获利 30 万元，生产新产品可获利 50 万元。如果市场需求量小，生产老产品仍可获利 10 万元，生产新产品将亏损 5 万元（以上损益值均指一年的情况）。另据市场分析可知，市场需求量大的概率为 0.8，需求量小的概率为 0.2。试分析和确定哪一种生产方案可使企业年度获利最多？

解： ① 绘制决策树，如图 16-1 所示。

② 计算各节点的期望损益值，期望损益值的计算从右向左进行。

节点 2：$30 \times 0.8 + 10 \times 0.2 = 26$（万元）

节点 3：$50 \times 0.8 + (-5) \times 0.2 = 39$（万元）

决策点 1 的期望损益值为：$\max\{26, 39\} = 39$

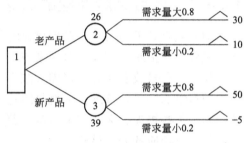

图 16-1 决策树图示

③ 剪枝，决策点的剪枝从左向右进行。因为决策点的期望损益值为 39 万元，是生产新产品方案的期望损益值，因此剪掉生产老产品这一方案分枝保留生产新产品这一方案分枝。根据年度获利最多这一评价准则，合理的生产方案应为生产新产品。

2. 层次分析法

层次分析法（AHP）是将与决策有关的元素分解成目标、准则、方案等层次，在此基础之上进行定性和定量分析的决策方法。该方法是美国运筹学家匹茨堡大学教授萨蒂于 20 世纪 70 年代初，在为美国国防部研究"根据各个工业部门对国家福利的贡献大小而进行电力分配"课题时，应用网络系统理论和多目标综合评价方法，提出的一种层次权重决策分析方法。这种方法的特点是在对复杂的决策问题的本质、影响因素及其内在关系等进行深入分析的基础上，利用较少的定量信息使决策的思维过程数学化，从而为多目标、多准则或无结构特性的复杂决策问题提供简便的决策方法。尤其适合于对决策结果难于直接准确计量的场合。例如，某人准备选购一台电冰箱，他对市场上的 6 种不同类型的电冰箱进行了解后，在决定买哪一款式时，因为存在许多不可比的因素，往往不是直接进行比较，而是选取一些中间指标进行考察。例如电冰箱的容量、制冷级别、价格、形式、耗电量、外界信誉、售后服务等。然后再考虑各种型号冰箱在上述各中间标准下的优劣排序。借助这种排序，最终做出选购决策。在决策时，由于 6 种电冰箱对于每个中间标准的优劣排序一般是不一致的，因此，决策者首先要对这 7 个标准的重要度作一个估计，给出一种排序，然后把 6 种冰箱分别对每一个标准的排序权重找出来，最后综合这些数据，得到针对总目标即购买电冰箱的排序权重。有了这个权重向量，决策就很容易了。

　　3. 计划评审技术

　　又称"计划评审法""计划协调技术""网络计划法""统筹方法"，是指运用网络理论，把一项工程划分为若干作业阶段，顺序排列，绘制生产进度网络图，确定各作业阶段起止时间，从中确定关键路线，据以合理安排人、财、物力，达到控制生产进度和控制成本费用的一种统筹方法。本方法的具体实现见第 13 章内容介绍。

16.4　项目风险处理

　　项目风险处理就是根据项目所面临风险的种类、特性和大小，结合项目组织自身的抗风险能力，制订合理的风险应对措施的过程。在完成了项目风险识别和度量以后就可以进行这项工作了。

16.4.1　项目风险处理的概念

　　项目风险处理的实质是在项目风险估测、分析、评价的基础上，针对项目存在的风险因素，积极采取措施以消除风险因素或减少风险因素的危险性。在事故发生之前，降低事故的发生频率；在事故发生时，将损失减少到最低限度。

　　项目组织的风险管理目标就是防止所有的损失，可是单单依靠风险控制措施，难免有时还会出现某些损失。无法完全控制全部的风险就意味着必须对可能出现的各种损失作某些度量，并采取相应的处理措施。

16.4.2　项目风险处理的主要措施

　　一般来说，项目风险的处理措施有减轻风险、预防风险、回避风险、转移风险和接受风险等。在实践中，具体情况具体分析，选择最合适的应对措施。

　　1. 减轻风险

　　减轻风险策略，顾名思义，是通过缓解或预知等手段来减轻风险，降低风险发生的可能性或减缓风险带来的不利后果，以达到风险减少的目的。减轻风险是应对项目风险的一种风险决策，其有效性在很大程度上要看风险是已知风险、可预知风险还是不可预测风险。

　　2. 预防风险

　　风险预防是一种主动的风险管理策略，通常采用有形和无形的手段。

　　3. 回避风险

　　回避风险是指当项目风险潜在威胁发生可能性太大，不利后果也太严重，又无其他策略可用时，主动放弃项目或改变项目目标与行动方案，从而规避风险的一种策略。回避风险包括主动预防风险和完全放弃两种。主动预防风险是指从风险源入手，将风险的来源彻底清除。回避风险的另一种策略是完全放弃，这种做法比较少见。例如，随着网络泡沫的破灭，许多母公司关闭了网站，这就是一种完全放弃的风险应对策略。

4. 转移风险

转移风险是将风险转移至参与该项目的其他人或其他组织，所以又叫合伙分担风险。其目的不是降低风险发生的概率和减轻不利后果，而是借用合同或协议，在风险事故一旦发生时将损失的一部分转移到有能力承担或控制项目风险的个人或组织。实行这种策略要遵循两个原则：① 必须让承担风险者得到相应的回报；② 对于各具体风险，谁最有能力管理就让谁分担。

5. 接受风险

接受风险也是应对风险的策略之一，它是指有意识地选择承担风险后果。觉得自己可以承担损失时，就可用这种策略。

16.5 项目风险控制

16.5.1 项目风险控制的概念

项目风险控制就是在风险事件发生时，为了最大限度地降低风险事故发生的概率和减少损失幅度而实施的风险应对计划中预定的措施。另外，当项目的情况发生变化时要重新进行风险分析，并制订新的应对措施。

项目风险控制是建立在项目风险的阶段性、渐进性和可控性基础之上的一种项目管理工作。事实上，项目风险的控制过程是一种人们发挥其主观能动性去改造客观世界的过程，而与此同时，在这一过程中所产生的信息又会反过来进一步改变人们对于项目风险的认识和把握程度。所以，项目风险控制过程就是一个人们不断修正自己的认识，不断修订项目风险控制决策和行为的过程。通过这一过程，使人们对于风险的认识更深入，对项目风险的控制更加符合客观规律。

项目风险控制的内容主要包括：持续开展项目风险的识别和度量，监控项目潜在风险的发展，追踪项目风险发生的征兆，采取各种风险防范措施，应对和处理发生的风险事件，消除和缩小项目风险事件的后果，管理和使用项目的不可预见费，实施项目风险管理计划等。

16.5.2 项目风险控制的方法

（1）风险审计。专人检查监控机制是否得到执行。并定期作风险审核，例如在大的阶段点重新识别风险并进行分析，对没有预计到的风险制订新的应对计划。

（2）偏差分析。与基准计划比较，分析成本和时间上的偏差。例如，未能按期完工、超出预算等都是潜在的问题。

（3）技术指标。比较原定技术指标和实际技术指标差异。例如，测试未能达到性能要求，缺陷数大大超过预期等。

16.5.3 项目风险控制的步骤

（1）建立控制体制。指在项目开始之前要根据项目风险识别和评估报告所给出的信息，制订出整个项目风险控制的方针、程序及管理体制。

（2）确定具体项目风险。这是根据项目风险识别和评估报告所列出的各种具体项目风险，确定对哪些项目风险进行控制。一般按照它们后果的严重程度和发生的概率等情况来定。

（3）确定风险的控制责任。这是分配和落实实现项目具体风险控制责任的工作。这些项目风险控制必须落实到人，同时还要规定他们所应负的责任。

（4）确定控制的行动时间。是指要制订相应的时间计划和安排，规定解决风险问题的时间限制。

（5）制订各个具体项目风险的控制方案。根据各风险的性质和特性，制订出控制各风险的各种备选方案，然后对各种方案进行必要的可行性分析，选出最佳的方案。

（6）实施各个具体项目风险控制方案。是指根据控制方案开展行动，同时还要根据风险的实际发展变化不断修订风险控制方案。

（7）跟踪各个风险控制的结果。是指收集结果的信息并给予反馈，用来不断修订和指导项目风险的控制工作。

（8）判断风险是否消除。如果风险已消除，则达到了控制的目的；否则就要重复上面的步骤。

16.5.4 项目风险知识传授

在项目收尾阶段重新回顾和总结风险管理成功的经验很重要。一般风险知识传授包括以下几步。

1. 咨询项目参与人

有三个截然不同的视角用于项目评价，特别是对风险的评价：发起人、项目利益相关者及项目团队。虽然可以对这三组人员同时进行访谈，但是最好能把他们分开分别进行访谈，以避免他们由于某些政治上的考虑而对要讲的话犹豫不决。为方便起见，项目经理人还要为咨询参与人准备一个问题清单。

2. 评价风险管理成功或失败

在咨询项目参与人之后，项目经理将评价有关风险管理者的观测结果。这个评价应包括定量和定性两个部分。定量观测通常是很明显的，因为他们直接反映了基准项目计划的范围、资源和进度计划的变化。这个项目在哪些方面做了改变，都会反映到项目计划中去，而且可以直接测量。从项目参与者中获得定性分析是很重要的，尤其是如果项目经理期望与客户再次合作时。客户发起人和项目利益相关者对成功或失败的感觉有助于确定今后合作的可能性。即使项目控制范围之外的环境影响到项目的成功，客户对于处理风险的可靠性和专业性的理解也是非常重要的。

3. 编写风险管理成功或失败文件

项目经理应该更新风险管理计划文件以反映在项目咨询环节中收集到的信息。如果有一个自动化的知识库，那么这些信息也要反映在那里。

4. 建立风险管理成功或失败档案

更新后的风险管理计划文件成为永久项目文件中的一部分。如果有一个自动化的企业风险知识库，那么这些文件也应该反映在那里。

小知识

现代项目风险管理将更注重对项目风险进行一体化的动态持续管理,分析风险发生传导的机理,更注重过程管理和动态管理。项目风险评估也将更加注重风险影响的量化分析,从概率、项目进度影响、项目费用影响等多个维度刻画项目风险的特征。传统的项目风险评估技术如蒙特卡罗模拟法、计划评审技术等在不断改进和提高,与此同时,新的风险评估技术也在不断完善,如综合应急评审技术(SCERT)、风险评审技术(VERT)、影响图技术(ID)、约束理论(TOC)、模糊综合评价法、可靠性模块图(RBD)、网络分析法(ANP)及可拓综合评判模型等,都已逐步开始应用。我们相信,随着风险评估方法的发展完善,企业的风险将得以更好地规避。

本章案例分析

如何识别 IT 项目中的风险

最近,小王承担了他们单位地理信息系统 Web 平台的开发工作,公司新聘了 5 人,组成了一个开发团队来开发,小王担任了该团队的项目经理。

该地理信息系统平台是为行业定制的,整个架构采用目前流行的 B/S 架构,主要由界面层、图形层和数据层组成。这是一个专业性很强的项目,可能要用到专门的开发技术。用户认为这是一个行业软件,对他们的业务需求描述得很模糊,能满足日常工作需要即可,其他特定的功能,可以在开发过程中进行补充。

项目组新增了两名这方面的技术高手,但是这两人现在仍在外地实施别的项目,还没确定何时能到本项目组,小王对此感到很苦恼。另外,用于数据采集和系统测试的设备和配套软件,也需要在公司的另一个项目结束后才能使用。小王知道在项目实施时必须进行风险管理,他研究了其它类似项目的实施材料,制定出了一系列的风险应对措施。

[资料来源] http://www.mypm.net/。

回答问题

1. 如何识别 IT 项目中的风险?
2. 针对项目开发中存在的技术风险应该如何应对?

本章习题

一、判断题

1. 项目风险是所有影响项目目标实现的不确定因素集合。然而,从理论上说,项目的风险可以通过风险管理而降低,但是却无法完全消除。( )

2. 从不同的角度,按不同的标准可以将项目风险分为不同的类型。其中的投资风险是指当风险发生时,仅仅会造成损害的风险。( )

3. 项目风险管理是项目管理的重要内容,通过项目风险的识别、估测、评价,运用各

种风险管理技术，对项目风险实施有效的控制和妥善处理风险所致损失的后果，以期望以最小的成本实现最大的项目目标。（   ）

4. 计划评审技术方法是项目风险分析与评估的基本方法之一，它的研究是一个决策的过程。它是一种支持在不确定环境下进行决策的技术。（   ）

5. 项目风险分析与评估是在项目风险识别的基础上，对项目风险的影响和后果进行综合分析，并依据风险对项目目标的影响程度进行项目风险分级排序的过程。它主要是估计项目风险损失发生的概率和损失程度。（   ）

二、选择题

1. 项目风险产生的主要原因是（   ）。
   A. 人们的认识能力有限
   B. 项目环境的变化
   C. 信息本身的滞后性
   D. 项目信息资源管理和沟通管理方面的问题

2. 项目风险识别的方法有很多，但是使用最多的是（   ）。
   A. 头脑风暴法　　　B. 流程图法　　　C. 层次分析法　　　D. 决策分析法

3. 一般来说，项目风险的处理措施有（   ）等。在实践中，具体情况具体分析，选择最合适的应对措施。
   A. 减轻风险　　　B. 预防风险　　　C. 回避风险　　　D. 转移风险
   E. 接受风险

4. 项目风险控制常用的方法有（   ）。
   A. 风险审计　　　B. 偏差分析　　　C. 标杆管理　　　D. 技术指标

5. 项目风险识别的任务就是辨识和确定项目存在的风险、项目风险的特性以及项目风险的影响。具体的项目风险识别的任务是（   ）。
   A. 项目潜在风险的识别　　　　　　B. 项目风险影响因素的识别
   C. 项目风险后果的识别　　　　　　D. 项目过程风险的识别

三、思考题

1. 什么是风险，风险的特点有哪些？
2. 项目风险识别的方法有哪些？
3. 如何运用项目风险分析与评估中的决策分析法？
4. 如何处理项目风险？

第 17 章 项目融资管理

◇ **学习目标**

1. 理解项目融资的定义、特征及适用范围
2. 了解项目融资的几种方式
3. 掌握 BOT 运作的方法
4. 了解项目融资担保的概念

◇ **导入案例**

上海迪士尼乐园项目融资

上海迪士尼乐园，位于上海市浦东新区川沙新镇，于 2016 年 6 月 16 日正式开园。

上海迪士尼项目的投资结构由三个部分组成：上海国际主题乐园有限公司，中美双方持股比例分别为 57% 和 43%；上海国际主题乐园配套设施有限公司，中美双方持股比例分别为 57% 和 43%；上海国际主题乐园和度假区管理有限公司，中美双方持股比例分别为 30% 和 70%。

上海迪士尼项目融资结构如下：所有投资中 40% 资金为中方和迪士尼双方共同持有的股权，其中中方政府占 57%，迪士尼占 43%。其余占总投资的 60% 的资金则为债权，其中政府拥有 80%，另外 20% 则为商业机构拥有。迪士尼公司只出了一小部分资金用于一期园区的建设，其主要是以品牌入股方式投资。

在迪士尼公司看来，把过多的钱投在乐园的建设上将冒不小的风险，所以迪士尼公司更愿意通过以品牌估值方式入股。而上海则希望通过迪士尼这个项目，促进上海旅游业和第三产业的发展，对项目的渴求是比较迫切的。因此，上海在迪士尼乐园项目的投资金额的比例上做出了让步，愿意承担主要的项目资金。

[资料来源] 道客巴巴。

17.1 项目融资概述

项目融资是 20 世纪 70 年代逐渐兴起的适用于交通、水利、通信、城建等公共基础设施建设和能源、矿产资源开发等大中型项目的一种重要的资金筹措手段。而作为国际金融的一个重要分支，近 30 年来已发展成为一种大型工程项目的建设开发筹集资金的卓有成效并且日趋成熟的手段。项目融资不仅仅是依靠项目发起人的信用保障或资产价值，主要还是依靠

项目本身的资产和未来的收益作为保证,可用较少的资本金获得数额比资本金大得多的贷款。项目融资方式多样,因此需要系统学习和实践。

 学习误区

项目融资之前,要搞清传统筹资与融资的区别。融资并非就是筹资,它们是有明显区别的。下面举一例加以说明。某加工公司拥有A,B两个加工厂,现在准备再建一个C厂,决定从金融市场筹集资金,于是有两种筹集方式:第一种是筹集来的款项用于建设C厂,而归还贷款的款项来源于A,B,C三厂的收益;如果C厂建设失败,则该公司要把A,B两厂的收益作为偿债的担保;此时称贷款方对该加工公司有完全追索权。第二种方式是把借来的资金用于建设新项目C厂,而用于偿债的资金仅限于C厂建成后的收益;如果失败,贷款方只能从清理C厂的资金中收回一部分,而不能要求该公司从别的资金来源(包括A,B厂)归还贷款;此时称贷款方对该公司无追索权;或者在签订协议时,要求该公司把其特定的一部分资产作为贷款保证,此时称贷款方对该公司有限追索权。这第二种方式便是项目融资。

17.1.1 项目融资的概念

项目融资即项目资金筹措,它有时还被称为无担保或有限担保贷款。也就是说,项目融资是将归还贷款资金来源限定在特定项目的收益和资产范围之内的融资方式。项目融资本质上是一种无追索权的融资贷款。由此可定义为:项目融资是指对需要大规模资金的项目而采取的金融活动。但借款人原则上将项目本身拥有的资金及其收益作为还款资金来源,而且将其项目资产作为抵押条件来处理。项目融资有以下性质:① 债权人对于建设项目以外的资产和收入没有追索权;② 境内机构不以建设项目以外的资产、权益和收入进行抵押、质押或偿债;③ 境内机构不提供任何形式的融资担保。同时规定,项目融资主要适用于发电、高等级公路、桥梁、隧道、城市供水及污水处理厂等基础设施项目,以及其他投资规模大、具有长期稳定预期收入的建设项目。

17.1.2 项目融资的特点及优缺点

1. 项目融资的特点

(1) 至少有项目发起方、项目公司、贷款方三方参与。

(2) 项目发起方以股东身份组建项目公司,该项目公司为独立法人,从法律上与股东分离。

(3) 贷款银行为项目公司提供贷款。

(4) 贷款人不是凭项目主办单位和发起人的信用和资产作为发放贷款的保障,而是以项目公司的资产及该资产可能带来的财务收益作为发放贷款的原则,即项目自身创造的收益是偿还贷款的基础。但项目融资很少见到是"完全无追索权"的,贷款人会以多种方式要求获得"有限追索权"。

(5) 由多方共同对贷款提供信用担保。虽然项目公司是承担债务的主体,但实际上项目公司已通过结构上的安排将信用风险分散出去。项目的发起人、项目的经营与维护人、项目的设备供应商、项目的建筑商、项目产品的购买人及东道国和其他项目的收益人,分别以不同的方式承担了项目的风险，使得项目总体风险减小到最低程度，提高项目信用。

（6）贷款银行出于自身安全的需要，必然对项目的谈判、建设、运营进行全过程的控制。

（7）贷款方承担的风险较高，一般要求的利率也必然较高，再加上其他各种费用，项目融资整体费用较高。

2. 项目融资的优点

从项目融资结构中可以看出，项目融资对于资金的需求者，即项目主办方来说，有一定的好处。从国际上已做过的项目融资来看，对项目主办方和其他投资人有以下几方面的好处。

（1）对发起人"无追索权"或"有限追索权"。

（2）资产负债表外的会计处理。

采用项目融资，由于银行贷款通常没有追索权，或者即使有有限的追索权，也是通过合同安排加在项目公司身上的，不会影响项目主办方本身的资产负债表。主办方的债权和债务不会因为项目融资而改变，因此也不会影响它的债务与权益的比例及各种财务比例指标。项目主办方如果直接从银行贷款来完成项目，那么借入的资金就会成为项目主办方资产负债表上的负债。在项目还没取得收益时，这种结果会造成不利的资产负债结构，提高从其他方面进一步借款筹资的成本，增加项目主办方的金融风险。

（3）资金来源多元化，担保风险分散。

项目融资可以分散融资风险，不将风险集中于项目主办方和银行。如果项目资金源于国外的银行，则项目融资更有利于转移项目主办方的风险。因为项目融资的贷款一般没有追索权或仅有有限追索权，所以项目主办方虽然是项目的权益所有者，但仅承担项目风险的一小部分。一旦项目不能创造出足够的现金流量来偿付贷款，贷款方就得承担大部分或全部风险。这种风险分配结构对于那些规模较小的借款方或项目主办方尤为重要。没有追索权，可保护他们不会因项目失败而破产。

（4）项目融资不受项目主办方资产规模的限制。

项目融资贷款方在决定是否贷款时不是把项目主办方的资产规模作为重要的考虑因素，而是重点考虑新建项目本身的预期收益状况。即使项目主办方现在的资产规模小，贷款方也会同意贷款；相反，如果项目本身的前景不好，哪怕资产规模再大，也不能吸引到项目融资。

3. 项目融资的缺点

尽管项目融资有如此多的优点，但还是不可避免地具有成本高、耗时长的缺点。

（1）成本高。贷款银行在项目融资中承担了较大的风险，希望得到较高的收益，他们要求的贷款利率比普通贷款要高。同时，项目融资要求繁多的担保与抵押，每一道担保或抵押都收取较高的手续费；贷款方及其律师、技术专家在评估项目、推敲文件、设计担保方案时都要花费较多的时间，也增加了融资费用；再加上谈判的费用，最终使项目融资成本较高。

（2）耗时长。项目各方要在项目融资过程中经过分担风险的谈判才能签署合同和协议，而这种谈判往往因各方利益难以协调而陷入僵局。复杂的项目融资结构也是有关各方不能很快达成协议的原因。一般的项目从表示意向到谈成签约往往要花上几年的时间，这不仅提高了项目融资的直接成本，还错过了宝贵的市场机会，其机会成本也是巨大的。

17.1.3 项目融资的适用范围

项目融资中由于贷款人承担的风险较大，借款人成本较高，因此这种融资方式一般要谨慎采用，它主要适用于资源开发项目、基础设施建设项目和制造业项目。

1. 资源开发项目

资源开发项目包括石油、天然气、煤炭、铁、铜等开采业。项目融资最早就是源于资源开发项目。

2. 基础设施建设项目

基础设施建设项目是项目融资应用最多的领域。基础设施一般包括铁路、公路、港口、机场、桥梁、电讯、环保和能源等项目的建设。项目融资之所以在基础设施领域应用最广，其原因是：一方面，这类项目投资规模巨大，完全由政府出资有困难；另一方面，出于商业化经营的需要，只有商业化经营，才能产生收益，提高收益。在发达国家中，许多基础设施建设项目因采用项目融资而取得成功，发展中国家也逐渐引入这种融资方式。

3. 制造业项目

虽然项目融资在制造业领域有所应用，但范围比较窄，因为制造业中间产品很多，工序多，操作起来比较困难。另外，其对资金需求也不如前两个领域那么大。在制造业中，项目融资多用于工程上比较单纯或某个工程阶段中已使用特定技术的制造业项目。此外，也适用于委托加工生产的制造业项目。

17.1.4 项目融资成功的基本条件

项目融资的成功就是运用合理的融资结构把各方面项目参与者在项目中的利益结合在一起，达到控制风险、增强项目债务承担能力，从而实现项目投资者采用其他投资模式所无法实现的目标要求。项目融资最终是否成功，在很大程度上取决于它所具备的主、客观条件。就客观条件而言，主要指项目融资所面对的投资环境的质量。投资环境一般有微观环境和宏观环境之分。由于项目融资通常是利用外资的一种形式，相对而言，投资的宏观环境更为重要。通常，投资的宏观环境包括政治环境、法律环境、经济环境、科技环境和文化环境，特别是投资的法律环境。从主观方面，就项目投资者而言，要想获得项目融资成功，首先必须熟悉项目融资的基本原理及运作程序；其次要掌握相应的法律和金融知识；最后，需具备灵活的谈判技巧。除此之外，在融资的全过程中，还必须具备下述条件，即能够科学评价项目和正确分析项目风险、确定严谨的项目融资法律结构并明确项目的主要投资者。

17.2 项目融资资金来源与基本方式

17.2.1 项目融资的资金来源

项目融资资金的来源主要有以下几个方面，可以根据项目的类型、规模、资金需要量、资金成本和结构及风险承受能力、法规政策等多个方面的实际情况进行选择。

1) 国内商业银行

国内商业银行是国内项目融资最主要的资金来源，主要为项目提供中短期和长期贷款。

2) 国际金融机构

主要有国际金融组织贷款、国际商业贷款和出口信贷。国际金融组织贷款主要有国际货币基金组织贷款、世界银行贷款、亚洲开发银行贷款和欧洲投资银行贷款等。国际货币基金组织贷款主要用于成员国国际收支不平衡、出现国际收支逆差时的项目贷款；世界银行贷款主要用于发展中国家的农业与农村发展、交通、能源、基础工业及社会福利和环境保护项目；亚洲开发银行主要用于农业和农产品加工项目及水利、林业、渔业和水电等开发项目。国际商业贷款主要是在国际金融市场上以借款的方式筹集资金，利率完全由国际金融市场的资金供求关系决定。出口信贷，一般主要用于大型成套设备或工厂建设的进出口项目。出口信贷可分为买方信贷和卖方信贷。

3) 资金的其他来源

主要有各国政府出口信贷机构、项目所在国政府、公共基金机构、短期资本市场、商业金融公司、租赁公司、原材料供应商和设备经营商、项目发起方的贷款和预付款及各类资金拥有者。

17.2.2 项目融资的基本方式

项目主要融资方式有以下几种。

1. 贷款

主要有担保贷款、无担保贷款和从属贷款三种类型。

(1) 担保贷款。担保是为了保证债权的实现和债务的履行。担保贷款主要有抵押贷款和保证贷款两种形式。抵押贷款是指债务人或第三方将某一特定财产作为债权的担保。债务人不能还债时，债权人有权依照法律规定以该财产或将其拍卖所得价款优先受偿。在项目融资中，借款人以项目资产作抵押取得银行的有担保贷款。但抵押贷款的前提条件不是项目将来可以形成的资产，而是项目资产运营后的经济效益。保证贷款是指第三方为债务人的债务履行作担保。由保证人和债权人约定，当债务人不履行债务时由保证人承担责任。担保是以保证人的信誉和不特定的财产作担保，而非具体的财产。

(2) 无担保贷款。指贷款的获得靠的是借款人的信用，也称信用贷款。无担保贷款的贷款协议要对项目的其他筹资方式和行为进行约定。无担保贷款常常由项目出资人提供，经过设定，可具有转换为项目股本的权利。

(3) 从属贷款。是由项目发起人或其他出资人为了提高项目主要贷款者的信心，促使他们出资或放宽贷款条件而为项目提供的资金。从属贷款又可以称为引导性贷款，可以改善项目流动资金状况。

 小资料

现代经济的发展证明，中小企业是社会经济生活不可缺少的组成部分，具有同大企业一样的生命力。我国中小企业对国民经济的贡献率不断上升，特别是在扩大就业，满足人们多样化和个性化需求，实现社会专业化协作，培育企业家，技术创新等方面发挥出日益重要的优势和作用。从贡献上看，中小企业创造的最终产品和服务价值占我国 GDP 的 50.5%，解决就业占我国城镇总就业量的 75% 以上，提供的产品、技术和服务出口约占我国出口总值的60%，完成的税收占我国全部税收收入的43.2%。由此可见，中小企业在我国社会主义现代化建设中具有举足轻重的战略意义。但是，由于我国经济体制和中小企业自身的原因，中小企业在发展过程中仍面临着较多问题，尤其是"融资难"问题成为制约我国中小企业发展的瓶颈。从这里我们能得到哪些启示？应采取怎样的措施解决这个问题？

2. ABS融资方式

ABS，意为"资产担保证券"。其含义是指以项目所拥有的资产为融资基础，以项目资产带来的预期收益为保证，通过在资本市场发行债券来募集资金的一种项目融资方式，其本质就是资产证券化。同时，ABS融资获得资本之后，并未改变企业原有股权结构，有利于企业管理的连续性。ABS融资主要有境内发行债券和境外发行债券两种。境内发行债券是指项目实体为项目建设和经营发展而向国内公众发行的债券，称为项目境内发行债券。主要有国家发行的境内债券和企业发行的境内债券，主要用于项目中长期资金的筹集。境外发行债券是指在国外向外国投资者发行的外币债券，称为境外国际债券。发行后的债券可以在债券市场上流通。在发行境外债券以前，发行人首先要经过国外评级机构的评级，然后委托承销商确定发行条件，包括规模、偿还期、利率、发行价格、发行费用等。通过ABS融资方式可以看到，通过资本市场发行债券筹集资金是ABS显著的特点，它同时也代表着项目融资的新方向，其优势主要表现为以下几个方面。

（1）融资成本。在整个运行过程中只涉及原始权益人、特别信托机构（SPV）、投资者、证券承销商等主体，共同按照市场经济规则运作，减少了中间费用；同时由于ABS融资方式在国际高等级证券市场筹资，该市场信用等级高、债券安全性和流动性高、利息率较低，从而有效地降低了融资成本。对基础设施项目来说，由于融资成本低，融资效率高，而且是用项目的未来收益来偿还债务，这样就有利于缓解政府的财政资金压力。

（2）投资风险。ABS项目融资的对象是资本市场上数量众多的债券购买者，这就极大地分散了项目的投资风险，使每个投资者承担的风险减小；ABS方式隔断了项目原始权益人自身的风险和项目资产未来现金收入的风险，使其清偿债券本金的资金仅与项目资产的未来现金收入有关，并不受原始权益人破产等风险的牵连，即"破产隔离"。另外，通过"信用增级"可进一步使以基础资产为支撑所发行的证券风险降到最低。

（3）资产结构。对原始权益人来讲，ABS融资方式出售的是项目的未来预期收益，直接发行证券的也不是原始权益人。故通过这种方式可获得资金但又不增加负债，且这种负债也不会反映在原始权益人的资产负债表上，即"表外融资"；通过"信用增级"使项目的资产成为高质甚至优质资产，可以获得高级别的融资渠道，募集到更多的资金。

（4）项目控制。采用ABS方式融资，在债券的发行期内项目的资产所有权虽然归SPV所有，但项目的资产运营和决策权依然归原始权益人所有，SPV拥有项目资产的所有权只是为了实现"资产隔离"。因此，在运用ABS方式融资时，不必担心关系国计民生的重要项目被外商所控制和利用，这一点是BOT融资所不具备的。

3. 融资租赁方式

融资租赁就是以租赁的方式筹集资金，具体是租赁公司以自己的信用向银行取得贷款，购买厂房和设备，然后租赁给项目公司，项目公司在项目运营期间，以营运收入向租赁公司支付租金，租赁公司以其收到的租金通过担保信托向贷款银行还本付息。融资租赁兼具融资和融物的独特功能，以融物的方式来融资，以融资的方式来融物。这两种功能创新性结合在一起，符合现代租赁各参与方的需要，为基础设施项目融资提供了全新思路，能很好地解决项目设备需求与资金短缺之间的矛盾。融资租赁的优点主要表现在以下三个方面。

(1) 融资成本。融资租赁方式具有投资的乘数效应，承租方只需少量的资金投入即可开始运营租赁资产，这样就避免了一次性筹集和支付大量资金；与借贷筹资相比，设备的使用期通常比贷款期长，使得租赁的现金流出量分布到更长的时期中，因而降低了设备的残值，也降低了资金流出量的净现值，即租赁的成本低于常规的贷款成本；同时，融资租赁投入的是设备，而不是资金，可防止投资资金中途流失。

(2) 融资效率。承租方可以租用现有设备，还可自行选定设备由租赁方为其购买然后租用。这样减少了租赁双方对租赁物选择的盲目性，提高了承租方的融资效率，而且也避免了在设备采购中所遇到的风险；采用租赁方式融资，只需支付少量资金就可以提前获得设备的使用权，可以尽早采用先进的生产设备和生产工艺，甚至还可以边建设边创利，提高了项目资金的利用效率。

(3) 项目管理。实行融资租赁后，承租方面对不属于自己所有的机器设备和支付高于一般金融利率的资金使用代价的双重压力，必然加强项目管理，提高机器设备使用效率，提高项目整体管理水平；承租方在租用设备期间，还能获得低价的专门技术服务、人员培训及迅速更新的国际技术信息。可根据技术的发展，在不同的时期租用不断更新的设备。

4. BOT 融资方式

BOT 融资方式即政府或有关公共部门作为招标人为项目（主要是大型基础设施项目）建设和经营提供一种特许权协议作为融资基础，由项目公司作为投资者和经营者安排融资、承担风险、建设项目，并在规定时期内经营项目并获得合理的利润回报，最后根据协议将项目归还给政府或有关公共部门。其运行程序主要包括：招投标、成立项目公司、项目融资、项目建设、项目运营管理、项目移交等环节。BOT 的主要优点有：一是可以利用外部资金或私人资本促进地区发展；二是提高项目的管理效益与效率；三是方式灵活，能产生一些衍生产品如 BOO（建设/经营/拥有）、BOOT（建造/经营/拥有/移交）、BLT（建造/租赁/移交）、BTO（建设—经营—移交）。

5. 产品支付与远期购买

产品支付是项目融资的早期形式之一，这种融资形式主要针对项目贷款的还款形式。贷款方从项目中购买到一个特定份额的生产量，这部分生产量的收益是项目融资的主要偿债资金的来源。这种融资方式主要适用于资源储量已经探明并且项目生产的现金流量能够比较准确计算的项目。远期购买是在产品支付的基础上发展起来的一种灵活的项目融资方式。由贷款方成立一个专门公司，该公司不仅可以购买事先商定好的一定数量的远期产品，还可以直接购买这些产品未来的销售收入。项目公司将来支付专门公司的产品或收入正好用来偿还银行贷款。

知识扩充

融资大舞台

成果转化的最大障碍就在于融资通道不畅，目前每年都有几万项的科技成果研发出来，而投资资金总额的增长却比较慢，在这个大前提下，项目持有人如何获得更多的投资资讯并有效利用成为了融资成功与否的关键。我们应该把目光放得更宽广一些,不仅要关注风险投资,同时也要重视产业资本与民间资本,不仅要吸收国内资本,同时还要引进国际资本,只有尽量拓宽融资通道,成果转化才能早日实现。

17.3　BOT投资与运作

17.3.1　BOT投资概述

BOT是一种国际投资方式,它是英文build-operate-transfer的缩写,中文意思是"建设—经营—移交"。按世界银行的定义,BOT投资是一个系统,它还包括下面两种建设方式。

1. BOOT (build-own-operate-transfer)

即建设—拥有—经营—转让。它与BOT的区别在于:一是所有权的区别,在BOT投资方式下,投资者只有经营权,但在BOOT投资方式下,投资者不但有经营权,而且在规定的时间里还有对项目的所有权;二是时间上的区别,即BOT从项目建成到移交的时间一般比BOOT短一些。

2. BOO (build-own-operate)

即建设—拥有—经营。与BOT、BOOT相比,特点在于:它是承包商根据政府赋予的特许权,建设并经营某项基础设施,但并不将此基础设施移交给政府公共部门,而是一直经营下去。

17.3.2　BOT投资的特点

从BOT投资方式的基本内涵可以看出,BOT投资方式的一个很显著的特征就是"权钱交易":政府赋予私营公司或企业对某一项目的特许权,由其全权负责建设与经营,政府无须花钱,通过转让权利即可获得一些重大项目的建成并产生极大的社会效益,特许期满后还可以收回项目。当然,投资者也因为拥有一定时期的特许权而获得极大的投资机会,并相应赚取了利润。所以BOT投资方式能使多方获利,具有较好的投资效果。

1. BOT投资方式的特点

(1) 前期准备复杂。
(2) 运营管理简单。
(3) 国家一次性吸收外资(私人或法人)投资,而投资方慢慢回收。
(4) 项目风险由企业承担,政府不负债务责任。
(5) 用BOT方式进行开发的项目,周期很长。
(6) BOT方式本身是无追索权项目融资,即用项目本身进行投资。

2. BOT投资的优点

(1) 可利用私人企业投资,减少政府公共借款和直接投资,缓和政府的财政负担。
(2) 避免或减少政府投资可能带来的各种风险,如利率和汇率风险、市场风险、技术风险等。
(3) 有利于提高项目的运作效益。因为一方面BOT项目一般都涉及巨额资金的投入,以及项目周期长所带来的风险,由于有私营企业的参加,贷款机构对项目的要求就会比对政府更严格;另一方面私营企业为了减少风险,获得较多的收益,客观上促使其加强管理,控制造价,减低项目建设费用,缩短建造期。

(4) 可提前满足社会与公众需求。采取 BOT 投资方式,可在私营企业的积极参与下,使一些本来急需建设而政府目前又无力投资建设的基础设施项目,在政府有力量建设前,提前建成发挥作用,从而有利于全社会生产力的提高,并满足社会公众的需求。

(5) 可以给大型承包公司提供更多的发展机会,有利于刺激经济发展和就业率的提高。

(6) BOT 投资项目的运作可带来技术转让、培训本国人员、发展资本市场等相关利益。

(7) BOT 投资整个运作过程都与法律、法规相联系,因此,利用 BOT 投资不但有利于培养各专业人才,也有助于促进东道国法律制度的健全与完善。

17.3.3 BOT 的运作

BOT 作为一种带资承包基础工程方式,一般的运作过程经过项目的确定和拟定、招标、选标、开发、建设、运营和移交等阶段。它是一个技术性、政策性、法规性很强的复杂系统工程。

1. 项目的确定和拟定

首先,必须确定一个具体项目是否必要,确认该项目采用 BOT 融资方式的可能性和好处。这项工作通常是通过政府规划来完成的。然后,政府将重点研究采用 BOT 融资方式满足该项目需要的可能性。有时,也会由项目单位确定一个项目,然后向政府提出项目设想。如果决定采用 BOT 方式,那么,下一步就要写一份邀请建议书,然后邀请投标者提交具体的设计、建设和融资方案。

2. 招标

(1) 招标准备工作。招标有几种不同方式,包括竞争性招标、单一来源采购或某种有限的招标办法。大多数招标者都会希望对潜在的投资者进行资格预审。而投资的质量、成本和及时性及吸引有诚意的投资应该成为设计招标程序的出发点。

(2) 标书的编写和提交。为了满足邀请书的要求,一些感兴趣的投资者或发起人通常会组成一个联营集团,共同提出一份满足邀请建议书要求的标书,一般说来,联营集团的成员在这个阶段会就费用分担、各成员在项目中应起的作用及可能的项目结构达成初步协定。如果涉及需要在项目参与者之间交流的保密性专利资料,那么,联营集团初步协定中还应包括适当的保密协议,或者由参与者另外签订这类协议。联营集团将自己对项目的可行性进行更深入的研究,对做出开始融资的决定和增强其吸引资金的能力来说,这类研究将是一个至关重要的因素。然后,联营集团将争取潜在的贷款人、股本投资者及承包商和供应商初步表示兴趣,并签订初步意向书,以便在此基础上编制标书。最后则是联营集团编写和提交标书。邀请建议书应要求标书中列入一项可信的融资计划,尽管不一定是确定的融资承诺。投标过程可成为项目拟定过程的继续,在标书中可能增加邀请建议书中没有包括的许多细节。在某些情况下,应当允许在标书中对项目的一个或几个方面提出修订或提出替代性方案,以便更好地完成项目建设。

3. 挑选中标者

招标者对响应邀请建议书而提交的标书进行挑选,选出暂定中标人,评估标书的成员应该包括政府官员、技术、财务和法律顾问等。挑选 BOT 项目的标书,一般应依据价格、可靠性、经验等因素及所设想的拟议项目能在多大程度上给招标者带来其他利益。在初步选定标书后，招标者请中标人制订并签署最后的合同文件。某些情况下，招标者将向中标人发出一份意向书。双方签字后，意向书将使当事方承诺真诚合作，通过谈判达成并签署一份最后项目协定，然后实施该项目。在有些情况下，招标者和中标人立即就项目协定中的未定因素进行谈判。

4. 项目开发

投标的联营集团中标后就可以做出更确切的承诺，组成项目公司或确定项目公司结构。如果尚未组成这样的公司，必须提供建设项目所需的股本金。同样，在招标者接受的基础上，发起人可以开始或再次与承包商和供应商联系，争取对有关条件和价格做出更明确的承诺，这些承诺将进一步确定项目建设的成本。得到这些承诺后，项目公司就可以同政府就最后的特许权协议或项目协定进行谈判，并就最后的贷款协定、建筑合同、供应合同及实施项目所必需的其他附属合同进行谈判。在谈判这些相互关联的合同过程中，必然对项目继续进行进一步深入的研究。经过谈判达成并签署所有上述协定后，项目将开始进行财务交割，财务交割即贷款人和股本投资者预交或开始预交用于详细设计、建设、采购设备及其顺利完成项目所必需的其他资金。

5. 项目建设

一旦进行财务交割，建设阶段即正式开始，但并非所有特定项目都可以清清楚楚地分成这几个阶段。有些情况下，一些前期准备工作或初步建设可能先于财务交割。但是，项目的主要建筑工程和主要设备的交货一般都是在财务交割后，那时才有资金支付这些费用。工程竣工后，项目通过规定的竣工试验，项目公司最后接受而且政府也原则上接受竣工的项目，建设阶段即结束。

6. 项目运营

这个阶段持续到特许权协议期满，在这个阶段，项目公司直接或者通过与运营者缔结合同按照项目协定的标准和各项贷款协议及与投资者协定的条件来运营项目。在整个项目运营期间，应按照协定要求对项目设施进行保养。为了确保运营和保养按照协定要求进行，贷款人、投资者、政府都拥有对项目进行检查的权利。

7. 项目移交

特许经营权期满后向政府移交项目。一般说来，项目的设计应能使 BOT 发起人在特许经营期间还清项目债务并有一定利润。这样项目最后移交给政府时是无偿的移交，或者项目发起人象征性地得到一些政府补偿。政府在移交日应注意项目是否处于良好状态，以便政府能够继续运营该项目。

17.4　项目融资担保

项目融资区别于企业融资，企业融资的贷款和还款对象都是企业法人，而项目融资是项目主办人为该项目的筹资和经营成立了专门的项目公司（项目法人），由项目公司申请贷款，并以项目公司的现金流量和收益作为还款来源、项目公司的资产作为贷款安全的保障。由于项目融资的借款人是新成立的项目公司，因此贷款不反映在项目主办人自身的资产负债表上，不影响项目主办人自身的负债率，因而受到电站、道路、铁路、机场、矿山等大规模基本建设和资源开发投资人的广泛欢迎。

17.4.1 项目融资担保概述

对于需要融资的项目来说,风险的合理分配与严格管理是项目成功的关键,也是项目各参与方谈判与协作的核心问题。项目融资一般离不开担保活动,项目融资担保是通过特定合同、协议等文件合理分配项目风险、落实项目责任、使项目顺利实施的有效手段。

1. 担保

民法上指为保障债权实现而采取的保证、抵押等行为。如甲向银行借款,乙为甲提供担保,保证在规定期内甲履行还款义务,一旦甲不履行义务时,乙予以履行。按照各国的法律,担保一般分为物权担保和信用担保。

2. 项目融资担保

指借款方或第三方以自己的信用或资产向贷款人作的还款保证,具体可分为信用和物权担保。项目融资担保的贷款方要求的担保目标是保证项目按期保质完工、正常经营,获取足够的现金流来回收贷款。

项目融资担保有两个非常重要的作用。首先,项目投资者可以避免承担全部的和直接的项目债务责任。这样投资者才可以安排有限追索的融资结构;其次,项目担保可以将一部分风险转移给项目的第三方。

17.4.2 项目融资担保人

1. 项目的投资者

项目投资人是项目融资结构中最常见和最主要的担保人。为项目公司提供担保,可以是直接担保(直接承担一定数额的债务),也可以以非直接的形式出现(这一类担保还需要加上其他形式的担保)。

2. 第三方担保

项目主办人或出资人为保持其资产负债表的良好状况,不直接为项目出资,而是寻找第三方充当担保人为项目筹集贷款。通常包括政府、供应商、设备经营商、产品或服务用户、承包商等五类。

3. 商业担保人

以提供担保作为一种盈利手段,承担项目风险并收取担保服务费用。主要有银行、保险公司和其他一些专营商业担保的金融机构。

17.4.3 项目融资担保的种类

1. 信用担保

项目融资中的信用担保又被称为人的担保,指保证人以自己的资信向债权人保证对债务人履行债务承担责任,是当事人之间的一种合同关系。信用担保主要包括以下内容。

1) 完工担保

项目完工担保属于仅仅在时间上有所限制的担保形式,即在一定的时间范围内,项目完工担保人对贷款银行承担着全面追索的经济责任。完工担保的提供者主要有:项目的投资者;承建项目的工程公司或有关保险公司。

2) 无贷亦付款合同

这是一种长期项目融资合同，采用该合同时，所收贷款应足以为提供服务或产品的项目还债，并支付项目营业费用，当实际不能提供产品或服务时也得支付。

3) 安慰信

即政府或母公司为下属机构的借款或子公司的借款而向贷款方出具的表示愿意帮助借款人还款的书面文件。安慰信最早是为了规避一些国家关于母公司对子公司担保贷款征税的规定。安慰信一般不具有法律约束力，而只是道义上的约束力。

4) 东道主政府的支持

由于大量的项目跨越一定的地区甚至国界，需要当地政府（东道主政府）的支持，虽然东道主政府在项目融资中的角色是间接的，但很重要。东道主政府颁发的有关项目的开发、运营的特许权及执照是项目实施的前提。此外，在对项目的各种监管与利益的分配、环境与社会性方面，政府的支持至关重要。

2. 物权担保

物权担保是指借款人或第三方以自己的资产权利或物权，为贷款债务的履行提供担保。必要的物权担保，能够有效控制项目的经营活动，有利于贷款的回收。物权担保主要有不动产物权担保、动产物权担保、浮动设押和收益让与担保。

1) 不动产物权担保

不动产物权担保是在土地或房产等不动产上设置的担保物权。在项目融资中，项目公司一般以项目资产作为不动产进行担保，如果贷款方违约或项目失败，贷款方可通过接管项目公司，进行重新经营或拍卖，来弥补贷款损失。对贷款方来说，要充分考虑项目资产的沉没成本问题。

2) 动产物权担保

动产物权担保是指借款人或第三方以其动产所作履行债务的担保，分为动产质押与动产抵押。动产质押是借款人将动产的占有移交给贷款人作为履行债务的担保，如果借款人不履行其债务，借款人可以将已经交其占有的动产申请法院加以拍卖而得以补偿。动产抵押是借款人将动产的所有权凭证移交给贷款人以作担保，借款人仍保留对该动产的占有和使用。

3) 浮动设押

以借款方所拥有的某一类现在或将来的资产作为最终的还款保证。这种担保方式不以特定的动产或不动产作为担保标的，借款方作为还款保证的资产不是固定的，只有在某特定时间发生时才能最后确定受偿资产，所以被形象地称为"浮动设押"。

4) 收益让与担保

让与担保，指债务人或第三人为担保债务履行的目的，将担保标的物的权利（通常为所有权）预先转移给债权人，由双方约定于债务清偿后，将担保标的物返还于债务人或第三人；当债务不履行时，债务人就该担保标的物受偿的一种担保方式。

本章案例分析

云南：2017年高速公路项目融资500亿元

云南公投在近日举行的2017年高速公路项目融资推介会上，与应邀参会的全国130家银行和非银行金融机构签署融资合作协议500亿元，为云南综合交通建设5年大会战提供了资金保障。

云南省公路开发投资有限责任公司（简称云南公投）是云南省政府的政策性投融资平台，主要从事高速公路项目的投融资、建设、管理、经营，以及公路沿线的经营开发管理业务。目前，云南公投拥有35条高速公路，全长3 005 km，占全省高速公路的75%，是云南高速公路建管养的主要力量，也是云南高速公路建设的主力军。公司成立10年来，投资不断跨越，累计完成投资1 233亿元，建成了23条1 662 km的高速公路，从历史债务沉重到资产规模云南省第一；从单一的投融资平台到多元化经营开发的集团企业；从内部养护施工单位到云南高速公路建设的主力军；从收不抵支到全面实现盈利，企业实力不断增强。2015年实现营业收入202亿元，净利润7.63亿元，营业收入增速位列省属企业第一，利润位列第二。

为满足2017年生产经营需要，云南公投拟对外融资620亿元，其中银行贷款390亿元，通过融资租赁、资产证券化、发行债券、基金、保险股权或债权计划、境外发债等其他方式融资230亿元。本次融资推介会上，云南公投与农行、工行、省农信社和光大、民生、招商等金融机构签订了融资合作协议500亿元，余下的120亿元随后也将很快得到落实。

［资料来源］中国经济报道。

回答问题
1. 结合本案例分析项目融资的作用。
2. 你认为该项目成功实施项目融资的主要原因有哪些？

本章习题

一、判断题

1. 项目融资即项目资金筹措，它有时还被称为无担保或有限担保贷款。也就是说项目融资是将归还贷款资金来源限定在与特定项目的收益和资产范围之内的融资方式。（   ）
2. 项目融资在基础设施建设项目有所应用，但范围比较窄。制造业领域是项目融资应用最多的领域。（   ）
3. 项目融资与企业融资没有区别，它们融资的贷款和还款对象都是企业法人。（   ）
4. 对于需要融资的项目来说，风险的合理分配与严格管理是项目成功的关键，也是项目各参与方谈判与协作的核心问题。（   ）
5. BOT是一种国际投资方式，它的运作过程经过项目的确定和拟定、招标、选标、开发、建设、运营和移交等阶段。它的技术性、政策性、法规性并不很强，它是一个简单的系统工程。   （   ）

二、选择题

1. 项目融资的优点有（   ）。
   A. 对发起人"无追索权"或"有限追索权"
   B. 资产负债表外的会计处理
   C. 资金来源多元化，担保风险分散
   D. 项目融资不受项目主办方资产规模的限制
2. 项目融资主要适用的范围是（   ）。
   A. 资源开发项目   B. 基础设施建设项目
   C. 服务业项目   D. 制造业项目
3. 项目主要的融资方式有（   ）。
   A. 贷款   B. ABS融资方式
   C. 融资租赁方式   D. BOT融资方式
   E. 产品支付与远期购买
4. 项目融资担保人包括（   ）。
   A. 项目的投资者   B. 第三方担保
   C. 商业担保人   D. 项目团队
5. 项目融资担保的物权担保的方式主要有（   ）。
   A. 不动产物权担保   B. 动产物权担保
   C. 浮动设押   D. 收益让与担保

三、思考题

1. 什么是项目融资？有哪些优缺点？
2. 主要的融资方式有哪些？
3. BOT融资方式是如何运作的？
4. 如何理解项目融资担保？

参 考 文 献

[1] 池仁勇. 项目管理. 北京：清华大学出版社，2005.
[2] 李涛，张莉. 项目管理. 北京：中国人民大学出版社，2004.
[3] 白思俊. 现代项目管理概论. 北京：电子工业出版社，2006.
[4] 陈池波，崔元峰. 项目管理. 武汉：武汉大学出版社，2006.
[5] 姚玉玲，马万里. 项目管理. 北京：中国计量出版社，2005.
[6] 钱省三. 项目管理. 上海：上海交通大学出版社，2006.
[7] 刘北林，马常红. 项目采购管理：现代物流与采购管理系列教材. 北京：中国物资出版社，2005.
[8] 吉多，克莱门斯. 成功的项目管理. 北京：机械工业出版社，2005.
[9] 周跃进. 项目管理. 北京：机械工业出版社，2007.
[10] 卢有杰. 现代项目管理学. 北京：首都经济贸易大学出版社，2004.
[11] 范黎波. 项目管理. 北京：对外经济贸易大学出版社，2005.
[12] 左美云，周彬. 实用项目管理与图解. 北京：清华大学出版社，2002.
[13] 汪小金. 汪博士解读PMP考试. 北京：电子工业出版社，2006.
[14] 巴迪鲁. 项目管理原理. 王瑜，译. 北京：清华大学出版社，2003.
[15] 许成绩，林政. 现代项目管理教程. 北京：中国宇航出版社，2003.
[16] 中国项目管理研究委员会. 中国项目管理知识体系与国际项目管理专业资质认证标准. 北京：机械工业出版社，2002.
[17] 卢向南. 项目计划与控制. 北京：机械工业出版社，2004.
[18] 秦志华，张建军. 项目经理：项目的计划与运作. 北京：中国人民大学出版社，2004.
[19] 于仲鸣. 项目设计与计划. 天津：南开大学出版社，2007.
[20] 范黎波. 项目管理. 北京：对外经济贸易大学出版社，2005.
[21] 邱菀华. 现代项目管理学. 北京：科学出版社，2007.
[22] 骆珣. 项目管理教程. 北京：机械工业出版社，2004.
[23] 杨彬. 高新项目人力资源管理研究. 济南：山东科技大学，2005.
[24] 宋明顺. 质量管理学. 北京：科学出版社，2005.
[25] 杨侃. 项目设计与范围管理. 北京：电子工业出版社，2006.
[26] 罗耶. 项目风险管理：一种主动的策略. 北京：机械工业出版社，2005.
[27] 戚安邦. 项目论证与评估. 北京：机械工业出版社，2004.
[28] 沈建明. 项目风险管理. 北京：机械工业出版社，2003.
[29] 施瓦尔贝. IT项目管理. 北京：机械工业出版社，2002.
[30] 孙军，张英奎. 项目管理. 北京：机械工业出版社，2015.